Claire Fisher

Claire's Chi

CLAIRE FISHER

Claire's Chi

Lebenskraft

SILBERSCHNUR

ISBN 3-89845-072-4

1. Auflage 2004

Gestaltung & Satz: XPresentation, Boppard
Lektorat: Achim Niermann
Druck: Finidr, s.r.o. Cesky Tesin, Tschech. Rep.

Verlag »Die Silberschnur« GmbH · Steinstraße 1 · D-56593 Güllesheim

www.silberschnur.de
e-mail: info@silberschnur.de

INHALT

气

Vorwort

Liebe Leserin, lieber Leser,

eine der schönsten und wichtigsten Erkenntnisse, die ich in allen Diskussionsrunden, Gesprächen, Nachforschungen und letztendlich nach dem Schreiben und mehrmaligen Überlesen dieses Buches gewann, war die Klarheit, mit der sich plötzlich das Puzzle meines ziemlich komplexen Lebensweges vor meinem geistigen Auge zusammenfügte. Wie viel einfacher hätte ich es gehabt, wenn ich dieses Bild und vor allem die Problemlösungen schon früher erkannt hätte.

Aber nicht nur das Gesamtbild meines eigenen Lebens wurde für mich sichtbar, sondern auch einzelne Probleme, die ich zum Teil viel einfacher hätte meistern können, wenn ich schon damals gewusst hätte, was mir jetzt so einfach und offensichtlich erscheint. Das alleine rechtfertigt meine Arbeit für dieses Buch, das mir die Möglichkeit gibt, meine Erfahrungen mit Ihnen teilen zu können.

Ich bin nur ein ganz gewöhnlicher Mensch, der genau wie Sie etwas mehr oder weniger Glück oder Pech im Leben hatte. Ich brauche keinen Guru und auch keine bestimmte Lebensphilosophie, deren Auflagen ich strikt befolgen muss, um glücklich zu sein. »Meine Spiritualität« – der Kontakt zu meinem eigenen Selbst, meinem höheren Ich und meinem Chi (die verschiedenen »Spezialbegriffe« werden im Laufe des Buches erklärt und finden sich auch in unserem kleinen Lexikon) – ist es, von der ich mich leiten lasse. Und dieses fließende Chi, aber auch die täglichen neuen Erfahrungen

und Erlebnisse geben mir die Kraft, den Mut, aber vor allem die Freude, den Herausforderungen des Lebens jeden Tag aufs Neue gegenüberzutreten. Und genau von dieser Kraftquelle möchte ich Ihnen etwas abgeben: Mein Chi für Ihren glücklichen spirituellen Lebensweg oder gar Lebensstil.

Aber ein einzelnes Buch ist viel zu begrenzt, um alle positiven Aspekte und Möglichkeiten dieses befreienden spirituellen Lebensstils aufzeigen zu können. Vor allem aber fehlen der Raum und die Dynamik, die täglich neu hinzukommenden Eindrücke und Erfahrungen zu verarbeiten. Schließlich muss jede Person für sich selbst den richtigen und für sich besten Weg herausfinden.

Aus diesem Grund wollte ich noch einen Schritt weitergehen, und so entstand die Idee zu einer Art »spirituellem Lifestyle Club«: »Claire4you« – eine Gemeinschaft von Menschen, die ihre spirituellen Ideen in ihrer eigenen Vorstellung und Wunschwelt leben und erleben können. Neben einer interaktiven Plattform, in der sich die Mitglieder weltweit über das Internet austauschen und ihre Ideen veröffentlichen können, soll es auch lokale Clubs geben, die gemeinsame Informations- und Freizeitmöglichkeiten, Reisen und Treffen organisieren sollen. Wir bräuchten nur für die Initiative und die dafür notwendige Organisation zu sorgen. Auf diese Weise würden auch andere Menschen unsere und auch eigene Erkenntnisse weiter verbreiten und ergänzen können.

Einen großen Teil meiner Erkenntnisse finden Sie in diesem Buch. Vielleicht haben Sie diese und andere Erkenntnisse vorher sogar selbst schon für sich entdeckt. Um es Ihnen leichter zu machen, diese Erkenntnisse auch in der Praxis nachvollziehen zu können, habe ich in einem ersten Anhang die wichtigsten Tipps zusammengefasst und zu den wichtigsten Erkenntnissen, die wir in unserem Leben gewonnen und in diesem Buch besprochen haben, auch ein paar einfache Praxisbeispiele aufgeschrieben.

Am Schluss dieses Buches finden diejenigen, die mehr über einzelne Themen erfahren wollen, ein kleines spirituelles Lexikon, welches zwar nicht den Anspruch auf Vollständigkeit erhebt, Ihnen aber schon mal eine weitergehende Erklärung zu einzelnen Themen vermittelt.

Ihre

气

Danksagung

Mein Dank geht ganz besonders an Oliver Bode und seine Frau Steffi, die mich zu diesem Buch inspiriert und motiviert und einen wesentlichen Teil zum Inhalt beigetragen haben. Ich danke meinem Partner Michael für die Übersetzung und Formulierung meiner Gedanken und Tom Hockemeyer sowie dem Lektorat Silberschnur für alle Korrekturen und Anregungen.

Ich bewundere den Mut des Verlages »Die Silberschnur«, einem Neuling auf spirituellem Gebiet die Chance zu geben, ein solches Buch in einer solchen, für so manchen Esoteriker unüblichen »leichten« Form herauszubringen. Unserem Freund Ton danke ich für seine Geduld und die Zeit, die er mir gab, dieses Projekt ohne Existenzsorgen vervollständigen zu können. Meinen Beratern in Holland und Deutschland danke ich für die fachliche Beratung und Unterstützung vor allem auch bei juristischen Fragen.

Ferner danke ich all denjenigen, die ich hier namentlich nicht erwähnt oder vergessen haben sollte und die dennoch dazu beigetragen haben, dass dieses Buch entstehen konnte.

Am meisten aber danke ich Michaels verstorbenem Sohn Mike für seine geistige Führung und den Engel, den er uns beiden geschickt hat und dank dem wir heute wieder mit Zuversicht, Mut und Freude durchs Leben gehen können.

Ihnen, liebe Leser, wünsche ich, dass dieses Buch Ihnen helfen möge, Ihr Leben etwas positiver zu gestalten, vielleicht sogar aus meinen Fehlern zu lernen und Ihre eigenen Probleme besser lösen zu können. Aus meiner Erfahrung kann ich Ihnen versichern, dass ein spiritueller Lebensstil Ihnen so viele positive Möglichkeiten eröffnet, dass Sie in Zukunft leichter und vor allem zuversichtlicher in die Zukunft blicken können. Denken Sie dabei immer an die Worte, mit denen mein Partner Michael einmal ein Lied für mich schrieb: »Du bist nicht allein – entdeck die Kraft, die in dir steckt.«

气

Die Runde unter dem Baum

Wie alles begann

Die Idee zu diesem Buch entstand an einem dieser lauen Sommernachmittage, die wir gern mit Freunden in unserem Garten auf Texel verbringen. »Ganz schön heftig«, meinte bei einer solchen Gelegenheit unser Bekannter Oliver zu mir, als wir unter meinem Lieblingsbaum am Gartenteich saßen. Ich hatte gerade die 27. Waschmaschinenfüllung in dieser Woche fertig. »Wie schaffst du das nur? Zwei kranke, alte Leute mit dem Luxus eines Grandhotels zu versorgen, einen sechs Personen Haushalt zu führen, einen Riesengarten in Ordnung halten, Prozesse in verschiedenen Ländern gegen multinationale Konzerne zu führen, dann noch Gäste zu bewirten und bei allem noch zu lächeln?«

»Lebenskraft. So hieß schon die CD, die Michael mal für mich geschrieben hatte«, gab ich ziemlich lax und wie selbstverständlich zurück, obwohl ich eigentlich zugeben musste, dass es schon ganz schön schwer war, was wir so durchgemacht hatten. Ich hatte Oliver und seiner Frau Stefanie, die wir Steffi nannten, gerade kurz erzählt, wie ich meine erste Jugendliebe und späteren »Manager« Michael vor sieben Jahren wiedergetroffen hatte und was seither passiert war.

Meine Karriere war durch die holländische Drogenmafia jäh beendet worden, Michael hatte seinen siebenjährigen Sohn auf tragische Weise verloren und dadurch auch beinahe unsere Marke »Claire Fisher«, und der TV-Riese ENDEMOL hatte meine TV-Formatidee »StarMakers« adaptiert und ohne meine Zustimmung und natürlich ohne Lizenzzahlungen zu leisten unter dem Namen »StarAcademy« zum größten weltweiten TV-Erfolg aller Zeiten gemacht. Das wiederum war Anlass für RTL, einen Ableger namens »Deutschland sucht den Superstar« zu produzieren. Und wir saßen hier und ich versorgte die alten und sehr kranken Eltern meines Lebensgefährten. Michaels Vater litt unter schwerem Parkinson und seine Mutter, eine frühere »Grande Dame«, litt unter schwerster Altersdemenz, die manchmal an Schizophrenie grenzte. Aber Michael hatte seinen Eltern versprochen, dass sie bis zu ihrem Tode auf ihrem geliebten Landsitz auf der holländischen Insel Texel verbleiben könnten und nicht in irgendeinem Heim vermodern müssten. Und dennoch sagte ich: »Obwohl es schwer ist, sind wir durch und durch ›happy‹ und zuversichtlich.«

»Pures Chi«, meinte Oliver zu mir, worauf ich ihn bat, mir doch einmal genauer zu erklären, was er mit diesem Wort Chi, das er wie ›Schi‹ aussprach, meinte.

»Nach der Philosophie des Taoismus ist Chi die Lebenskraft, die durch jedes Lebewesen fließt«, antwortete er und setzte zu einer längeren Erläuterung an (siehe Kasten). Oliver beschäftigte sich seit vielen Jahren mit diesen Themen und hatte es u. a. zum Reiki-Meister gebracht. Manche unserer gemeinsamen Bekannten bezeichnen ihn sogar als »wandelndes spirituelles Lexikon«.

Aber dieser chinesische Begriff Chi war es, der mich wegen seiner vielschichtigen Bedeutung besonders inspirierte und auf eine

Oliver Bode: Was ist Chi?

Der Begriff Chi entstammt den über 3.000 Jahre alten Überlieferungen aus dem Chinesischen und bedeutet soviel wie »Allgegenwärtige Energie«. Etwa 2.000 Jahre zuvor wurde dies in Indien »Prana« (Quelle allen Lebens, Atem des Lebens) genannt, welches als universale Energie alle Lebensformen durchströmt.

So hat das Wort Chi viele Bedeutungen, es steht z. B. auch für Luft, Äther, Atem, Lebenskraft, Wesen. In der chinesischen Literatur wird es gar als »Ursprung jedes Lebens« definiert.

In China ist das Wissen um die Bedeutung der vitalen Energie seit Jahrtausenden kultiviert und erweitert worden. Es wird seit langer Zeit angewandt, um Krankheiten und vorzeitigem Altern vorzubeugen oder Kranke zu heilen und findet mit großer Wirkung Einsatz in den Kampfkünsten und den daraus entstandenen Sportarten wie zum Beispiel dem Nationalsport der Chinesen, dem »Tai Chi«.

Chi bedeutet in der taoistischen Philosophie den Ursprung von Himmel und Erde, die Mutter des polaren Gestaltungsprinzips »Yin und Yang«. Übertragen auf ein spirituelles Bewegungssystem bedeutet das, dass sich dieses niemals von dem kosmischen Prinzip lösen darf, welches durch die ständige Präsenz und Harmonie von Yin und Yang Gestalt annimmt.

So kann man zum Beispiel durch Übung von Tai Chi oder Qigong die eigene Lebenskraft spüren und sie in sich wirken lassen. Durch die flüssigen, langsamen und runden Bewegungen kann das Chi ungehindert durch unseren Körper fließen und beim Tai Chi einem sonst körperlich schwachen Menschen ungeahnte Kräfte verleihen, mit dem er das Vielfache seines eigenen Körpergewichtes wie eine Feder durch die Luft befördern kann. Durch die lange Geschichte der Forschung und Anwendung von Chi-Energie gibt es inzwischen viele Anwendungsbereiche, mit denen man die innere Kraft aufbauen, stärken und die Bahnen frei machen kann, durch die das Chi ungehindert fließen kann.

Chi ist eine Kraft, die man spüren, aber nicht beeinflussen kann. Man kann sie sich aber zunutze machen, wenn man ihren Fluss kennt und sich darauf einstellt. So kann Chi einem sogar helfen, dem Schicksal einen kleinen Stoß in die richtige Richtung zu geben.

Idee brachte. War doch auch »Lebenskraft« der Titel eines CD-Projektes, das Michael vor Jahren schon einmal für mich geschrieben hatte.

Dieses Chi musste es gewesen sein, das mir immer wieder neue Lebenskraft und die notwendige Energie gab. Mein Chi hatte mich immer wieder aus dem Sumpf gezogen und mir neuen Lebenswillen eingeflößt, wenn das Schicksal mich einmal wieder in eine bestimmte Richtung gestoßen hatte.

气

Das Schicksal ist wie ein Billardspiel

»Schicksal, Karma« – das waren die Stichworte, die Oliver dann aufgriff, als er uns Folgendes erklärte: »Ich vergleiche das Schicksal eines jeden Menschen am liebsten mit ›Pool Billard‹: Dabei sind die Billardkugeln die Momente in dem Lebensweg eines Menschen, in denen die Kugeln neu aufgelegt werden und das Schicksal seinen weiteren Lauf nimmt.

Chi beeinflusst dabei die Kraft und die Richtung, in welche die Kugeln gestoßen werden. Jeder Stoß beeinflusst den weiteren Verlauf des Lebensspiels, denn jede einzelne Kugel nimmt ihren eigenen Platz ein, stößt eine andere an und nimmt von dort ihren eigenen weiteren Verlauf.

Je nachdem in welche Richtung die erste Kugel gestoßen wurde, beeinflusst sie den Anstoßwinkel der nächsten Kugel und damit auch den nächsten Weg. Wer sein Chi einmal fühlen kann, der weiß um die positiven, aber auch negativen Eigenschaften des eigenen Chi und auch des Chi anderer Personen. Wer dann lernt, sich dem Fluss des Chi anzupassen und hieraus positive Energie für sich selbst zu schöpfen, der kann nicht nur täglich neue Lebenskraft tanken und gesundheitlichen Beschwerden vorbeugen, sondern auch den größten Problemen die Stirn bieten und aus jeder Niederlage noch gestärkt und mit neuen Perspektiven hervorgehen.«

Steffi nickte nachdenklich. Solche Überlegungen waren ihr als ausgebildeter Schamanin nicht fremd. »Erzähl doch mal, wie es bei dir war, Claire«, meinte sie. »Ich würde deine Geschichte gerne von Anfang an hören.«

»Das wird aber ziemlich lang dauern«, warnte ich. »Doch wenn ihr es unbedingt möchtet …«

气

Mein Leben

Vom Aschenputtel zur Beautyqueen

Ich wurde am 18. Oktober 1960 in dem kleinen Fischerdorf »De Cocksdorp« im Norden der Insel Texel geboren. Das heißt, eigentlich ist das nicht ganz wahr und gilt für die meisten Texelaner: Zur Welt kam ich auf der Entbindungsstation im Krankenhaus in Den Helder auf dem Festland.

Mein Vater diente damals in der holländischen Marine auf der berühmten »Admiraal de Ruyter« als Steuermann.

Ausgerechnet in meinem Geburtsjahr wurde die marokkanische Stadt Agadir von einem schweren Erdbeben getroffen, bei dem mehr als 15.000 Menschen starben. Mein Vater, dessen Schiff in der Nähe war, half, Tausende von Leuten aus dem Schutt auszugraben und viele davon zu bestatten. Mein Vater beschrieb die Bilder oft als zweites Pompeji. Dieses Erlebnis in Marokko hatte ihn so sehr beeindruckt, dass es kaum ein Gespräch gab, bei dem er nicht immer wieder auf jene Ereignisse zu sprechen kam. Das sollte auch auf meine Entwicklung einen wichtigen Einfluss haben.

Denn für die normalen Fächer in der Schule konnte ich mich gar nicht begeistern, sondern zog es vor, in der letzten Reihe der Klasse die holländische Tageszeitung »De Telegraaf« über die Ereignisse in der Welt zu durchstöbern. Auch der Haushaltschule, auf der wir holländische Hausmannskost zubereiten mussten, konnte ich nicht wirklich etwas abgewinnen. Eine Ursache hierfür könnte gewesen sein, dass wir die Ergebnisse unserer Kochkünste auch selber essen mussten. Da interessierte mich der große Vorratskeller der Schule mit frischen Kräutern und anderen Zutaten wie zum Beispiel Rosinen schon eher. Von den Rosinen stopfte ich mir immer ein paar in meine Schürze, um sie auf dem fünfzehn Kilometer langen Heimweg mit dem Fahrrad in die Luft zu werfen und fröhlich mit dem Mund wieder aufzufangen. Doch eines Tages fand ich ein Loch in der Schürze und eine Spur von Rosinen hatte sich hinter mir gebildet. Mein kleiner Diebstahl war nun aufgeflogen und man legte mir deswegen nahe, die Schule zu verlassen.

Das tat mir weniger Leid als meinen Eltern. Ich hatte mir schnell drei Jobs besorgt, in denen ich zumindest ein bisschen vom dem, was außerhalb unserer Insel passierte, mitbekommen konnte. Morgens putzte ich die Toiletten eines Ferienparks, mittags bediente ich deutsche Feriengäste auf der Terrasse und abends trug ich die von meinem Vater gebackenen Pfannekuchen in »Cor Visman's Eethuisje« für deutsche Touristen aus.

Gerade die deutschen Gäste auf Texel hatten schon immer meine Aufmerksamkeit erregt, vertraten sie zu der Zeit doch eher das Flair der »großen weiten Welt« als meine Landesbrüder und -schwestern. Auch schienen sie zu der Zeit noch die besseren Friseure zu haben und das verstärkte meinen wirklichen Berufswunsch, Friseuse zu werden.

Nur mein etwas krumm gewachsener Rücken machte mir da einen gehörigen Strich durch die Rechnung: Nach einem Test für eine mögliche Ausbildung wurde meinen Eltern abgeraten, diesen Berufszweig für mich zu wählen, da ich die Körperhaltung, die eine Friseuse beim Ausüben ihrer Tätigkeit einnehmen muss, nicht lange hätte durchhalten können.

Mein Vater, der inzwischen als Steuermann auf der Texeler Fähre angeheuert hatte, um etwas mehr zu Hause zu sein, konnte mir jeden Wunsch von den Augen ablesen und schickte mich auf eine Schule für Bewegungslehre und Atemtechnik in Amsterdam. Neben Atem- und Yoga-Übungen kam ich hier zum ersten Mal mit dem Showbusiness und der Welt der »Beauty Queens« in Berührung.

Die Leiterin meiner Schule war scheinbar so angetan von mir, dass sie ein Foto von mir aufnehmen ließ und es zur Wahl der Miss Holland einschickte. Zu meiner eigenen Überraschung wurde ich tatsächlich in die Auswahlrunden aufgenommen. Auch die Jurymitglieder schienen von meiner eher natürlichen Ausstrahlung angetan zu sein, denn von Make-up und Schminke hielt ich schon damals absolut gar nichts. »Uierzalf« – eine sehr fette Creme, die zur Pflege von Kuheutern diente – war das einzige, von dem ich nach einem Bad oder bei trockener Haut überhaupt Gebrauch machte.

Miss Nord Holland 1976

Ich schaffte die Auswahlrunden und wurde sogar zur »Miss Nord Holland« gekürt. Es folgte eine kurze, aber für mich sehr spannende

Mit Mathilde Willink,
der Frau des berühmten holländischen Malers

Zeit. Als »Miss Nord Holland« wurde ich von einer Veranstaltung zur anderen weitergereicht, eröffnete als Ehrengast Nachtclubs, wie den der berühmten und berüchtigten Mathilde Willink, durfte Tom Jones vom Flugplatz abholen und prangte mit meinem Foto auf vielen nationalen und regionalen Zeitungen.

Ganz stolz präsentierte ich mich der Presse mit meinem neuen Freund Michael, der mit seiner getönten Brille an den deutschen Schlagersänger Heino erinnerte, ein erfolgreicher Jungunternehmer war und einen tollen Sportwagen fuhr.

Auf Michael hatte ich schon immer ein Auge geworfen, aber keine Chance gehabt, ihn richtig kennen zu lernen. Ich war ihm aber schon mehrfach im Dorf begegnet, da seine Eltern erst vor kurzem eines der schönsten Landhäuser in unserer sonst so verlassenen Gegend gekauft hatten. Meine Chance kam, als ich mit meinem Vater vom Casting zur »Miss Young Holland Wahl« mit der letzten Fähre nach Texel zurückkehrte. Da sah ich »ihn« – Michael, meinen »Ritter auf dem weißen Pferd« – und *den* wollte ich haben. Und als er da so stand, im langen teuren Ledermantel, irgendein unidentifizierbares Tier als Fellkragen um seinen Hals, da dachte ich: ›Jetzt oder nie‹. Meinem Vater sagte ich: »Ich fahre mit einer Freundin nach Hause«, und dachte nur ›Hoffentlich klappt's auch …‹, denn sonst hätte ich mit dem letzten Bus die fast fünfundzwanzig Kilometer nach Hause fahren müssen.

Aber mein jugendlicher Charme und mein vom »Miss Casting« übrig gebliebenes sexy Make-up konnten den etwas blasierten, kleinen Mann wohl doch bewegen, mir einen »Lift« zu geben, wie man bei uns in Holland so schön sagt. Als wir nach kaum zehnminütiger, etwas angeberischer Raserei in seinem Alfa Romeo an meines Vaters Haus ankamen, hatte ich mein erstes »Date« mit meinem Traummann.

Hier mit dem holländischen Ministerpräsidenten van Agt

Wir verabredeten uns zum dörflichen Tanztee in der evangelischen Kirche, wobei ich noch überhaupt nicht wusste, wie ich meinem strengen Vater das überhaupt beibringen sollte. Doch für die Chance, seine Tochter in einer etwas besser situierten Familie »unter die Haube« zu bringen, vergaß er sogar einmal seine sonst so strenge Erziehung. Ich musste noch nicht einmal zu einem bestimmten Zeitpunkt zu Hause sein.

Tatsächlich entwickelte sich seit dem Abend eine heftige, allerdings nicht allzu lang währende Romanze. Denn Michael hatte nur Augen für sein Geschäft und seine Karriere, und die kleine, süße »Netje«, wie er mich liebevoll nannte, wartete geduldig auf ihren Prinzen zu Hause auf Texel. Aber da konnte ich lange warten, denn kaum ein halbes Jahr später erschien er mit einer Revuetänzerin, die er irgendwo in Hamburg aufgerissen hatte. In seinem Abschiedsbrief schrieb er kurz und bündig, ich sei mit meinen gerade fünfzehn Jahren wohl doch etwas zu jung für ihn.

Zu jung war ich letztendlich auch für die internationale Miss Wahl in Tokyo, in der dann Lucy Visser das Rennen machte, die mir wenig später noch einmal die Schau stehlen sollte. Ich wurde wegen meines Alters gar nicht erst zugelassen.

Im nächsten Jahr sollte ich eine neue Chance bekommen, aber da hatte mein »Schicksalsbillard« schon wieder einen neuen Stoß für mich vorbereitet: Ich traf Margarethe van Dam. Sie war eine gebürtige Deutsche, die schon Conny Froboess begleitet hatte und jetzt, mit einem Holländer verheiratet, eine erfolgreiche Casting Agentur in Amsterdam betrieb. Dort bekam ich bei einem Casting die Rolle der Orly im Film »Das Einhorn« von Peter Patzak zugesagt.

Orly war ausgerechnet die Rolle der Frau, die den Hauptdarsteller »Anselm« die Frauen der vergangenen dreißig Jahre vergessen lassen sollte und ihn selbst wieder jung zu machen hatte.

Tatsächlich – aus heutiger Sicht – war mir die Rolle auf den Leib geschnitten und es gab einige Parallelen zu meinem heutigen Leben: Das Einhorn – klassisch zitiertes Fabelwesen – ist ein Symbol für die innere Unruhe, die den Helden der Geschichte, Anselm Kristlein, von Frau zu Frau treibt, von Erwartung zu Erwartung, obwohl er in Wirklichkeit nicht unglücklich verheiratet ist.

Aber ich war für die Rolle doch wohl wieder zu jung oder es waren die Reize der attraktiven und etwas erfahreneren Lucy Visser, die nach einem Besuch im Hotel von Regisseur Peter Patzak überraschend statt meiner die Rolle der Orly bekam.

Dennoch war nicht alles umsonst gewesen: Immerhin hatte ich gelernt, ein Drehbuch auswendig zu lernen und mich in eine Rolle einzuleben. Von Michaels Mutter, zu der ich trotz der Trennung von ihm einen engen Kontakt unterhalten hatte, bekam ich einen Intensivkurs in »deutscher Schauspielkunst«.

Ich hatte mich bei ihr als Hausmädchen beworben. Dort musste ich auf den Knien mit einer Zahnbürste die Fugen zwischen den Hallenfliesen blank putzen. Ich nahm eine ganze Menge auf mich, um meinen Liebsten zu sehen und vielleicht zurückzuerobern. Denn was ich mir einmal in den Kopf gesetzt hatte, wollte ich mir eigentlich auch nicht so einfach wieder wegnehmen lassen.

Michael kam regelmäßig an den Wochenenden nach Texel. Obwohl ich das Reiten hasste und gewaltige Angst vor Pferden habe, nahm ich all meinen Mut zusammen und lieh mir jedes Mal, wenn ich wusste, dass »er« wieder auf der Insel war, ein Pferdchen von einer befreundeten Bauerntochter. Damit »hoppelte« ich immer wieder vor dem Landhaus meines »Prinzen« auf und ab, in der vergeblichen Hoffnung, so doch einmal wieder seine Aufmerksamkeit zu erhaschen.

Michaels Mutter, die früher einmal eine attraktive Operettendiva gewesen war, liebte das Nachtleben. *Die* konnte feiern und ich durfte die damals schon nicht mehr jüngste, aber noch sehr attraktive »Party-Löwin« regelmäßig begleiten. Ihr Mann blieb in Düsseldorf, um die Geschäfte seiner inzwischen in Konkurs gegangenen Flugzeugfirma abzuwickeln. Nur am Wochenende kam er mit seiner zweimotorigen Privatmaschine angeflogen. Dann wurde »trautes Familienleben« gespielt.

So dauerte es immer Stunden, bis Michaels Mutter auf die Idee kam, doch noch auszugehen. Aber wenn sie dann endlich nach anderthalb Stunden Garderobe und Schminken fertig war, gab es auch kein Halten mehr. Oftmals war ich von der Arbeit so müde, dass ich selbst an der Bar einschlief, da ich mit dem Tempo meiner damaligen Chefin doch nicht mithalten konnte.

Morgens früh um vier Uhr in der einzigen »In-Kneipe« lud Lady M. oftmals noch andere Gäste ein. Wenn gar keiner mehr da war, ließ sie uns sogar von der Polizei nach Hause fahren und die Männer hier weiter mit uns feiern. Da blieb keiner mehr trocken – jeder musste mit in den Pool.

Als dieser wilde Sommer vorbei war, bekam ich eine Rolle in John Lanting's »Theater van de Lach«. Das Stück war eine Komödie nach dem Prinzip »Rein in den Schrank – raus aus dem Schrank«. Ich spielte das »Hausmannequin« eines Modeateliers. 180 Vorstellungen vor großen, vollen Sälen! Nach einer Saison hatte ich genug Geld gespart, um einen »Time-out« zu nehmen.

Neben meiner Rolle im Theater half ich bei einem Kleiderimporteur in Amsterdam aus. Mode hatte neben der Schauspielerei schon immer mein Interesse erregt. Als mein Chef mit einer anderen Gruppe holländischer Textileinkäufer eine Einkaufsreise nach Indien plante, machte er mir den Vorschlag, mich ihnen anzuschließen. Vielleicht war es wieder ein Billardstoß meines Schicksals, der mich spontan zusagen ließ.

Mit John Lanting auf der Theaterbühne
als »Model« eines Modehauses

气

Indien

Nach unserer Ankunft logierten wir im luxuriösen Bangalore Taj Westend Hotel, wo ich mich zunächst am Pool niederließ. Die Anstrengungen der vergangenen Theatersaison verlangten ihren Tribut und so schlief ich erst einmal gemächlich in der warmen Sonne am Pool. Abends wollten wir mit der ganzen Gruppe Essen gehen, doch soweit kam es erst gar nicht mehr. Mir wurde schlecht und Hitzeflutwellen überrollten meinen Körper, die sich von den Zehen bis zum Kopf ausbreiteten und in gewaltigen Anfällen von Schüttelfrost endeten. »Typischer Fall von Sonnenstich«, meinte ein Mitarbeiter des Hotels zu meinen Freunden, die, nachdem ich nicht zu unserer Verabredung in die Lobby kam, einen Pagen heraufgeschickt hatten. Wenig später kamen zwei Frauen auf mein Zimmer, die mich eine ganze Weile nur anschauten, unaufhörlich miteinander debattierten und dabei immer wieder auf die Uhr blickten. Ich dachte nur: ›Wann kommt denn endlich der Arzt?‹

Ich wurde zunehmend ungeduldiger und ängstlicher, aber der Hotelangestellte nickte mir nur mit seinem immer währenden Lächeln zu. Nur der Schüttelfrost hielt mich davon ab, aufzuspringen und diesem ewig Lächelnden eine Ohrfeige zu geben.

Schließlich ging eine der Frauen wieder heraus und kam erst eine Ewigkeit später wieder zurück. Der Hotelangestellte lächelte immer noch und nickte nur wie selbstverständlich, als die ältere der beiden Frauen einen Haufen Blätter aus ihrer Schürze auf den Schreibsekretär in meinem Zimmer schüttete. Die andere nahm einen Mörser und zerstampfte die Blätter, die die Alte von einem Baum im Garten des Hotels gezupft hatte, wie ich am nächsten Mittag erfuhr. Sie passierte den Saft durch ein seidenes Tuch, fing ihn in einem

Marmeladenglas auf und gab ein Öl dazu. Danach tupften sie beide meinen ganzen Körper unter einem mir unverständlichen Gebrabbel vorsichtig und sanft mit dem etwas klebrigen, öligen Pflanzensaft ein.

Ich weiß nicht mehr, ob es die Wirkung des Pflanzensaftes, der Massage oder die Ermüdung war, aber der Schüttelfrost ließ schnell nach und ich schlief schon bald ein.

Am nächsten Morgen fühlte ich mich wie neugeboren und als ob nichts gewesen wäre. Zwar war ich vom Ergebnis beeindruckt, dachte aber zu der Zeit noch wenig über die Behandlung nach. Erst später wurde mir bewusst, dass ich eine uralte Original Ayurveda Behandlung genossen hatte.

Ayurveda hat inzwischen auch in unseren Breiten seinen Einzug gehalten. Doch wird in unseren Breiten nur ein Tausendstel dieser altbewährten Lehre eingesetzt und oftmals gar nur zu Werbezwecken verwendet. Offiziell ist die Lehre des Ayurveda in unserer Medizin immer noch nicht anerkannt, was leider auch für andere Aspekte aus dem Grenzbereich esoterischen Wissens gilt.

Ein paar Tage später flogen wir weiter nach Bombay, wo wir im berühmten Taj-Mahal-Hotel residierten. Ich war vollkommen entsetzt angesichts der sozialen Gegensätze in Indien. Während ich im Taj Mahal wie eine Königin behandelt und bedient wurde, herrschte auf den Straßen die totale Armut. Ich weiß bis heute nicht, ob es wieder mal ein Billardstoß in meinem Schicksalsspiel war oder mein »schlechtes« Gewissen oder vielleicht mein »Chi«, was mich dazu trieb, den Vorrat eines ganzen Textil- und Kleiderladens aufzukaufen und auf den Platz vor einen Tempel zu legen, vor dessen Mauern die armen Menschen unter Zeltplanen hausten. Die glücklichen Gesichter der vielen Kinder, Mütter, Opas und Omas, die sich wie wild auf den Kleider- und Stoffhaufen stürzten, werde ich jedenfalls bis heute nicht vergessen. Als ich bei der Recherche für dieses Buch nach der Geschichte des Tempels suchte, kam heraus, dass dieser

Ayurveda

Ayurveda ist die weltweit älteste bekannte Lebens- und Gesundheitslehre und entstammt der vedischen Hochkultur Altindiens. Es wurde über Tausende von Jahren mündlich überliefert, die ältesten Schriften in Sanskrit sind 5000 Jahre alt. Vasant Lad beschreibt sie in seinem Buch »Selbstheilung mit Ayurveda« (0. W. Barth Verlag) mit folgenden Worten: »Ayurveda ist die Kunst des täglichen Lebens in Harmonie mit den Gesetzen der Natur. Ziel dieses alten, ursprünglichen Wissens ist es, die Gesundheit zu erhalten und Krankheiten zu heilen.«

Das Zusammenspiel von Körper, Geist und Seele, Verhalten und Umwelt bildet die Grundlage des Ayurveda. »Ayus« bedeutet »Leben«, »veda« bedeutet »Wissen« bzw. »Wissenschaft«, Ayurveda ist die »Wissenschaft vom langen, gesunden Leben«. Die ersten bekannten Anwendungen über Hygiene, Diagnose und Therapie lassen sich auf die Jahre dreitausend bis achthundert v. Chr. zurückführen, während die ayurvedische Kunst ihre Blütezeit vom siebten Jahrhundert v. Chr. bis etwa zum Jahre 1000 hatte.

Ayurveda wird auch als »Mutter der Medizin« bezeichnet. Es hatte bedeutenden Einfluss auf die chinesische Medizin und die Medizin des alten Ägyptens. Sogar bei dem griechischen Arzt Hippokrates finden sich ayurvedische Elemente. Zum Stillstand kam Ayurveda durch den Import westlicher Technologie während der Kolonialzeit. Seit 1958 wird das Wissen wieder durch die Regierung gefördert und es gibt auch eine systematische Ausbildung für Ärzte.

Ort der indischen Göttin Mumbadevi geweiht war, der Patronin der Koli-Fischer. Ein fast kosmischer Schauer überkam mich, als ich nach fast fünfundzwanzig Jahren erkannte, dass ich ausgerechnet vor dem Tempel einer Fischergöttin so spontan mein hart verdientes Geld gespendet hatte.

Als ob das Schicksal es so mit mir vorgesehen hatte, traf ich an unserem letzten Tag, als meine Ersparnisse schon fast aufgebraucht waren, am Abend im Hotel einen Filmproduzenten. Mumbai, besser bekannt unter dem alten Namen Bombay, ist nämlich auch das Zentrum der indischen Filmindustrie. Hier werden jährlich mehr Filme produziert als in Hollywood, wenn diese auch weniger anspruchsvoll sein mögen. Dennoch verfügt Indien zumindest nach der Menge der produzierten Filme über die größte Filmindustrie der Welt und wird nicht zuletzt deshalb in Filmkreisen auch etwas spöttisch »Bollywood« genannt.

So mancher Schauspieler, aber auch Regisseure und andere Filmfachleute begannen ihre Karriere tatsächlich in Bollywood, auch wenn sie das »B« später lieber herunterschluckten. So brauchte ich nicht lange nachzudenken, um den Ferienjob als Assistentin eines indischen Filmproduzenten anzunehmen.

In Indien werden Filme mit ziemlich einfachen Mitteln gedreht und mein Job war nicht gerade klar definiert. Ich durfte beziehungsweise musste so ziemlich alles machen – vom »Laufburschen« bis zu kleinen Statistenrollen. Dafür bekam ich aber einen guten Einblick hinter den Kulissen und die manchmal sehr ernüchternde Wahrheit im Showgeschäft. Lernbegierig wie ich war, machte mir das nicht so viel aus, und über mein ziemlich luxuriöses Gästezimmer im Haus des Produzenten-Ehepaars konnte ich mich letztlich auch nicht beklagen.

Auf dem »Set« bekam ich meine erste Inspiration zu »Claire Fisher Kosmetik«. Denn statt des mir aus dem Theater bekannten Pancake rührte der dortige indische Visagist eine Pampe aus Wasser, Erde und ein paar im Mörser zerstoßenen und passierten Pflanzen an. Während Pancake, eine dicke Theaterschminke, die Haut ziemlich austrocknet und reizt, war diese Version eher eine Wohltat und wirkte mehr wie eine regenerierende Maske.

Auch so manche ausländische Filmschauspieler, die anfänglich zwar zunächst ein schiefes Gesicht angesichts der nicht gerade appetitlich aussehenden Pampe zogen, schworen am Ende auf das indische Geheimrezept. Das Problem war nur, dass man die Produkte nicht mitnehmen oder gar kaufen konnte, da sie jedes Mal frisch zubereitet werden mussten. Und das Rezept blieb geheim und war nach alter Tradition durch mehrere Generationen weitervererbt worden.

Auch dieser Ferienjob endete schließlich. So viel Geld hatte ich zwar nicht verdient, aber dennoch wollte ich noch etwas mehr von dem Land sehen. Vor allem den Bundesstaat Kerala, welcher von den Einwohnern selbst als »Das Land Gottes« bezeichnet wird und heute als *das* Zentrum für Ayurveda in Indien gilt.

Mit meinem begrenzten Budget war ich auf öffentliche Verkehrsmittel, manchmal Trampen und Zeltlager angewiesen. So kam ich allerdings auch in direkten Kontakt mit der lokalen Bevölkerung und sah Orte, die ein »normaler« Tourist wohl nie zu sehen bekommen hätte.

Mit dem Zug fuhr ich zunächst einmal nach Goa, das schon in den 60er Jahren auf die Hippies der Flower-Power-Zeit eine besondere Anziehungskraft hatte und wegen seiner weitläufigen Strände bekannt ist. In den 90er Jahren wurde Goa auch bekannt als Bezeichnung für Techno und Trance Partys.

Mich interessierte aber vornehmlich das alte Goa – Velha Goa – mit seinen malerischen Kirchen. So ging es mit einem klapprigen Bus weiter nach Badami und dann über Bijapur bis in den Norden nach Hampi. Badami ist berühmt für seine aus dem sechsten Jahrhundert stammenden Höhlentempel.

Bijapur liegt etwa 100 Kilometer nördlich von Badami. Seine Hauptattraktion ist das Gol Gumbaz, das Grabmal für Mohammad Adil Shah, der im 17. Jahrhundert sein Reich von Bijapur aus regierte. Die Kuppel des Mausoleums ist die zweitgrößte der Welt und wird nur noch von der des Petersdoms in Rom übertroffen. Hoch oben in der Kuppel liegt die breite »Flüstergalerie«, wo durch einen seltsamen Echoeffekt ein leises Flüstern genau an der gegenüberliegenden Stelle der Galerie gehört werden kann.

Nördlich von Hampi liegen einige der interessantesten Beispiele für den südindischen Tempelbau. Aihole, bekannt als Wiege des Hindu-Tempelbaus, verfügt über siebzig Tempel, die bis in das fünfte Jahrhundert vor Chr. zurückreichen. Nicht weit davon liegt die Tempelanlage von Pattadakal, die aus dem siebten und achten Jahrhundert stammt und Krönungsort der Chalukya-Dynastie war. Ich war beeindruckt von den bemerkenswerten Tempeln mit ihren wundervollen Skulpturen.

Goa hat auch eine große Auswahl an Pflanzen, Vögeln und anderen Tierarten zu bieten. Ein Drittel der Gesamtfläche Goas ist bewaldet. Hier findet man die exotischsten Arten von Farnen, Gräsern, Palmen und Früchten. Um der Ausbeutung der Regenwälder Einhalt zu gebieten, wurden inzwischen verschiedene Gebiete zu Naturschutzparks erklärt.

Noch schöner wurde es dann in Kerala, dem heutigen Ayurveda-Zentrum Indiens. Zunächst ging es nach Thiruvalla, einem kleinen, vom Tourismus noch unberührten Ort an den Backwaters. Schon die Autofahrt durch kleine und größere Ortschaften, vorbei an Wasserstraßen, Kanälen und saftiggrünen Reisfeldern machte einen viel versprechenden Eindruck auf mich.

Versteckt im subtropischen Dschungel stand meine Privatpension auf einer Malayalee Plantage, ein Tipp, den mein Visagist mir mitgegeben hatte. Das einfache Kerala-Holzhaus machte einen sauberen Eindruck und ich wurde mit liebevoller Gastfreundschaft empfangen. Drei Generationen einer keralischen Farmer-Familie lebten hier unter einem Dach. Von Massentourismus gab es noch keine Spur.

Die Bezeichnung »Gottes eigenes Land« ist fast noch zu schwach und unbezeichnend für dieses Paradies mit seinen unzähligen Flüsschen und kleinen Kanälen, die an einigen Stellen in eine kleine Lagune münden und sich an anderer Stelle wieder durch das Grün der Reisfelder ziehen: Keralas Backwaters. Mit dem alten Holzboot der Familie machte ich Ausflüge in diese zauberhafte Wasserwelt. Ein Jeep, der noch aus der englischen Kolonialzeit stammen musste, brachte mich durch den Bergdschungel zu den wilden Elefantenherden, den Gaurs und Sambars.

Ich besuchte die traumhaften Paläste der Maharajas und Sultane, die eine Märchenwelt aus Tausendundeiner Nacht vor meinen Augen lebendig werden ließen, und besuchte auch die Kultstätten der Hoysala-Dynastie, deren filigrane Skulpturenfriesen zu den bewundernswertesten Kunstwerken sakraler Baukunst in der Welt zählen.

Vor allem aber genoss ich die hausgemachte und vielfältige Kost der indischen, speziell der keralischen Küche mit immer frischen, für mich sehr exotisch anmutenden Zutaten aus eigenem Anbau.

Die Umstellung der Ernährung und das sehr feuchte Klima forderten bald ihren Tribut und sorgten leider dafür, dass meine Haut Reizungen, spröde Stellen und an einigen Stellen sogar gefährlich aussehenden Ausschlag aufwies. Hautärzte und Apotheken gab es in dem Gebiet, in dem ich mich herumtrieb, natürlich nicht.

Da ich nach einigen Tagen den Juckreiz kaum noch aushalten konnte, wandte ich mich verzweifelt an den Inhaber meiner kleinen Pension. Mit seinem klapprigen Jeep, dem ich manchmal kaum mehr weitere hundert Meter zutraute, brachte er mich in eine Art Dorf in den Bergen, das eher an ein Zeltlager erinnerte. Seltsam gekleidete, aber auffallend schöne Menschen begrüßten uns warmherzig und freundlich und brachten mich, nach einer für mich unverständlichen Unterredung zwischen Wirt und wahrscheinlich dem Dorfvater, in eine Hütte zu dem, was hier wohl der Arzt sein sollte, aber mehr einem herausgeputzten indianischen Medizinmann glich.

Mit gemischten Gefühlen, zumal ich kein Wort von dem, was da durcheinander geredet und diskutiert wurde, verstand, begab ich mich in seine Behandlung. Obwohl ich der Sache nicht ganz traute, wurde meine Aufmerksamkeit mehr von den verschiedenen Körben voll mit frischen Kräutern und Pflanzen sowie der Wanddekoration der Hütte als auf diesen »Arzt« gezogen. Die Wanddekoration bestand nämlich überwiegend aus goldenen Ketten, Edelsteinen, wertvollen Gefäßen und anderen Kostbarkeiten, sodass die Hütte von innen eher einem Juwelier- oder Antikgeschäft als einer Arztpraxis glich.

Der alte Mann schmierte meine gereizten Stellen mit einer Paste aus Kräutern, einer Art Pflanzensaft und Milch, verdickt mit einer Art Schlamm ein. An einigen Stellen fing es an, fürchterlich zu brennen, und als ich mich bei meinem Wirt, der hier gleichzeitig als

Übersetzer fungierte, darüber beschweren wollte, kam der alte Mann ganz nah auf mich zu und sagte mit einem freundlichen Lächeln etwas völlig Unverständliches. In seiner Stimme lag etwas außergewöhnlich Beruhigendes und mein Wirt nickte mir zustimmend zu und meinte leise irgendetwas wie »everything will be alright« (alles wird gut).

Ich zog ein paar Geldscheine aus meiner Hosentasche, aber der alte Mann lächelte nur, schüttelte den Kopf und wies auf meinen Arm. Ich verstand nicht sofort, bis mein Wirt mir zu Hilfe kam und meinte, der Alte hätte wohl einen Blick auf mein Armband geworfen. Da dies noch von meinem Jugendfreund stammte, wollte ich mich eigentlich nicht so schnell davon trennen. Schließlich entschied ich mich aber doch für das kleinere Übel, statt hier lange Diskussionen zu halten.

Auf der Rückfahrt versuchte ich, meinen Wirt auszuquetschen, was für ein »Arzt« der alte Mann nun eigentlich sei und was er mir da auf den Körper geschmiert habe. Das Brennen war weg, aber dafür wurden einige Stellen meiner Haut ganz schön heiß und fingen an sich zu röten. Er erklärte mir, dass der Alte ein bekannter Kräuterheiler aus der Umgebung sei. Gerüchten zu Folge habe er bereits in mehreren Fällen sterbenden Menschen wieder zum Leben verholfen. Dabei verwende er ganz normale Kräuter und Pflanzen, von denen es viele auch bei uns in Europa geben solle. Wichtig war wohl die Konzentration, die Kombination, sowie die Verwendung möglichst frischer Extrakte.

Zurück auf der Farm machte mir mein Wirt noch ein paar Umschläge und meinte, ich solle diese erst wieder am nächsten Morgen abnehmen, dann wäre alles in Ordnung. Mit gemischten Gefühlen machte ich mir die Umschläge an den Stellen meiner Haut, wo der Alte besonders viel Gemisch aufgeschmiert hatte, und legte mich schlafen.

Am nächsten Morgen entfernte ich die Umschläge und musste zu meinem Erstaunen feststellen, dass die gereizten und geröteten Stellen meiner Haut völlig zurückgegangen waren. Noch besser, an den behandelten Stellen fühlte sich meine Haut besonders zart und geschmeidig an.

Nach den vier schönsten und eindrucksvollsten Urlaubswochen meines damals noch so jungen Lebens ging es dann über Neu-Delhi nach Hause in die mir inzwischen etwas fremd gewordene nördliche Kühle.

Meine Erlebnisse in Indien ließen mich bis heute nicht mehr los. Meine Wohnung dekorierte ich nach meiner Rückkehr mit den aus Indien mitgebrachten Stoffen und auch beim Kochen bevorzuge ich immer noch indische Gerichte und vor allem auch Gewürze, wobei sich meine Rezept-Bibliothek inzwischen um thailändische, chinesische und japanische Speisen vergrößert hat.

Obwohl mich meine Zeit in Indien, die Besuche der Kultstätten und Tempel, sowie mein Kontakt zur Bevölkerung und ihrer Religion mit Sicherheit geformt und inspiriert hatten, war mir mit meinen damals gerade mal achtzehneinhalb Jahren noch nicht bewusst, dass die indische spirituelle Kultur, und vor allem die Ayurveda Medizin und Kosmetik auch in unseren Breiten einen so enormen Zuspruch finden würden.

Ich möchte an dieser Stelle doch einmal auf meine heutige Sichtweise und auch speziell Ayurveda eingehen, das mir, wenn auch zunächst unbewusst, zu einem wichtigen Vorbild geworden ist. Nicht das Heilen von Krankheiten ist der Schwerpunkt von Ayurveda. Es ist vielmehr die Empfehlung einer Lebensweise, bei der man gar nicht erst krank wird: Ein klarer Lebensrhythmus, Maßhaltung und Hygiene in allen Lebensbereichen, und zwar physisch, emotional, sozial, geistig und spirituell. Wird man krank, dann hat man den ayurvedischen Weg bereits verlassen. Dies gilt aber eben nicht nur für Ayurveda.

Auf meinen Reisen, in meinem Leben und auf dem Weg meiner persönlichen spirituellen Entwicklung habe ich festgestellt, dass persönliches Glück und inneres Gleichgewicht, Gesundheit und Schönheit von bestimmten Faktoren abhängen, die in den verschiedensten spirituellen Richtungen mit Hilfsmitteln und durch Übungen wiederzufinden sind. Ob in der Lehre der Ayurveda, des

Buddhismus, des Schamanismus oder in den anderen asiatischen Lehren und deren Medizin – überall gibt es Parallelen.

Viele der heute in Mode gekommenen »alternativen« Therapien, Lebensphilosophien und spirituellen Sichtweisen basieren auf althergebrachten Überlieferungen und Ritualen, die aber nicht unbedingt für jedermann nachvollziehbar sind, schon gar nicht auf Dauer und auch nicht an jedem Ort.

Das Gleiche gilt für bestimmte Heilkräuter, die nur in bestimmten Ländern erhältlich sind und dann auch nur mit einer sehr speziellen Zubereitungsform die gewünschte Wirkung erzielen. Besonders für Newcomer auf diesem Gebiet ist das Angebot undurchsichtig und oftmals nicht nachvollziehbar. Und wenn man sich darin nicht auskennt, kann ein falscher Gebrauch eher nachteilig wirken als die ersehnte Verbesserung bringen. Das gilt leider besonders oft für Kosmetikprodukte, bei denen mit bekannten Begriffen und Kräutern auf der Packung geworben wird, deren Anteil aber so gering ist, dass gar keine Wirkung erzielt werden kann. Aber das gilt auch für alternative Medizin, die in der falschen Zusammensetzung gar keine Besserung oder gar negative Nebenwirkungen bringt. Noch enttäuschender und sogar gefährlicher kann es werden, wenn man sich an »Heiler« wendet, die gar keine sind oder bestimmte Praktiken nicht oder zuwenig beherrschen.

Ich bin aus eigener Erfahrung überzeugt davon, dass der Weg zu einem glücklichen, ausgeglichenen, gesunden und erfolgreichen Leben einfacher ist, als mancher denkt, und nicht unbedingt davon abhängen muss, sich einer bestimmten neuen und vor allem ungewohnten Lebensweise anschließen zu müssen.

气

Die Geburt von Claire Fisher Naturkosmetik

Nach meiner Rückkehr aus Indien kehrte ich zunächst einmal wieder zurück auf meine Heimatinsel Texel. Ich wälzte Hunderte von Pflanzen- und Kräuterbüchern, kaufte mir Salben, Cremes und Kräuteressenzen, sammelte selbst einige Pflanzen und mischte mir meine eigenen Cremecocktails, die ich an mir selbst ausprobierte.

Nach ein paar Monaten hatte ich ein kleines Sortiment selbst gebrauter »Cremes«, wenn man das so nennen konnte, erstellt. Die hatte ich mit durchgehend positiven Ergebnissen an mir selbst getestet und wähnte mich bereits als große Kosmetik-Unternehmerin.

Dann traf ich auf Bert, Sohn des berühmtesten Barkeepers von Texel, den ich noch von meinem Partyleben mit Michaels Mutter kannte. Liebe macht wohl wirklich blind, und so landete ich schon bald in der Schnellreinigung meines neuen Freundes, statt meine Kosmetikpläne weiterzuverfolgen. Dafür durfte ich jetzt die nach dem Parfum der großen weiten Welt riechenden, teuren Seidenanzüge von meinem Ex-Traumprinzen Michael aufbügeln. Der hatte inzwischen geheiratet und sogar schon eine Tochter. Doch immerhin: Wenn er an manchen Samstagen seine Frau begleitete und seine Tochter auf der Schulter trug, meinte ich zuweilen sogar etwas mehr als nur einen freundlichen Blick in seinen Augen zu erkennen. So brauchte ich auch nicht lange zu zögern, als er mich und meinen Freund Bert zu einem Essen in seinen Bungalow in De Cocksdorp einlud. Beim Essen meinte ich, schon wieder ein Flirten in Michaels

Augen zu sehen, bemerkte aber auch den Blick einer wilden Katze, nämlich den seiner Frau Heidi.

Dann wurden wir von seiner kleinen Tochter unterbrochen. Die kleine Bianca konnte gerade laufen und lugte mit verheulten Augen zur Tür herein. Sie hatte ins Bett gemacht. Als ihre Mutter aufsprang, um sie schimpfend zurückzuschicken, sah ich den Schmerz in Michaels Augen. Ich folgte den beiden und Heidi zog ihre Krallen ein. Schließlich waren wir ja zu Gast.

So setzte ich mich dann an Biancas Bett und erzählte ihr, dass es gar nicht so schlimm sei, ins Bett zu machen. Schließlich hatte ich das früher auch oft genug getan. Ich gab ihr den Tipp, sich einen Becher auf den Nachttisch zu stellen und immer, wenn sie verspürte, Pippi machen zu müssen und es nicht mehr zur Toilette zu schaffen, da hinein zu machen. Das war das Einzige, was bei ihr von mir in Erinnerung hängen geblieben war, als ich viele Jahre später ihren Papa wiedertreffen sollte und mit ihm fortan zusammenlebte.

Die Sympathien von Heidi hatte ich aber wohl verspielt. Ob es meine Einmischung in ihre Kindererziehung war oder die Blicke, die Michael mir manchmal zuwarf, das konnte ich nicht genau zuordnen.

Mein Freund Bert dagegen hatte von all dem gar nichts gemerkt. Er hatte nur Ohren für die etwas dick aufgetischten Erfolgsstorys von Michael. Bert war es dann auch, der Michael und Heidi zum Gegenbesuch in unser Appartement zum Fondue einlud. Das war das Einfachste und Sicherste, was ich damals »kochen« konnte, wollte ich jedem Risiko aus dem Wege gehen, dass es »meinem« verwöhnten Michael bei mir nicht schmecken könnte. Schließlich gab es da ja nichts zu kochen und wenn er sein Fleisch verbrutzeln ließ, war es wenigstens seine eigene Schuld.

Meinem Freund Bert hatte ich schon vor einer Weile von meiner Idee, eine Naturkosmetikserie aus Heilkräutern zu machen, erzählt. Und Michael hatte inzwischen eine Werbeagentur und einen holländischen Kunden, der eine Kosmetikserie auf dem deutschen Markt einführen wollte. Diese Chance wollte ich nicht verpassen.

Bert war auf eine andere Art als ich fasziniert von dem Jungunternehmer, der mit achtzehn Jahren fast pleite und dann wie ein Phönix aus der Asche wieder aufgestiegen war. Natürlich hatte Michael wohl mehr Glück als Verstand gehabt und vor allem einen Ferrari. Denn genau dieser Ferrari war es, der ihn mit unserem Prinzen Bernhard der Niederlande zusammenbrachte. Dieser fuhr genau das gleiche Modell in Grün. Prinz Bernhard war damals auch Vorsitzender der Niederländisch-Deutschen Handelskammer und in dieser Eigenschaft unterwegs zur Eröffnung einer holländischen Exportmesse, auf der sich die beiden im gleichen Luxushotel trafen. So kam Michael, dessen Vater den damaligen holländischen Prinzgemahl auch noch von der Fliegerei her kannte, wohl vor allem wegen seiner holländischen Sprachkenntnisse und der Vorliebe für Ferraris ins Gespräch mit Bernhard und über ihn ins Geschäft. Nach einem Artikel, den Michael über die Marketingprobleme und Möglichkeiten holländischer Unternehmer in einer Fachzeitschrift für Exporteure veröffentlichte, strömten die Kunden nur so herein. Und einer davon war eine friesische Müslifabrik, die ganz nebenbei auch Kosmetik herstellen ließ.

Beim Fondue fing Bert zu meiner Überraschung von selbst an, über »seine« Kosmetikpläne zu reden. Dabei ging ihm allerdings schnell der Stoff aus. Sofort nutzte ich die Chance, Michael von meinem Indienaufenthalt, meinen Erfahrungen mit den indischen Kräuterheilern und dem pflegenden Pancake aus Heilerde und Pflanzen zu berichten. Michael war sofort Feuer und Flamme und nahm weder meinen Freund Bert noch seine Frau Heidi mehr wahr. Ob es Eifersucht war, ob beide vermuteten, dass ich damit einen Vorwand suchte, Michael wieder öfter zu treffen, ich weiß es nicht mehr. Jedenfalls genoss ich vollends das Feuer, das ich in Michael wieder entfacht zu haben schien.

Wir verabredeten uns ein paar Tage später, um meine Ideen mal in aller Ruhe zu besprechen. Als Grund gegenüber meinem Freund Bert und Michaels Frau Heidi gaben wir an, einen neuen Namen finden zu müssen. Tatsächlich »passte« mein holländischer Name auch nicht so gut: »Antoinette van Rossum« – das war einfach zu lang und nicht gut auszusprechen.

Wir liefen am Strand entlang, doch bevor es zum »geschäftlichen Teil« unseres Meetings kam, hatten wir erst einmal eine ganze Menge Vergangenheit zu bewältigen.

Und dank der klaren Luft am Strand wurde der Name »Claire« geboren. Aus »klar« (= claire/clear) wurde Claire. Der Rest war einfach: Der Name »Fisher« entsprang der international verständlichen Berufsbezeichnung meines Vaters, der ja ursprünglich von Beruf Fischer war.

Michael stellte unser Konzept seinem Kunden vor und der war sofort begeistert. Nur ging es jetzt noch darum, meine Ideen in die Tat umzusetzen. Zwar ist die Mischung einer Kosmetikserie mit natürlichen Inhalten keine große Kunst, und es gibt immerhin zahlreiche, teilweise sogar synthetische Alternativen irgendwelcher Kräuteressenzen. Aber in den Produkten von »Claire Fisher« sollten ja wirksame und vor allem wirklich natürliche Stoffe enthalten sein. Dabei mussten sie noch eine nachweisbare Wirkung zeigen, aber auch verträglich und zu aller Erschwernis *nicht* an Tieren getestet worden sein. Meine selbst gefertigten Proben ließen sich bis auf die Namen der Hauptinhaltsstoffe nicht verwenden, denn hierin war ich wohl etwas naiv gewesen. Tage und Nächte des Studiums von Literatur und der Suche nach Quellen und Herstellern vergingen, bis die Rezepturen so auf dem Papier standen, dass ein Kosmetikhersteller sie auch herstellen konnte. Statt Tierversuchen gab ich mich sogar selbst als »Versuchskaninchen« her und schmierte mir die verschiedensten Cremeansätze ins Gesicht, bevor sie zur Produktion freigegeben wurden.

Und dann musste auch noch ein Marketingkonzept und eine Werbekampagne mit einem verhältnismäßig kleinen zur Verfügung stehenden Werbebudget entwickelt werden, wobei Michael erst einmal in Vorlage treten musste. Wie ich erst später hörte, investierte er alles, was er damals hatte, und nahm, um die hohen Kosten für Prospekte, Plakate und Anzeigen vorfinanzieren zu können, sogar noch einen Kredit bei der Bank auf. Aber sein guter Name genügte damals, um sich ein paar Hunderttausende extra Liquidität zu verschaffen.

Das Verhältnis zu seiner Frau war bis unter Tiefkühlniveau gesunken. Aber sie war mit einer zweiten Tochter, die später auf den Namen Nadine getauft werden sollte, schwanger. Eine Scheidung kam für Michael jetzt bestimmt nicht mehr in Frage. Das konnte er seinen Kindern nicht antun. Außerdem war ihm schon in seinem Elternhaus mitgegeben worden, dass eine Heirat ein Bündnis auf Lebenszeit sei.

Wir hatten gerade die Pressekonferenz zur Einführung unserer Marke auf einer Messe in München hinter uns, die ich trotz schwerer Erkältung samt meiner damaligen Unerfahrenheit und meinen Schwierigkeiten mit der deutschen Sprache wohl ziemlich gut gemeistert hatte. Was war ich stolz, als die deutschen Apotheker Schlange standen, um mich, »Frau Fisher«, persönlich begrüßen zu dürfen, nachdem sie sich mit den auf dem Stand anwesenden Fachleuten über die Vorzüge meiner neuen Produktreihe informiert hatten: »Natürliche Inhaltsstoffe«, »Nicht an Tieren getestet«, »ökologische Verpackung« und vor allem zu einem Preis, der mehr als gerechtfertigt war für das, was enthalten war. Mein Kopf prangte auf großformatigen Postern, auf den Katalogen und Beilagen.

Wir waren so glücklich, dass Michael mir nach diesem Tageserfolg und einem feuchtfröhlichen Dinner im Hotel vorschlug, unsere Feier in meinem Zimmer fortzusetzen.

So hatte ich es uns schon mal gemütlich gemacht und ein paar Kerzen angezündet, die ich beim Hausdiener zusammen mit einer Flasche Champagner bestellt hatte. Kaum war Michael in meinem Zimmer, als uns trotz aller »Nicht stören«- Anweisungen der Anruf erreichte: Seine Frau Heidi hatte viel zu früh entbunden und das Baby musste mit dem Hubschrauber in eine Spezialklinik gebracht werden. Michael flog mit der nächsten Maschine zurück. Danach habe ich ihn für eine längere Zeit kaum noch zu Gesicht bekommen.

Auf allen Claire Fisher Plakaten und Broschüren prangte mein Kopf

Claire-Fisher-Kosmetik entwickelte sich schon bald zu einem Verkaufsschlager. Michaels Verkaufsmanager und Freund Müller reiste von einer Apotheke zur anderen und verkaufte das Claire Fisher Sortiment. Bert wurde zum stellvertretenden Geschäftsführer und Büroleiter der Niederlassung in Düsseldorf ernannt.

Dann wäre beinahe alles schief gelaufen: Fast wäre Claire Fisher pleite gewesen. Mehr als eine Million Mark hatte Michael der Muttergesellschaft der damaligen Claire-Fisher-Vertriebsgesellschaft vorfinanziert, als diese für uns alle überraschend Konkurs anmelden musste.

Michael kaufte kurzerhand die Claire Fisher-Rechte von seinem in Konkurs gehenden Kunden und nahm dafür einen Kredit in Höhe von 2 Millionen Gulden bei der Rabobank Texel auf. Die Bank war schnell überzeugt, unter der Voraussetzung, dass seine Eltern mitunterschreiben würden. Angeblich handelte es sich dabei nur um eine reine Formsache, weil er selbst noch nicht auf der Insel eingebürgert war. Seine Eltern brauchten noch nicht einmal selbst zur Bank kommen, denn der Direktor und sein Assistent boten an, sie abends persönlich aufzusuchen.

Der Kredit und eine eigene Kosmetikfirma ließen Michael einen ziemlichen Höhenflug erleben. Geld bringt Geld, zieht aber leider auch Leute an, die davon profitieren wollen. Doch das sah er wohl noch nicht in seinem damals noch jugendlichen Leichtsinn. So kaufte er nicht nur die Müslifabrik, sondern auch noch einen medizinischen Fachverlag, einen Pharmaimport, ein Patent für sterile Ohrlochstecher und eine Firma für Inkontinenzsysteme (das sind therapeutische Hilfsmittel für Menschen, die ihre Blase nicht mehr unter Kontrolle haben). Alle Firmen standen am Rande des Abgrunds, waren billig und versprachen nach den Auskünften der verzweifelten Verkäufer Riesengewinne in kürzester Zeit.

Michael nahm kaum noch Notiz von mir. Er war zu beschäftigt mit seinem Geschäft und selbst ich konnte seine Ehe zerbrechen sehen. Er hörte weder auf mich noch auf seine Mutter. Seine Frau ernährte sich weitgehend von Alkohol und Tabletten und ein vernünftiges Wort war mit ihr nicht mehr zu wechseln. Irgendwo hatte ich sogar noch Mitleid mit Michael, der sich nur noch in Flugzeugen und teuren Hotels aufzuhalten schien. Ich sah und hörte nichts mehr von ihm.

Er genoss sein Leben in vollen Zügen und wie von mir nicht anders erwartet, kam es schon wenig später zur Scheidung. Seine Frau Heidi hatte ein Luxusbordell mit einer Diskothek verwechselt und dort trafen sie sich dann zu ihrer beider Überraschung.

Als ich das hörte, klang es für mich wie eine der »Rein in den Schrank – raus dem Schrank«-Komödien, in denen ich früher selbst mitgespielt hatte.

»Ich glaube, Michaels Fall ist tatsächlich kaum anders, als er sich so oder ähnlich Tag für Tag tausendfach in anderen Familien abspielt«, flocht Steffi an dieser Stelle ein. »Zwei Partner aus völlig verschiedenen Schichten kommen zusammen und verlieben sich, oder vielleicht ist es anfangs sogar nur der Sex. Auf Dauer ist die Verbindung zum Scheitern verurteilt und einer der beiden oder gar beide suchen woanders ihre Zuflucht. Nur passiert es nicht immer in einem Nobelbordell, sondern vielleicht eher im Bett einer Freundin oder Nachbarin bzw. eines Freundes oder Nachbarn. Das Ergebnis ist aber immer dasselbe. Einer wird erwischt und das gibt der Beziehung den Rest, mehr oder weniger Filmreif wie bei Michael. Aber erzähl weiter, Claire …«

气

Showbusiness

Ich witterte meine Chance und bot mich Michael sofort als Kindermädchen an. Er hatte sich von seiner Frau getrennt. Da diese von den Kindern sowieso nicht so viel wissen wollte, verzichtete sie für einen mir schon damals immens vorkommenden Betrag von DM 5.000,- im Monat Abstand auf das Sorgerecht für die Kinder und zog ihres Weges. Seine beiden Kleinen hatte Michael deshalb erst einmal bei seinen Eltern untergebracht.

Aber auch das half mir nicht: Schon wenige Wochen, nachdem sich Michael von seiner Frau getrennt hatte, erschien er mit einer neuen blonden Eroberung, die nach einem ersten Besuch auf Texel gar nicht mehr nach Hause wollte.

Ich hatte verloren und strich die Segel. Mein Freund Bert hatte schon vor einiger Zeit angefangen zu trinken und wurde von Tag zu Tag arroganter und aggressiver. Vielleicht hatte er auch etwas seit München gemerkt. Nachdem er selbst mal wieder fremdgegangen war, weckte er mich eines Nachts und schleppte mich zum Fenster, nur um mir zu zeigen, dass meine ganzen Kleider auf der Straße lagen. Ich sah noch ein Taxi über mein liebstes Abendkleid fahren.

Das war zuviel. Während Bert mit irgendeiner Frau in irgendeinem Bett gelegen hatte, war ich auf einer »Drive In«-Show gewesen. Dort war ich mehr oder wenig zufällig mit dem Discjockey Martin in Kontakt gekommen. Er hatte ein Auge auf mich geworfen und lud mich zu einem letzten Drink in sein Hotel ein. Zwar fühlte ich mich geschmeichelt, aber ich sah auch die Gefahr, die von dieser Einladung ausging. Ich war nicht der Typ, der einfach so fremdging. Enttäuscht hinterließ er mir seine Telefonnummer.

Am nächsten Morgen musste Bert wieder nach Düsseldorf fliegen. Nachdem er seinen Rausch ausgeschlafen hatte, brachte ich ihn noch zur Fähre. Dann griff ich zum Telefon.

»John de Mol Productions«, meldete sich die Telefonistin. Nach ein paar Minuten war Martin am Telefon. »Können wir unser Gespräch von gestern Abend fortsetzen?«, fragte ich schüchtern, und wir verabredeten uns noch für den gleichen Tag. Bert war schon weg und so packte ich klammheimlich meine Sachen und setzte mich in den Zug nach Weesp bei Amsterdam. Und als ich ausstieg, stand er da. Mit seinem fröhlichen Lachen genau wie gestern Abend in der Disco.

Ich hatte alles hinter mir gelassen: Bert, Michael, Claire Fisher und Texel. Jetzt sollte endlich ein neues Leben beginnen. Ich hatte nur meinen Koffer mit ein paar Kleidern und mich selbst. ›Auf zu neuen Ufern‹, sagte ich zu mir. ›Du siehst gut aus, bist voller Mut, also: was kann eigentlich schief gehen?‹

Schon am nächsten Tag eröffnete sich eine neue Welt für mich. »Meine Freundin, Antoinette«, stellte er mich dem so wichtigen TV- und Filmboss vor. Dessen Namen kannte ich von den unzähligen Abspännen aus dem holländischen Fernsehen. Beinahe 80% aller dortigen Produktionen gingen auf sein Konto. »Kannst du Autofahren und hast du Organisationstalent?«, fragte er beiläufig, während er mindestens zwanzig Telefonate gleichzeitig führte. Ich hörte die berühmten Namen, die ich nur von Fernsehen oder Film kannte.

Obwohl ich mich so unsicher wie ein Schulmädchen fühlte, kam mir mein Schauspieltalent in diesem Moment zu Gute. »Am liebsten wäre ich die Privat-Chauffeurin des amerikanischen Präsidenten geworden. Leider ist seine Nummer im Weißen Haus laufend besetzt«, sagte ich selbstsicher, um darauf am liebsten im Boden zu versinken.

»Gib ihr ein Auto, Martin, sie kann meine Schwester begleiten, und dann sehen wir weiter. Morgen muss Linda in Belgien auftreten. Wir sehen uns sicher bald wieder«, beendete der viel beschäftigte TV-Produzent unser Gespräch.

Ich hatte einen Job. Mitten im »Hollywood von Holland« durfte ich Linda de Mol begleiten. Ich fühlte mich befreit. Martin und ich feierten meinen Auftritt in einem schicken Restaurant. An jeder Seite meines Tellers lagen mindestens vier Bestecke. ›Welches zuerst?‹, fragte ich mich. »Der Gute Ton von heute« war meine Rettung. Das ist der Titel eines Buches, welches mir Michaels Mutter zum achtzehnten Geburtstag geschenkt hatte. »Wenn man mal nicht weiter weiß, einfach auf die anderen warten und das Besteck immer von außen nach innen gebrauchen, so braucht man sich nie zu blamieren.« Dieser Regel folgend versuchte ich, die Schnecken aus dem Häuschen zu locken und die glitschigen Viecher mit selbstsicherem Blick in meinen Mund zu bugsieren, ohne dass Martin meinen Ekel bemerkte.

Mitten im ›Hollywood von Holland‹ durfte ich Linda de Mol begleiten.

Martin entpuppte sich als absoluter Karrieretyp. Dazu gehörte natürlich auch ein angemessenes Haus, wie das in den Showbusiness-Kreisen so üblich war. In einem der Schickeria-Vororte von Hilversum, dem kleinen Städtchen Blaricum, fand er das Haus seiner Vorstellungen. Dieses war aber etwas zu teuer für seine Verhältnisse. Trotzdem wurde das Haus gekauft, blieb aber zunächst einmal leer. Das Geld für die Einrichtung fehlte. Doch dann sah Martin die Lösung seiner finanziellen Probleme: »Du kriegst doch noch Geld von diesem Michael aus Texel. Da war doch was mit einer Kosmetikserie?«

Naiv, wie ich war, übergab ich ihm meine Verträge, und wenige Tage später wedelte er mit einem Brief seiner Amsterdamer Top-Anwälte, gleichzeitig Haus- und Hof-Anwälte der John-de-Mol-Productions. Nach deren Meinung hatte ich ein Vermögen zu fordern und diese Big-Business-Leute mussten es ja schließlich wissen. Etwas verunsichert und mit ungutem Gefühl gab ich ihm die Vollmacht, meine Interessen in dieser Angelegenheit zu vertreten. Eigentlich hatte ich die Sache schon vergessen und wollte gar nicht mehr daran erinnert werden. Aber andererseits war mein Name in beinahe jeder Apotheke in Deutschland zu finden. So ließ ich Martin diese Angelegenheit weiterhin vorantreiben.

Die Anwälte fanden nach kurzer Recherche heraus, dass Claire Fisher-Kosmetik sich zu einem Millionengeschäft entwickelt hatte. Hatte Michael mich hintergangen? Zu mir hatte er immer gesagt, es ginge schlecht und er müsste viel Geld zulegen. Ich konnte mir einfach nicht vorstellen, dass Michael mich belügen würde.

In der nächsten Woche ging ich selbst auf Entdeckungsreise. Michael war mal wieder im Ausland und seine hübsche Sekretärin erlaubte mir, mich selbst in den Akten umzusehen. Ich traute meinen Augen nicht. Hunderttausende von Mark hatte er über meinen Namen eingesteckt. Damals wusste ich jedoch noch nicht, dass er sich und seine Eltern dafür in Millionenhöhe verschuldet hatte.

Ich war rasend. Ohne mir über die Konsequenzen im Klaren zu sein, verlangte ich eine Million. Aufgrund meiner Kenntnisse fand ich das mehr als fair, doch meine Anwälte und Martin lachten mich aber nur mitleidig aus. Ich war mal wieder das naive »Doofchen«.

Dann kam das Angebot: 50.000 Mark oder gar nichts. Auf meine Intuition hörte niemand. »Unterschreiben«, drängten Martin und seine Anwälte, »sonst haben wir gar nichts!« Obwohl ich deutlich spürte, dass ich einen großen Fehler machte, gab ich meinen Gefühlen nicht nach und unterschrieb schließlich.

Michael selbst gab später zu, dass sie bereits 600.000 Gulden (ca. 300 000 Euro) reserviert hatten. Man sollte immer auf sein inneres Gefühl hören, war die wichtigste Lehre, die ich hieraus gezogen habe. Aber vielleicht hätte das unser Schicksal wieder in eine ganz andere Richtung gelenkt und ich säße heute nicht hier.

Oliver, der mir mit Steffi ohne zu unterbrechen zugehört hatte, nickte brummend, und ich fuhr mit meiner Geschichte fort:

»Als das Geld auf meinem Konto eintraf, wurde endlich unser Haus eingerichtet. Unser Haus? Martin gab sich mehr den sexuellen Angeboten junger Starlets hin, die über das Bett und ihren Körper eine Rolle im Film oder Fernsehen bekommen wollten. Von meinem Geld hatte ich das ganze Haus zwar umgebaut und eingerichtet, aber »zu Hause« fühlte ich mich eigentlich gar nicht.

气

Hollywood

Ich hatte es satt, ich wollte erst einmal weg. Während meiner Zeit als Chauffeurin für Linda de Mol hatte ich etwas Geld gespart. Es war schon immer mein Traum gewesen, nach Amerika zu fliegen und Hollywood zu besuchen. Jetzt war es endlich soweit. Zusammen mit einer Kollegin bei John de Mol, Mariska, bekannt aus einer deutschen TV-Serie, buchte ich den Flug in die Welt der Hollywood-Stars.

Und dann passierte es wirklich. Schon am ersten Tag waren wir mittendrin. Auf dem berühmten Sunset Boulevard wurden die Aufnahmen zu Sylvester Stallones neuem Film »Lock up – Überleben ist alles« gedreht. Da lief er plötzlich keine drei Meter weit an uns vorbei. »Hey Stallone, greetings from Simon from Holland«, rief ich frech durch die Menge. Simon van Collum war einer der führenden Filmkritiker Hollands und, wie ich wusste, mit Stallone gut bekannt. Sylvester drehte sich um und sah »Blondy« Mariska. Er dachte wohl, sie hätte ihm zugerufen und bedeutete seinen Leibwächtern, uns zu seinem Wohnwagen zu bringen. Mariska stolzierte wie ein Pfau darauf zu und ich trottete brav hinterher. Sie durfte mit in den Wagen, ich wurde freundlich, aber bestimmt vor der Tür abgesetzt. Die Geräusche und Bewegungen des Wohnwagens ließen kaum Zweifel daran, dass sie Spaß miteinander hatten.

Mariska fühlte sich schon wie die neue Brigitte Nielsen und führte sich auch so auf. Stallone hatte sich gerade für etliche Millionen Dollar scheiden lassen, und wir machten dem Star jeden Tag unsere Aufwartung. Während Mariska im Wagen ihrer »Unterhaltung« nachging, fachsimpelte ich mit dem persönlichen Assistenten und Produzenten von Sylvester Stallone, Tony Munafo, übers Filmemachen und teilte mit ihm meine Tüte mit holländischen Plätzchen. Nach einer Woche hatte Sylvester wohl die Lust auf Mariska verloren. »Bist wohl eifersüchtig?«, meinte er auf seine Macho-Art zu mir und versuchte, mir einen Kuss zu geben. Gerade in dem Moment drehte ich meinen Kopf und er landete mit seinen Lippen auf meinem Hinterkopf. Das Gelächter war auf meiner Seite.

Mit Tony Munafo, dem persönlichen Assistenten und Produzenten von Sylvester Stallone

So kamen wir ins Gespräch. Ich wusste von seiner Mutter, dass sie Astrologin war, und er wunderte sich wohl über meine Kenntnisse seiner Privatsphäre. Da gab es plötzlich auch noch einen anderen Stallone, den ganz normalen, lieben Menschen. Das sollte ich ein paar Jahre später erfahren.

气

Model für einen Tag

Leider hat jeder Urlaub ein Ende. Mariska und ich flogen wieder zurück nach Holland. Mein Verhältnis zu Martin war inzwischen deutlich abgekühlt. Immer weniger konnte ich die Intrigen, die im Hilversumer »Schlangenpfuhl« ausgetragen wurden, ertragen und konfrontierte die Leute mit ihren Lügen.

Mein Freund Martin, der zu dem Zeitpunkt zum Top-Management der erst sechs Leute großen Produktionsfirma von John de Mol gehörte, konnte meine Offenheit immer weniger ertragen. Immer öfter musste ich feststellen, dass er mich mit jedem weiblichen Wesen, das in seine Nähe kam, betrog. Irgendwann ging es einfach nicht mehr: Ich packte mein Köfferchen, klaubte mein letztes Gespartes zusammen und suchte mir eine Wohnung.

Da stand ich dann wieder alleine. Meinen Job bei John de Mol war ich natürlich los. Dafür hatte Martin schon gesorgt. Ich hatte noch fünfhundert Gulden auf dem Konto und das Auto, welches ich mir von Michaels Geld gekauft hatte. ›Ruhe sanft, Claire Fisher‹, dachte ich wehmütig und überlegte, was ich machen sollte. Die Sozialhilfe kam für mich nicht in Frage.

Nach zwei Tagen war es wieder da, dieses Gefühl: Eine Stimme in mir sagte, dass ich meine Kräfte sammeln und selbst weitermachen sollte.

Zuerst ließ ich ein Telefon anschließen. Hundertfünfzig Gulden kostete mich das, aber die brauchte ich erst am Ende des Monats zu bezahlen. ›Wie soll das nur gut gehen‹, dachte ich mir. Am Ende des Monats waren 1.100 Gulden Miete fällig, und mein gesamtes Barvermögen war auf 350 Gulden zusammengeschrumpft.

Während meiner Arbeit bei John de Mol war mir aufgefallen, dass viele Künstlerinnen mit unzureichendem Fotomaterial kamen und damit mehr als nur unzufrieden waren. Urlaubsfotos und Familienbilder ließen die entscheidenden Leute oft herzlich lachen. Nur wirkliche Profis kamen mit perfekten Portfolios, für die sie oftmals teures Geld bezahlt hatten. ›Damit könnte ich mein Brot schon verdienen‹, dachte ich mir und rief eine Bekannte an, die auf der Fotografenschule lernte und über eine Ausrüstung verfügte. In Heimarbeit wurde mein Hinterzimmer zum Fotostudio umgerüstet und von meinem letzten Geld bezahlte ich eine Anzeige in einer Tageszeitung. Ich inserierte den viel versprechenden Text »Be a model for one day – werde Model für einen Tag« und dachte darüber nach, wovon ich morgen etwas zu essen kaufen sollte. Ich hatte keinen Cent mehr in der Tasche und im Kühlschrank herrschte gähnende Leere.

Am nächsten Morgen um halb acht wurde ich vom Telefon geweckt: »Ich melde mich auf Ihre Anzeige hin und würde mich gerne bei Ihnen vorstellen.« Noch halb verschlafen erklärte ich, was ich anbieten konnte, und machte einen Termin für nächsten Sonntag. Kaum hatte ich das Telefon aufgelegt, um mir einen Kaffee zu kochen, klingelte es schon wieder. Um zwölf Uhr saß ich noch immer ungeduscht im Morgenmantel und hatte mehr als 40 Termine notiert. Zu meinem Kaffee kam ich nur, wenn ich den Telefonhörer ein paar Minuten neben das Telefon legte.

Ich hatte scheinbar eine goldene Marktlücke entdeckt. Heute teilen sich allein in Holland über zwanzig Firmen diesen Markt, und noch kürzlich entdeckte ich meinen Anzeigenslogan »Be a model for one day« in einer holländischen Klatschzeitung.

Zwei Monate später hatten wir jeden Sonntag dreißig Modelle, an denen ich jeweils rund hundert Gulden verdient hatte. Ich war urlaubsreif und buchte einen Flug nach Thailand. Etwas wehmütig und doch zufrieden saß ich im Flugzeug und dachte über das nach, was alles passiert war. Zum ersten Mal in meinem Leben flog ich allein in Urlaub. Den Jahreswechsel feierte ich mit mir selbst und einem Glas Champagner. Die Stewardess muss meine Tränchen wohl bemerkt haben, als sie mir, obwohl es ein Charterflug war, ein zweites Glas hinstellte, das ich nicht zu bezahlen brauchte.

Zwischen den Palmen und tropischen Vögeln kam ich wieder zu mir selbst. Vor meinem Zimmer badeten die Elefanten im frischen Meerwasser. In zwei Wochen würde ich wieder zurück nach Amsterdam fliegen und Modelle fotografieren. Aber das konnte doch nicht mein Lebensinhalt werden! Ich wusste, ich konnte mehr.

Zurück in Holland begann ich die Lebensläufe meiner inzwischen über 200 Models zu studieren und zu katalogisieren. Das größte Problem der meisten Models suchenden Firmen war nämlich, dass sie außer den Fotos, die sie sahen, oft viel zu wenig über die Mädchen wussten. Man stelle sich vor, ein Kunde bucht eine wunderschöne Wassernixe für Bikini-Aufnahmen an einem tropischen Strand. Und dann kommt viele tausend Kilometer und mehrere tausend Mark weiter plötzlich heraus, dass die Schönheit nicht schwimmen kann und ausgesprochen wasserscheu ist.

Mit ausgesuchten Portfolios unter dem Arm klapperte ich alle wichtigen Produzenten und Auftraggeber ab. Für jeden Kunden hatte ich das passende Gesicht. Schon bald bekam mein Modelmanagement-Büro einen angesehenen Namen.

Während eines Besuchs in einem Café kam ich dann mit einem jungen schwarzen Amerikaner in Kontakt, der sich als Fotograf ausgab und Arbeit suchte. In meinem neu angemieteten Büro ließ ich mir seine Arbeit zeigen und erkannte: Ich hatte mal wieder ein Talent entdeckt. Er fotografierte in meinem Auftrag und unter meiner Regie, und schon bald sahen wir in einer Woche mehr als sechs Coverfotos aus unserem »Stall« auf Fernsehzeitschriften und Magazinen wie Playboy, Panorama und Veronica prangen.

»Meine Entdeckung«, Ray Christian, ist heute der Topfotograf für alle bekannten Künstler und der Hof-Fotograf des holländischen Playboy.

Meine Erfolgssträhne wollte einfach nicht aufhören. Ich entdeckte das »Neue Gesicht« für den Fernsehsender Veronica, Corinne Schippers, und sie erhielt für zehn Tage Arbeit 150.000 Gulden und einen blitzenden Jeep.

气

Tutti Frutti

Müde von der Arbeit setzte ich mich abends alleine vor den Fernseher. Auch das gehörte noch ein bisschen zu meinem Job, schließlich musste ich wissen, was im Fernsehland vor sich ging. Wie immer war auf den zwanzig Kanälen nichts Berauschendes zu finden, bis ich beim deutschen RTL landete. Weniger die erotische Show als eine sexy Blondine erregte meine Aufmerksamkeit, weil sie keinen Text produzieren konnte, aber dafür überzeugend lächelnd ihre prallen Brüste zur Schau stellte. »Ich - würfele – mit - meinem - Würfelspiel«, waren ihre einzigen, mühsam erlernten deutschen Worte. Sie schüttelte einen Eimer, in dem übergroße Würfel tanzten, und schüttete diese auf ein Tablett. Die Punkte wurden zusammengezählt und die Teilnehmer entledigten sich weiterer Kleidungsstücke. Noch nie in meinem Leben hatte ich etwas so Bescheuertes gesehen und doch war ich von dieser wahnsinnig primitiven Aufführung irgendwie fasziniert. Dann fiel es mir ein: Irgendwie hatte sie etwas von Marilyn Monroe.

Nach zahllosen Telefonaten fand ich heraus, dass die blonde Schönheit eine Holländerin aus dem friesischen Sneek war, die jetzt in Sardinien in einem Luxushotel ältere wohlhabende Männer beglückte.

Ich rief sie an. »Sie sprechen mit Monique, wer ist dran?« Ich erklärte ihr, wer ich war und was ich tat. Ihre Reaktion war überraschend für mich: »Mein Gebet wurde erhört. Noch vor ein paar Tagen sagte ich zu einer Kollegin, dass ich eigentlich einen Manager nötig hätte, am liebsten eine Frau. Und jetzt rufen Sie an«, erklärte die blonde Monique erfreut.

»Wann kommst du nach Holland?«, fragte ich sie. Wir machten einen Termin aus.

Zu unserem ersten Treffen fuhr sie mit einem glänzenden grauen Mercedes vor, der durch einen Inder gesteuert wurde, der sich mir später als Ronald C., Inhaber einer damals bekannten Modelagentur in Amsterdam und als ihr »Manager« vorstellte.

›Wozu braucht die einen Manager? Am Telefon hatte sie mir doch noch gesagt, dass sie sich einen Manager wünsche und am liebsten eine Frau?‹, dachte ich erst. Ihre kurze Karriere war ja auch schon wieder beendet. Die »Tutti Frutti Show« war vorbei und Silvio Berlusconi dachte nicht im Traum daran, weitere Fortsetzungen zu verkaufen.

Doch die Italiener hatten wohl Gefallen an ihr gefunden und so leistete sie reichen älteren Herren angenehme Gesellschaft. Als Gegenleistung bekam sie eine kostenlose Wohnung plus Verpflegung in einem mondänen italienischen Ferienort auf Sardinien.

Aber Monique war wohl sehr angetan von meinem Vorhaben, sie in Holland groß herauszubringen, und das hatte auch wieder die entsprechenden Figuren angelockt, die sie angeblich »managten«.

Von »Management« konnte hier allerdings kaum die Rede sein, denn unzählige Male hatte ich nach unserem Kontakt um Fotos und einen Lebenslauf gebeten, doch meine Anfragen blieben immer unbeantwortet.

Es wurde Winter in Holland. Am 24. November klingelte mein Telefon, Monique war am Apparat. »Warum habe ich nichts von dir gehört?«

Ich erklärte ihr, dass ich ohne Material nichts machen könne und dass ich das Gefühl hätte, sie sei sehr wahrscheinlich durch ihren »Manager« betrogen worden. Wir vereinbarten einen neuen Termin und diesmal erschien sie pünktlich und ohne Begleitung.

Mein Gefühl gab mir Recht: Schon bald erkannte mein Anwaltsbüro, dass hier so manches schief lag, und erwirkte eine einstweilige Verfügung, um den Vertrag zwischen ihrem bisherigen Manager und Monique S. zu lösen und Einsicht in die Buchhaltung zu nehmen. Eine »Kloake« kam zum Vorschein: Die Buchhaltung stimmte vorne und hinten nicht, und Monique hatte noch mindestens 30.000 Gulden zu fordern.

Auch andere Opfer dieses Herrn kamen in meine Agentur, die gehört hatten, dass ich mich in die Probleme von Monique verbissen hatte. Oft waren es sehr junge Mädchen. Schon bald stellte sich heraus, dass der gerissene Manager junge Mädchen mit viel versprechenden Angeboten im Ausland angelockt hatte. Dort angekommen wurde ihnen schnell ein Vertrag unter die Nase gehalten, den sie meistens nicht richtig verstanden. Einen Tag später mussten sie ihre Hüllen fallen lassen oder konnten auf eigene Kosten wieder nach Hause fliegen. Mein Anwalt bekam viel Arbeit, aber nach wenigen Monaten war die »angesehene Agentur« mit »Adresse unbekannt« verzogen.

Wieder einmal hatte meine Intuition mich nicht getäuscht, aber damals war ich mir über so vieles noch nicht im Klaren.

Obwohl Monique sich nur schlecht an Absprachen hielt und die Zusammenarbeit eine schwere Aufgabe zu werden versprach, folgte ich meinem Gefühl: Ich würde aus Monique S. einen Star machen. »Mein Ziel ist der Dezember nächsten Jahres. Ab dann wirst du im Markt sein. Ich will eine Schallplatte mit dir machen, bringe dich in den Playboy und du bekommst deine eigene Fernsehshow.« Ihr fiel vor Staunen die Kinnlade herunter. In Italien und Deutschland war sie »out« und auf der großen »Showbusiness-Müllhalde« gelandet. Obwohl mir klar war, dass Moniques einziges Talent ihre sexy Ausstrahlung war, wusste ich, dass ich es schaffen konnte.

Voll Kraft und Unternehmungslust legte ich los. Unzählige Kontakte mit Verlagen, Plattengesellschaften und Fernseh-Produzenten folgten.

Das Männermagazin Playboy fand sie zwar sexy, aber hier in Holland war Monique unbedeutend. 20.000 Mark war das äußerste Angebot. »Plus zehntausend, wenn Monique auch eine eigene Fernsehshow bekommt!«, forderte ich selbstsicher. Der Chefredakteur blickte mich ungläubig und mitleidig an: »Das halte ich für ausgeschlossen.« Aber er unterschrieb. Diese Forderungen waren sehr ungewöhnlich für holländische Verhältnisse. Selbstsicher und fröhlich verließ ich das eindrucksvolle Büro der Playboy-Redaktion.

»Abwarten und Tee trinken« ist die Devise im Showgeschäft. Erfolg kommt nicht von heute auf morgen. Monique rief mich jeden Tag an und ich versuchte so gut wie möglich, ihre Ungeduld zu zügeln.

气

Verpasste Chancen

In der Zwischenzeit war wenig zu tun. Meine Agentur lief fast von selbst und die Mädchen in meinem Büro verstanden ihr Fach.

Da wollte ich dann selbst auch mitmischen, statt nur die Arbeit für andere zu machen und den Models den Weg zu Ruhm und Erfolg zu ebnen. Denn eigentlich hatte ich doch eine Schauspielausbildung hinter mir. Das lag mir einfach im Blut.

So meldete ich mich zum Spaß bei einem »Pall Mall«-Casting für einen Werbespot an. Pall Mall machte keine halben Sachen. Mehr als 8.000 Bewerberinnen hatten sich angemeldet und ich wollte eigentlich wieder gehen. Und schon wieder zwang mich eine mir unbekannte Kraft, meiner Intuition zu folgen. Ich dachte mir: ›Halt Claire, erst mal abwarten.‹

Zusammen mit zwei anderen Mädchen wurde ich tatsächlich ausgewählt. Auf Kosten der Firma flogen wir im Mai nach New Orleans und wurden in einem luxuriösen Hotel untergebracht.

Meine Rolle war klein, aber heftig. Mit einem roten Straßenkreuzer sollte ich an einem Weg entlang der Mangrovensümpfe tanken. Ein Krokodil lief über die Straße und der Hauptdarsteller, einer dieser amerikanischen Machos, sollte mir am Ende des Films einen verliebten Blick zuwerfen.

Sieben Tage dauerten die Aufnahmen, die Monate später für wenige Minuten über Europas Kino-Leinwände flimmern sollten.

Im gleichen Hotel war auch die Filmcrew des Regisseurs Oliver Stone untergebracht. Sie machten gerade Aufnahmen für »JFK«, den eindrucksvollen Kinofilm über die Hintergründe des Mordes an John F. Kennedy.

Am Abend nach einem Drehtag saß ich an der Hotelbar und nippte müde an meiner »Bloody Mary«.

»Du erinnerst mich an jemanden«, sprach mich ein etwas älterer Amerikaner an.

»Nicht schon wieder«, dachte ich. Ich war all die Männer, die einen mit einem billigen Flirt anzumachen versuchten, langsam satt. Zu tief saßen die Wunden, die meine Exfreunde mir hinterlassen hatten. Die Männer, mit denen ich in meinem Leben bis jetzt ins Bett gegangen war, konnte man an einer Hand abzählen, und ich konnte mich noch an jeden erinnern. Ich war ich und meinen Körper würde ich nie als Wechselgeld einsetzen.

Aber er schien es wirklich ernst zu meinen: »Du gleichst wie ein Tropfen Wasser dem anderen Audrey Hepburn. Ich muss es wissen, denn ich habe Jahre lang ihr Make-up gemacht.«

»Komisch, dass Sie das sagen«, hörte ich mich selbst. Schon vor einem Jahr sagte Judith, die damalige Freundin von John de Mol, das Gleiche zu mir. Ich selbst hatte noch nie darüber nachgedacht. Aber er meinte es mehr als ernst. Wie sich im Verlauf des Gesprächs herausstellte, war er Ron Berkley, der persönliche Visagist von Kevin Costner. Aber noch mehr Hollywood-Stars zählten zu seinen Klienten. Seit drei Generationen war die Familie Berkley führend im Bereich Maske und Make-up der allergrößten Filmstars. Filmregisseure wie Spielberg, Scorsese, Stone und Francis Ford Coppola machen sich keine Sorgen über das Make-up ihrer Stars: Ein Berkley ist immer dabei. Richard Burton und Elisabeth Taylor wurden Paten von Rons Sohn und der setzt heute die Tradition dieser einflussreichen und wichtigen Make-up-Künstler fort.

Er fragte mich nach einem Foto von mir, das ich schnell aus meinem Zimmer holte, und zeigte mir, den Lippenstift und den Eyeliner so zu benutzen, wie Audrey das getan hatte. Ich hätte dieselben schmalen Lippen und laut Berkley wäre auch der Haaransatz derselbe,

Claire im Audrey Hepburn Look

sowie meine Augenbrauen und mein Nacken. Nur die Augenfarbe sei anders gewesen.

Als ob es wirklich keine Zufälle gibt: Auch Audrey Hepburn war ursprünglich Holländerin und ich wurde im selben Jahr geboren wie ihr Sohn Sean. Als ob das nicht genug war, genau wie die ihren waren Maiglöckchen meine Lieblingsblumen.

Ron hatte wirklich nichts anderes im Sinn und wir vertieften uns in Gespräche über Audrey Hepburn und Filme. Dann stand plötzlich Oliver Stone höchstpersönlich neben mir. »Stellst du mich nicht auch mal vor?«, bat er Ron diplomatisch.

»Was machen Sie hier?«, wandte er sich zu mir. »Eine kleine Rolle in einem Werbefilm«, erlöste mich Ron von meiner Verlegenheit.

»Gib mir ein paar Fotos und deinen Lebenslauf. Wir sehen uns wieder«, sagte Oliver zum Abschied.

Als ich mich abends in mein Bett legte, konnte ich meine Gedanken nur schwer ordnen. Was war geschehen, und was kam noch auf mich zu? Das sollte ich in den nächsten Tagen erfahren.

Als die »Pall Mall«-Crew nach 14 Tagen die USA verlassen hatte, durfte ich auf Kosten von Oliver Stone bleiben. Ohne falsche Hintergedanken bezahlte er mein Hotel und wir tauschten zusammen mit Ron Berkley und seiner Familie unsere Gedanken aus. Noch heute halte ich guten Kontakt zu der Familie Berkley.

Sogar eine kleine Rolle bekam ich zugeteilt. Im zweiten Drittel des Films sieht man mich, wenn man genau hinschaut, für genau 1,5 Sekunden als Sekretärin von Garrison, dem Staatsanwalt, gespielt von Kevin Costner, der verzweifelt versucht, die Hintergründe vom Mord an John F. Kennedy aufzudecken.

Auf dem Filmset umschwärmten alle weiblichen Anwesenden den Megastar Kevin Costner wie Bienen die Blüten. Kevin hatte eine ganz besondere Ausstrahlung. Ich selbst interessierte mich mehr für die Technik hinter den Filmaufnahmen, jede Szene wurde durchschnittlich mindestens zwanzig Mal aus verschiedenen Blickwinkeln gedreht.

气

Lakritzdrops für Kevin Costner

Meine Tüte mit holländischer Lakritze schien auch den Technikern und Kameraleuten zu schmecken. Innerhalb kurzer Zeit schrumpfte mein Vorrat auf ein Minimum zusammen.

»Was isst du da?«, fragte mich plötzlich jemand von hinten. Ich stand Kevin Costner persönlich gegenüber. Vor Schreck hatte ich mich beinahe verschluckt, worauf mir Kevin vorsichtig auf den Rücken klopfte und das steckengebliebene Bonbon wieder den richtigen Weg einschlug. Verlegen und ohne Worte bot ich ihm die Bonbons aus meiner Tüte an. Er schien sie sehr lecker zu finden, denn zwischen allen Drehpausen setzte er sich neben mich, um aus meiner Tüte Lakritze zu naschen. Dabei sprach er freimütig über seine Frau, seine Kinder und wie schwierig der Anfang seiner Karriere war.

»Du bist sehr schön«, sagte er, worauf mir schon wieder mulmig wurde, da ich erst dachte, er wollte mir Avancen machen. Aber es kam anders: »Weißt du, Frauen hätte ich genug, wenn ich wollte, aber ich will nur eine und das ist meine eigene Frau. Was ich an dir schätze, ist die Tatsache, dass du dich für das Fach interessierst und nicht nur für die Stars. Du solltest hier bleiben. Ich denke, dass es hier besonders gute Chancen für dich gibt.«

Als ich am Abend mit Ron Berkleys Freundin sprach, bestätigte sie Kevins Worte: »Es ist wahr. Hier werden Frauen gebraucht wie du! Die meisten wollen nur ein Star werden und der Weg dahin führt oft übers Bett des Produzenten. Du bist anders, du liebst dein

Ein altes Foto von Ron Berkley (rechts) auf einem Filmset mit Richard Burton

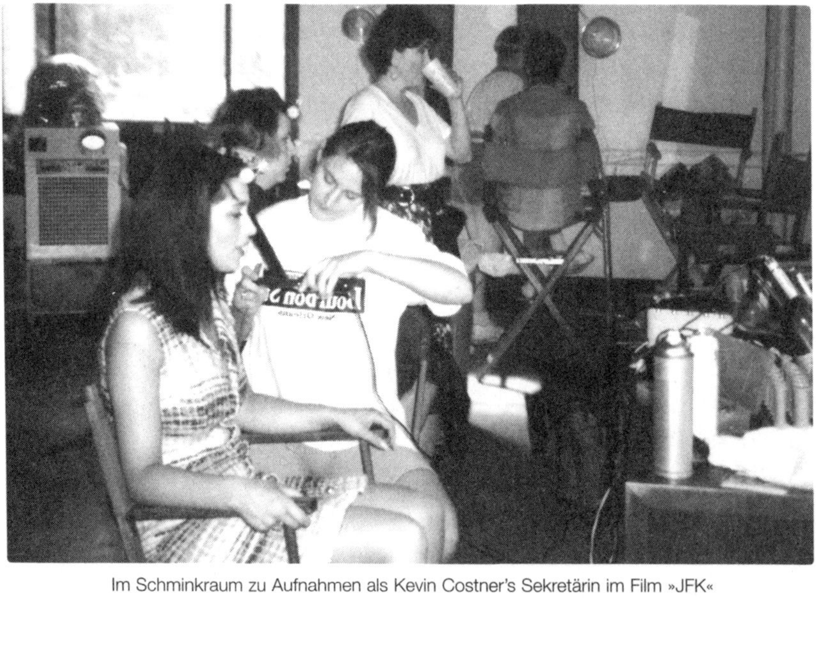

Im Schminkraum zu Aufnahmen als Kevin Costner's Sekretärin im Film »JFK«

Arm in Arm mit Kevin Costner

Mit Christine van der Horst (holl. TV-Moderatorin) und Webster

Fach und das ist, was wir brauchen. Bleib hier, wir besorgen dir eine Wohnung und führen dich in die richtigen Kreise ein.«

Moniques oder meine Karriere? Das war die Gewissensfrage, die ich mir nun stellte. Abends telefonierte ich mit Holland. Ich zweifelte. Hier in Hollywood lag eine Karriere für mich offen. Endlich hatte ich gefunden, wonach ich suchte. Und ich war glücklich: Selbst die größten Stars konnten Menschen sein und zudem auch noch ehrlich, ohne dass ich um überhaupt irgendetwas gebeten hatte.

Nach mehreren Versuchen erreichte ich endlich Jody, meine Sekretärin. »Playboy hat bestätigt und der Plattenvertrag mit EMI ist auch so gut wie unter Dach und Fach«, teilte sie mir mit. Es gab keinen Zweifel daran: Ich hatte noch etwas zu tun. Ich hatte versprochen, Monique S. groß herauszubringen, und das würde ich halten. Meine eigene Karriere ließ ich dafür liegen.

气

Europas Pin-up Nr. 1

Zurück in Holland ging die Post ab. Ich wusste, ich würde mein Ziel erreichen: Die Playboy-Fotoreportage im Dezember, Monique wurde Moderatorin von Veronicas Late Night Show »Erotica« und ihre Platte sollte auch bald groß rauskommen.

Aber bis dahin gab es noch viel zu tun. Und wenig Geld. Mit Portfolios und der weiteren Beratung und Vermittlung von Models musste ich mich bzw. uns über Wasser halten bis das große Geld kommen würde. Jeden Cent investierte ich in Reisekosten und die teure Garderobe meines Schützlings. Für ihre geplanten Bühnenauftritte ließ ich kostbare Outfits von den zwei bekannten Designern Versace und Moschino gestalten.

Doch dann gab es plötzlich ein Riesenproblem bei der Produktion ihrer ersten Single: Als die Platte beinahe fertig war und im Studio eingesungen werden musste, stellte sich zu unser aller Schrecken heraus: Monique konnte gar nicht singen, ja noch nicht einmal stöhnen. Ich hatte leider den Fehler gemacht und das nicht vorher überprüft.

In letzter Minute wurde eine Studiosängerin gefunden, die ihre Stimme so anpassen konnte, dass sie mit viel Technik der von Monique weitestgehend glich. Die Stöhnsequenzen spielte ich dann halt noch selbst ein.

Im Dezember war es dann endlich soweit. Meine Prophezeiungen hatten sich bewahrheitet und mein Einsatz wurde belohnt.

Die Platte war auf dem Markt, Monique strahlte als Moderatorin von »Erotica« und prangte auf dem Titelblatt des holländischen Playboy. Darüber hinaus zierte sie das Cover des Veronica TV-Programms, geschmückt mit einer Papierkrone und einem BH mit amerikanischer Flagge, den ich auf dem Amsterdamer Albert-Cuyp-Markt erstanden hatte.

An einem kalten Abend ging ich in das berühmte Hilversumer »Café De Kei«, in dem sich nach Dienstschluss so mancher Medien-Manager die Kehle ölte. Einige Veronica-Mitarbeiter saßen an einem einzeln stehenden Tisch und fachsimpelten voll Enthusiasmus über ihre Pläne »Veronica goes America« und den kürzlich erschienen Magazin-Titel mit dem von mir betreuten Schützling Monique. Ich spitzte meine Ohren und ohne dass sie bemerkten, wer ich war, entlockte ich ihnen ihre Ideen und Vorstellungen ihrer Pläne. Als ich hörte, dass sie auf Grund des Veronica-Titels mit Monique auf die Idee für eine USA-Tour kamen, mischte ich mich sofort ein: »Darf ich mich mal eben vorstellen: Ich bin Monique S. Managerin.« Wenige Drinks später war der Deal besiegelt.

Aber nicht jeder war glücklich mit Monique. Veronicas Programmdirektor versuchte bis zuletzt, Monique aus dem Programm zu nehmen. Die holländischen Film- und Fernseh-Magnaten John de Mol und Joop van den Ende, die wenige Jahre später zur Endemol Company fusionierten, machten auch keinen Hehl aus ihrer Antipathie gegen Monique.

Später wurde mir klar warum: Außer ihrem sexy Körper und ihrer Anziehungskraft auf Männer hatte sie tatsächlich nicht viel zu bieten. In einem Interview in der holländischen Zeitung »Nieuwe Revue« wurde Monique sehr treffend so beschrieben: »Der Triumphzug einer dummen Blondine.« Auf meine persönliche Bitte an die Autorin des Artikels, dem Inhalt eine etwas positivere Note zu geben, bekam ich am Telefon die Antwort: »Ich kann da wirklich nichts Besseres draus machen, außer du willst, dass ich Monique zitiere: ›An einem Morgen wacht die Welt auf und stellt fest, dass wir alle kleine grüne Männchen mit zwanzig Fingern an den Händen sind‹...?«

Ich konnte mich kaum halten vor Lachen und auch meine Gesprächspartnerin am anderen Ende der Leitung verschluckte sich halb. Als wir ausgeprustet hatten, fuhr sie fort: »Weißt du, ich habe alle Achtung vor dir. Du hast ein Produkt gesehen und etwas daraus gemacht. Aber nach zwei Tagen Interview mit Monique kam ich schon zu dem Ergebnis: Das Produkt Monique S. bist eigentlich du.«

Die Veronica-Crew hatte Monique für die Präsentation ihres Specials »Veronica geht nach Amerika« verpflichtet, und die Tickets waren reserviert. Das Problem war nur, *was* sollte sie präsentieren? Da kam einfach kein vernünftiges Wort raus. Die Frage blieb: »Was sollte sie da in Gottes Namen tun?«

Noch aus Holland rief ich die Redaktion des amerikanischen Playboy in Los Angeles an und regelte ein Fotoshooting, ehe die Redakteure auch nur ein einziges Bild von Monique gesehen hatten. Ich war selbst überrascht von dem schnellen Resultat.

Ich hatte ihnen von den Aufnahmen erzählt, die Veronica in den USA machen würde, und dass ich ein Mädchen vertrat, das Marilyn Monroe aufs Haar glich. Ob wir diese Fotosession für Veronica filmen dürften? Zwar musste das erst mit dem Playboy-Chef Hugh Hefner besprochen werden, aber ich bekam schnell einen guten Kontakt mit den Leuten dort drüben. Auch meine früheren Kontakte wie die von Ron Berkley unterstützten mich, wo sie konnten.

Wenige Tage später erhielt ich die positive Antwort. Wir wurden eingeladen, eine Fotosession mit dem Top-Fotografen Arny Freytag aufzunehmen.

Nach dem Shooting kam Playboy mit der Feststellung, dass der Tag, den ich für das Shooting reserviert hatte, der Todestag von Marilyn Monroe war, dem ersten »Playmate«. Zufall oder Schicksal?

Ich rief Entertainment Tonight an, eines der wichtigsten Showbusiness-Abendprogramme von Paramount. Ich erzählte die gleiche Geschichte wie dem Playboy und fragte, ob sie Interesse an einer Kurzreportage hätten. »Na klar«, war die kurze deutliche Antwort, die am gleichen Tag noch per Fax bestätigt wurde. Auch Paramount würde mit einem Kamerateam vertreten sein.

Nun musste ich nur noch dafür sorgen, dass Moniques Haut so teuer wie möglich verkauft werden konnte. Mit verschiedenen Radiostationen konnte ich vereinbaren, dass ihre Platte gespielt wurde und ein Interview folgte dem nächsten. Auf dem Set zu den Playboy-Aufnahmen standen sich zwei Kamerateams auf den Füßen. Monique strahlte in ihrem Erfolg.

Pyjama-Party beim Playboy-Chef

Mir war sie nicht ganz so dankbar. Noch hatten wir kein Geld verdient und ich musste jeden Cent umdrehen. Deshalb teilten wir uns ein Doppelzimmer im Hotel. Von meinem Bett aus musste ich, umgeben von meinem Kalender und einem Stapel Papieren und Visitenkarten, alles Mögliche telefonisch regeln, wofür ich von meinem Schützling missbilligend beäugt wurde. Sie fühlte sich schon als Superstar, obwohl ihr nicht klar war, wie viel Arbeit und Einsatz ich dafür bringen musste.

Sie lebte sowieso in einer anderen Welt. Bei der Playboy-Redaktion hörte ich von einer der legendären Pyjama-Partys, die Playboy-Chef Hugh Hefner einmal im Jahr für die »Großen« im Showgeschäft organisierte. Natürlich musste ich mit Monique dabei sein. Über die Hauptverwaltung regelte ich, dass unsere Namen auf die Gästeliste gesetzt wurden. Von meinem ersparten Geld kaufte ich in der Melrose Avenue zwei traumhafte Nachtgewänder und wir fanden uns in das märchenhafte Landhaus von Hefner ein.

Bekannte Superstars labten sich dort nach Herzenslust am überreichlichen Buffet und genossen den in Strömen fließenden Champagner. »Schau, da ist Dudley Moore, und da in der Ecke, der mit dem Glas ist Tony Curtis«, raunte ich ihr zu. Sie hatte keinen der bekannten Filmschauspieler erkannt, aber der Name Tony Curtis ließ ihr Herz scheinbar höher schlagen. Zielstrebig ging sie auf ihn zu, doch Curtis, der solche »Angriffe« weiblicher Möchtegern-Starlets wohl gewohnt war, beendete bereits nach einer halben Minute mit einem freundlichen Lächeln das Gespräch.

Zu Hause in Holland erzählte Monique, wie herrlich sie mit Tony Curtis geküsst hätte. Also entweder hatte ich einen »Blackout« oder nicht richtig hingeschaut. Ich war während der ganzen Party kaum einen Meter von ihrer Seite gewichen und ein leidenschaftlicher Kuss mit Tony Curtis wäre von mir sicher nicht unbeobachtet geblieben.

Das Gespräch zwischen Monique und einem Filmproduzenten dauerte dagegen etwas länger. »Er hat mir eine Filmrolle angeboten«, kam sie aufgeregt auf mich zu. Leider stellte sich nach kurzer Rücksprache meinerseits heraus, dass der »Filmproduzent« ein Pornokönig war, und zur großen Enttäuschung von Monique beendete ich ihr Gespräch freundlich, aber sehr deutlich.

Kurz nach unserer Rückkehr nach Holland war Paramount bereits am Telefon. Sie waren so begeistert von der holländischen Schönheit, dass sie ein Kamerateam nach Holland schicken wollten, um eine Reportage über sie zu drehen. »Na klar«, antwortete ich beinahe gleichgültig und sprang gleichzeitig vor Freude in die Luft. Dies war unbezahlbar.

Mein Erfolg für Monique S. blieb auch durch die Medien nicht unbemerkt. In allen Fernseh-, Musik- und Klatschzeitschriften wurde mein Name genannt. Meine Agentur profitierte davon.

Monique war mein Aushängeschild. Das Geschäft war hart, und ich wusste, dass weder sie noch ich das viele Jahre durchhalten würden. Obwohl ich gerade erst dreiunddreißig und sie erst sechsundzwanzig war, machte ich mir Sorgen um unsere Altersversorgung. Irgendwann würden wir getrennte Wege gehen. Ich sehnte mich danach, später wieder nach Texel zurückzukehren und mit einem netten Mann ein paar Kinder zu haben und Hausmütterchen zu spielen. Damals konnte ich ja noch nicht wissen, dass ich Michael wiedertreffen und meine »Kinder« stattdessen seine hochbejahrten Eltern sein würden.

So sagte ich also zu Monique:

»Ich biete dir die Hälfte meiner Anteile. Dafür möchte ich exklusiv deinen Namen gebrauchen. Viele junge Talente werden auf unserer ›Erfolgsstory‹ mitreiten und auch wenn wir selbst nicht mehr in der Lage sind zu strahlen, können wir Geld damit verdienen.«

Monique nahm an und war überglücklich. Noch vor einem Jahr pleite und auf den Schößen älterer Italiener sitzend, war sie nun ohne einen Cent Eigenkapital Mitinhaberin einer der angesehensten und aufstrebendsten Künstler- und Managementagenturen in Holland geworden.

Monique goes America

»Monique S. Modelmanagement« war gegründet. Unser neues Büro wurde in De Doelen in Hilversum untergebracht, einer Art umgebautem Fabrikgebäude. Es glich der »Factory« von Andy Warhol und Paramount nutzte es als Filmdrehort für das Special mit Monique.

Obwohl in den USA erfolgreich, schaffte Moniques Single es nicht in die holländischen Hitcharts. Vielleicht war ich meiner Zeit hier mal wieder ein wenig voraus. »I want your body« war eine ziemlich gewagte House-Platte und so mancher DJ traute sich nicht, den sehr frivolen und gewagten Text zu spielen. Auch unsere Plattengesellschaft machte nicht die Werbung, die ich erwartet hatte. Und doch glaubte ich fest daran, dass die Platte ein Hit werden würde.

Dem Paramount-Filmteam gab ich eine CD mit und bat sie, einen Teil der Nummer unter das Special zu legen. Meine kühnsten Erwartungen wurden noch weit übertroffen: Statt einer Minute Sendezeit, über die ich mich schon gefreut hätte, erschien das Special in voller Länge in ganz Amerika. Von Anfang bis Ende wurde unsere Platte gespielt, das war einzigartig.

Kaum ein Jahr später sollte unser Song ein Teil der Filmmusik zu dem Film »True Romance« mit Dennis Hopper werden. Dieser Film

CD: Natascha Wright

wurde vom Regisseur Tony Scott gedreht, der schon Kassenschlager wie »Top Gun« auf sein Konto verbucht hatte.

Ganze acht Minuten bekamen wir im Film und wurden in jeder Filmvorschau gespielt. Auf dem Soundtrack standen Nummern von Aerosmith, Robert Palmer, Billy Idol, und dazwischen prangte der Name von Monique S., die hierzu keinen einzigen Beitrag geleistet hatte. Ich durfte stolz sein!

CD: Filmmusik »True Romance«

Um neue Talente brauchten wir uns nicht mehr zu bewerben, denn die kamen von selbst. Auch die Produzenten klopften bei uns an. Bekannte Künstler kamen regelmäßig zu uns auf den berühmten holländischen Kaffee. Selbst über eine Monique-Barbie-Puppe und ein erotisches Puzzle wurde verhandelt.

Immer mehr Starlets und Künstler machten von unseren Diensten Gebrauch. Natascha Wright vermittelten wir an den legendären »Culture Beat«- und »Captain Hollywood«-Produzenten Nosie Katzmann. Er war beeindruckt von ihrer Ausstrahlung auf dem Cover, das ich selbst entworfen und zusammen mit Ray Christian fotografiert hatte. Katzmann sollte später Nataschas Schlüssel zu einer internationalen Karriere werden. Heute hat sie einen Vertrag mit dem berühmten DJ BoBo.

Für den bekannten Popsänger Haddaway, der sich auf einer Welttournee befand, organisierte ich Ersatz für eine Sängerin und drei Tänzerinnen, die Hals über Kopf ausgewechselt werden mussten. Meine Nase hatte mal wieder Recht behalten.

Mein Honorar müsste ich eigentlich zwar immer noch einfordern, aber ich bin auch irgendwie stolz darauf, als ich im Jahr 1997

Inmitten meiner ›Top Modelle‹

in einer bedeutenden deutschen Musikzeitung vom Erfolg meiner Anstrengungen lesen konnte.

Andere interessante Vermittlungen wurden getätigt und Verträge wurden am laufenden Band abgeschlossen. Mit Monique folgten zahlreiche Auftritte und Tourneen unter anderem im »Crazy Horse« in Paris für Erotica bis hin nach Israel und Finnland.

Jetzt sollte es wirklich aufwärts gehen. Das war auch bitter nötig, denn wir hatten noch nicht einmal die Anlaufkosten zurückverdient. Auch im Showgeschäft wird man nicht über Nacht Millionär. Eine Schallplatte zum Beispiel bringt oft nicht über vier Prozent Anteile vom Großhandelspreis. Im Durchschnitt sind das nicht mehr als 0,75 Euro pro verkaufter Platte. Da kann man sich ausrechnen, wie viel man verkaufen muss.

Unsere Reisekosten, die Garderobe für Monique, ein etwas repräsentativeres Auto für sie – wir waren auf einen Mercedes 190 umgestiegen –, die nicht enden wollenden Kosten für zahlreiche Geschäftsessen und schließlich auch unser Büro wollten bezahlt sein.

Ich hätte eigentlich wissen sollen, dass Monique nicht gut rechnen konnte, angesichts der Tatsache, dass sie ja noch nicht einmal etwas Vernünftiges zu sagen hatte. Daher meinte sie wohl auch, unser Umsatz sei der Reingewinn. Ein Irrglaube, der später fatale Folgen haben sollte.

气

Korruption und Intrigen

Neben allem Erfolg ging meine Routinearbeit weiter. Ich schloss eine interessante Vereinbarung nach der anderen. Vor allem auf Lizenzeinnahmen hatte ich mein Auge gerichtet, denn diese liefen auch ohne die dazugehörige Person.

Die berühmte Lizenzagentur ILP, bekannt durch ihre Arbeit für den holländischen Künstler und Maler Mondriaan, hatte ein komplettes Konzept für das »Produkt Monique S.« erarbeitet, inklusive Videos, CD-ROM, Cartoons und Merchandising-Produkten. ILP wollte die weltweite Vermarktung der Lizenzrechte auf sich nehmen und erwartete innerhalb der nächsten paar Jahre einen Umsatz von mehr als fünf Millionen Gulden! Mehrfach schrieb ich eine fünf mit sechs Nullen dahinter auf meinen Schreibblock, um zu begreifen, was ich erreicht hattc. Fünf Millionen. Ich hatte aus einem »dummen Blondchen« einen fünf Millionen-Star gemacht.

Zunächst sollte sich mein gutes Vorgefühl bestätigen. Das erste Projekt, das wir gemeinsam mit ILP entwickeln wollten, war eine Videoproduktion.

Ähnliche Angebote hatte ich nämlich schon oft erhalten, und es ging immer um dasselbe: SEX! Mit Pornografie hätte ich schon viel eher schnelles Geld machen können, aber gerade dieses Image wollte ich von Monique fernhalten. Das war nicht mein Stil und entsprach auch nicht im Entferntesten meinen Plänen.

Aber ILP hatte bereits mitgedacht und einen renommierten Autor angeheuert. Er lieferte ein wunderbares Script, welches sich zwischen Märchen, Abenteuer und Thriller abspielte. Monique spielte die Hauptrolle. Das war genau, was ich wollte.

Auch wurde ein Kontakt zu Philips in Eindhoven hergestellt. Mike F. war der Mann, der für das Philips Prestigeobjekt Foto-CD verantwortlich war. Das CD-ROM Projekt mit Tatjana Simic, dem Star aus der holländischen Filmserie »Die Flodders«, hatte den Philips Managern gezeigt, dass es mit Monique noch mehr Chancen gab, aus dieser Art Projekte Kassenschlager zu machen.

So bestätigte man mir fast umgehend, dass Philips an diesem Projekt interessiert sei und sich an den Produktionskosten mit einem Vorschuss von 250.000 Gulden beteiligen würde. Die NOB (Nederlands Omroep Bedrijven, das sind die holländischen Rundfunkanstalten) sagten ihre Teilnahme zu, und auch der Produzent Arthur Valkieser wollte mitmachen. Alle glaubten an den sicheren Erfolg.

Der für uns zuständige Philips-Mitarbeiter war allerdings eine leicht umstrittene Figur im holländischen Showbusiness. So mancher zweifelte an seiner Integrität. Hinter vorgehaltener Hand wurde geflüstert, dass nur dann mit ihm »Deals« abgeschlossen werden könnten, wenn auch etwas für ihn hängen bliebe. Mir schien das beinahe unglaublich bei einem so angesehenen Weltunternehmen wie Philips, aber in jeder Familie soll es ja bekanntlich schwarze Schafe geben.

Ich sah die Dollarzeichen in den Augen des etwas gesetzten Herren bereits aufleuchten. Dieses multimediale Vorhaben musste gefeiert werden. Alle Beteiligten wurden in eines der teuersten Restaurants Amsterdams eingeladen. Mit am Tisch saßen der heutige Direktor der »neuen Arena« von Amsterdam und der Produzent der »Nationalen Schallplatten Promotion« Jan Gaasterland.

Nur die feinsten Speisen und ausgesuchte Weine standen auf dem festlich gedeckten Tisch. Hier wurde auf höchstem Niveau der Weg für eine erfolgreiche Zukunft von Monique S. bereitet. Und doch ..., da war wieder dieses unbeschreibliche Gefühl, das ich immer dann bekam, wenn etwas sicher gut ging oder fürchterlich schief gehen sollte. Mitten durch den Schein des bevorstehenden Erfolges entdeckte ich eine nicht definierbare Schattenseite. Irgendetwas stimmte hier nicht.

Jeder sprach angeregt mit jedem, nur Mike F. und Monique sprachen noch etwas angeregter miteinander. Mir erschienen sie mehr wie verliebte Turteltäubchen. Monique warf alles in den Ring, was sie hatte, um Mike in ihren Bann zu locken. Der Philips-Topmann machte auch nicht den Anschein, dass ihn die öffentlichen Avancen, die Monique ihm machte, störten. Im Gegenteil.

Ich fand die ganze Situation sehr bedenklich. ›Sehe ich nur Gespenster oder sollte ich meiner Intuition folgen?‹, dachte ich unschlüssig.

Ich versuchte, Monique durch warnende Blicke auf die Erde zurückzubringen, doch ich erntete nur eine besserwissende und verachtende Reaktion. Wenn Blicke töten könnten …

Gewöhnlich holte ich Monique bei gesellschaftlichen Auftritten von zu Hause ab und brachte sie auch wieder zurück. Mike war mit dem Zug gekommen und wir brachten ihn zum Bahnhof. Monique beschloss, dort gemeinsam mit ihm auszusteigen. Sie verschwand mit ihm in der Nacht. Mein unheimliches Gefühl wurde merklich stärker.

Wenige Tage später lag bei ILP ein Brief vor, säuberlich von der Direktionsassistentin von Mike auf Philips-Briefpapier geschrieben: »Eine Verwirklichung des Video- und CD-ROM-Projekts mit Philips kann nur dann stattfinden, wenn Frau van Rossum«, also ich, »sich vom Management für Monique S. zurückzieht.«

Der Moment für diesen Brief hätte – einige Wochen vor den Video-Aufnahmen in Südafrika – nicht unglücklicher sein können. Drehort und Kamerateam waren bereits bestellt, ILP hatte bereits mehr als 40.000 Gulden (ca. 20.000 Euro) in dieses Projekt investiert und noch keine einzige Minute Video war gedreht.

Dass Mike und Monique hinter meinem Rücken so einiges planten, war überdeutlich. Die beiden trafen sich inzwischen regelmäßig heimlich. Mir war längst klar geworden: Hier wurden Pläne geschmiedet, in denen ich keine Rolle mehr spielen sollte. Es war immer das Gleiche: Jeder dachte immer nur an sich und seinen eigenen Vorteil.

Der Ruf von Mike hatte inzwischen auch die Chefetagen von Philips erreicht. Er wurde nach Deutschland versetzt und wenig später kam die Kündigung. Mike F. war »raus« und damit auch unser gemeinsames Projekt. Die Erbschaft, die er seinem Arbeitgeber und uns hinterließ, war eine saftige Schadenersatzklage von ILP. Noch nie hatten süße Trauben so sauer geschmeckt.

Monique war mit offenen Armen in die Falle gelaufen. Aber auch das sah sie wieder mal nicht ein. Den »schwarzen Peter« bekam natürlich wieder ich. Ich hatte sie gewarnt, aber meine Warnungen waren in ihren Augen nur Eifersucht. Nur hatte ich wirklich andere Ziele, als ausgerechnet auf Monique S. eifersüchtig zu sein.

Später sollte noch herauskommen, dass Mike mit dem neuen Anwalt von Monique S. einen Vertrag geschlossen hatte, nach welchem fünfzig Prozent der Lizenzeinnahmen von Moniques Video und CDs an diesen Anwalt, der nun auch der ihre war, bezahlt werden sollten. Wo die andere Hälfte verbleiben sollte, war ja wohl nur zu deutlich. Der Anfang vom Ende hatte sich heimlich aber unübersehbar eingeschlichen.

气

Flucht vor der Drogenmafia

Als ich mit meiner Erzählung so weit gekommen war, wollte ich nur noch ruhig unter meinem Lieblingsbaum sitzen und am liebsten zu einem erfreulicheren Thema wechseln. Doch so einfach machte es mir Oliver leider nicht. Er hakte prompt nach: »Da fehlt doch aber nun noch etwas, Claire. Wie ist die Geschichte denn nun ausgegangen?«

Gerade das war ein Thema, das ich nur sehr ungern anschnitt, weil es alte Wunden aufriss und Emotionen hervorrief. Da sich Oliver und Steffi aber nicht erweichen ließen, bat ich Michael, diesen Teil meiner Geschichte zu erzählen:

»Während eines Interviews im japanischen Nobelhotel ›Okura‹ in Amsterdam machte Monique S. die Bekanntschaft von Ralph B. Der hatte ihre Aufmerksamkeit erregt, als er in einer lautstarken Gruppe zwielichtiger, mit Gold und teuren Uhren behangenen Figuren die Champagnerkorken bis an die Decke knallen ließ und das Hotelpersonal mit einem Tausender, den er aus einem dicken Geldbündel aus der Tasche zog, wieder beruhigte.

Monique, die sich schon immer sehr schnell von teuren Autos, Schmuck und großzügigen Geschenken beeindrucken ließ, vergaß das für sie angesetzte Interview und widmete sich ganz ihrem neuen Bewunderer, mit dem sie schon eine ganze Weile geflirtet hatte. Der stellte sich als Inhaber eines großen Garten- und Transportunternehmens vor, was aber nur eine Tarnung war, wie sich später herausstellen sollte. Tatsächlich arbeitete seine Firma für eine der größten Drogenmafia-Organisationen, die so genannten ›Erben van Klaas Bruinsma‹, wie Claire später mitgeteilt wurde.

Seit dem Treffen im ›Okura‹ ließ sich Monique von Ralf B. beraten. Der hatte Monique mit seinen protzigen Auftritten und dem Versprechen, sie im Film noch größer rauszubringen als Claire, vollkommen hörig gemacht.«

An dieser Stelle der Berichterstattung schaltete ich mich doch wieder ein:

»Erst später wurde mir vollkommen klar, in welcher Art Film man meinen Zögling groß herausbringen wollte, und meine Vorahnung und Abneigung gegen alles, was mit Pornografie zu tun hatte, war wohl schwer zu übersehen. Tatsächlich war für mich kein Platz in diesem Spiel.«

»In einem späteren Polizeiverhör auf Texel musste Claire sich anhören, wie man Monique angeboten hatte, Claire wahlweise ›nur‹ seelisch oder auch gleich körperlich zu vernichten. Für diese Leute war das kein Problem, denn sie brachten Menschen genau so leicht um, wie sie ihr Hemd wechselten.

Dann brach man in Claires Modelagentur ein und ihr wurde nun ganz klar, mit wem sich Monique da eingelassen hatte. Sie räumte lieber das Feld und flüchtete erst einmal zu einer Freundin nach Texel. Von dort aus ging sie eine Weile wieder in die USA, wo sie Unterschlupf bei Ron Berkley und sogar eine kleine Rolle in dem Film ›Casino‹ bekam, in dem Robert de Niro und Sharon Stone die Hauptrollen spielten.

Aber sie konnte nicht dort bleiben, da ein paar Monate später der Prozess gegen Monique S. eröffnet wurde, den Claire letztendlich auch gewann. Aber dieser Gewinn war bitter, denn Monique und ihre Helfer hatten die gesamten Medien so gut mit falschen Informationen versorgt, dass ihr Ruf zunächst einmal von allen Zeitungen und dem Fernsehen am Boden zerstört wurde. Selbst der sonst für seine gründlichen Recherchen so bekannte holländische TV-Journalist Jaap

Jongbloed hatte seine Hausaufgaben diesmal wohl nicht so perfekt gemacht.«

»Und das«, so schaltete ich mich wieder ein, »obwohl ich ihm noch die Hand gereicht hatte, indem ich ihm riet, dieses Mal seine Recherche wirklich gut zu machen, bevor er etwas brachte. Aber er wollte nicht hören und ließ sich wohl mehr von Sensationslust als von der Wahrheit beeindrucken. Drei Tage später wurden Monique S. und ihr neuer Manager Ralf B. aus dem Bett geholt und verhaftet. Ihnen wurde die Mitgliedschaft in einer kriminellen Organisation vorgeworfen.«

»Claire sagte aus Angst vor Repressalien zunächst einmal nicht gegen sie aus, denn der Arm dieser Bande reichte weiter, als der CID (das holländische FBI) sie beschützen konnte. So flüchtete sie eine Zeit lang in ein Kloster, um erst einmal zur Ruhe zu kommen. Dort hatte sie dann auch die Idee zur Stiftung ›Liberty‹, über die sie später im Radio interviewt wurde und die uns schließlich wieder zusammenbrachte.«

»Ui«, wandte Oliver sich an mich, »kein Wunder, dass du dich so leicht nicht mehr unterkriegen lässt. Du bist deinem Gefühl gefolgt, hast tolle Dinge erreicht und erlebt und dich immer weiterentwickelt. Und dabei bist du dir vor allem immer selbst treu geblieben. Zwar hast du auch mal plötzlich den Boden unter den Füßen verloren, aber dein Chi hat dich immer wieder aufgefangen und nach oben getragen. So konntest du jedes Mal einen neuen Weg finden, ohne aufzugeben. Und das mit einer Stärke und einem Mut, wovon viele höchstens träumen können. Doch erzähl' mal weiter. Was hat euch denn wieder zusammengeführt?«, forderte Oliver Michael auf.

气

Der Todesengel, der uns zusammenführte

»Mmmh, stimmt ...«, murmelte Michael diesmal selbst sehr angespannt in sich hinein. Ich wusste, wie schwer es ihm fiel, und nahm seine Hand. Nach einer kurzen Weile rappelte er sich dann doch auf, seine bewegende Geschichte zu erzählen.

»Ich weiß, dass es für viele unglaublich klingt, und ich tue mich auch immer sehr schwer damit, dieses Erlebnis zu erzählen. Tatsächlich hatte ich drei Tage vor dem Tod meines Sohnes Mike eine mir damals unerklärliche, faszinierende Erscheinung. Ich schlief noch nicht ganz, sondern war im Eindämmern begriffen, als ein starkes Licht vor mir auftauchte. Nachträglich, und so habe ich es inzwischen schon tausend Mal gezeichnet, würde ich es mit einem Engel ohne Flügel vergleichen. Es hatte kein Gesicht und keine klar definierbaren Formen. Das Lichtwesen ›sagte‹ zu mir: ›Du brauchst dich nicht zu fürchten. Alles wird gut und das hat seinen Sinn ...‹

Ich gebe euch diese Botschaft in meinen eigenen Worten wieder, denn es war mehr ein Gefühl als eindeutige Worte. Ich saß aufrecht in meinem Bett und sah das Wesen gespannt an. Als es mich verließ, versuchte ich es noch zurückzuhalten, so schön und warm war das Gefühl, das mich durchfloss. Zu diesem Zeitpunkt glaubte ich an gar nichts, weder an Gott noch an irgendwelche Religionen oder andere spirituellen Dinge.«

»Lichtwesen, Geister, Engel, nenn' es wie du willst, im Endeffekt ist es Energie«, fiel Oliver Michael ins Wort. »Ein Strom

fließender, lebendiger Energie. Nur ohne Körper auf der physischen Ebene. Jeder könnte ›es‹ sehen, wenn er es nur wollte. Eigentlich müsste man sagen ›zulassen würde‹.

Aber bei vielen Menschen ist die Frequenz der Sichtweise einfach falsch eingestellt. Die Leute sind blind für diese hohen Frequenzen, denn jeder lernt sehr früh im Leben, dass man nur glauben kann oder darf, was man auch mit eigenen Augen sehen kann.

Und jene Energien haben nun einmal kaum direkt wahrnehmbare Einflüsse auf unsere physikalische Realität, weshalb es am einfachsten ist, sie zu leugnen. Denn wer möchte schon als Spinner oder Träumer abgestempelt werden? Um lediglich eine Karriere in der materiellen Welt anzustreben, empfindet man spirituelle Energien sogar als lästig.

Außerdem sind ja leider nur allzu oft Gedanken an den Tod als Teil des Lebens die logische direkte Folge, wenn jemand anfängt, sein Leben spirituell zu hinterfragen. Davor haben die Menschen einfach viel zu viel Angst.

Aber bei deinem Erlebnis, in deinem speziellen Fall handelte es sich wohl um eine Art Schutzfunktion. Ein Schutz, bei dem ›dein Engel‹ dich auf eine Situation vorbereiten wollte, nein, vorbereitet hat, mit der du normalerweise so nicht direkt fertig geworden wärst. Da hat dein Engel zeitweilig deine Frequenz einfach mal etwas höher eingestellt. Und natürlich hat er dir dabei auch den Tod gezeigt, aber das konntest du vor Mikes Unfall natürlich nicht wissen. Wahrscheinlich hat es dich hinterher noch Jahre gekostet, um dieses geschenkte, außergewöhnliche Wissen zu verarbeiten.«

Michael nickte bedächtig und besann sich wieder auf sein Erlebnis:

»Am nächsten Tag war Sonntag, und das war der einzige Morgen, an dem die gesamte Familie, d. h. meine beiden Töchter, meine Lebenspartnerin und deren zwei Töchter, zusammen frühstückten. Ich erzählte der Familie von meinem Licht-Erlebnis und fügte, um nicht lächerlich zu wirken, die rein logisch formulierte

Schlussfolgerung hinzu: ›Ich bin wohl etwas überarbeitet und werde langsam etwas plemm-plemm…‹. Zu meiner Erleichterung entfachte mein Bericht jedoch schallendes Gelächter.

Am darauf folgenden Dienstagnachmittag verstarb mein siebenjähriger Sohn, was mein Leben bis in die Grundfesten erschüttern sollte.

An diesem Abend war ich mit meiner damaligen Lebenspartnerin zum Elternabend im Gymnasium ihrer Tochter. Wir waren gerade im Gespräch mit der Klassenlehrerin, als jemand zur Tür hereinschaute, nach mir fragte und mir dann sagte, ich solle dringend auf Texel meine Exfrau anrufen, es sei etwas passiert. Ich bekam den neuen Freund meiner Exfrau ans Telefon, der mich aufforderte, so schnell wie möglich ins Krankenhaus nach Den Helder zu fahren: Mike habe einen Unfall gehabt!

Obwohl mich im gleichen Moment schon ein beklemmendes Gefühl beschlich, ging ich davon aus, dass sich mein Sohn ein Bein oder etwas anderes gebrochen hatte, und kaufte an der Tankstelle noch schnell ein Überraschungs-Ei und einen kleinen Stofflöwen.

Noch nie hatte ich die hundertfünfzig Kilometer von Baarn bis zum Fährhafen Den Helder in so kurzer Zeit zurückgelegt und stand trotz der in Holland geltenden Geschwindigkeitsbegrenzung nach kaum mehr als einer dreiviertel Stunde vor dem Krankenhaus.

An der Rezeption wollte ich fragen, auf welchem Zimmer mein Sohn lag, aber die Empfangsschwester wies mich mit einem komischen Blick, der mein beklemmendes Gefühl verstärkte, nach links in die Notaufnahme, wo mir meine Exfrau Eveline entgegenkam. Ihr Freund lief hinter ihr her. Die ganze Situation läuft noch immer wie in Zeitlupe vor meinem geistigen Auge ab, wenn ich mich daran zurückerinnere.

Als wir voreinander standen, sank Eveline in meinen Armen zusammen und brach in verzweifeltes Schluchzen, Weinen und Schreien aus. Ihr Freund versuchte mir noch zu erklären, was passiert war, aber ich wusste bereits, dass Mike tot war. Alles Weitere lief wie in Trance vor mir ab. Ich weiß noch, dass ich an dem Bett stand, in dem Mike lag. Sein kleiner Körper war noch ganz warm. Eigentlich sah es so aus, als ob er schlief. Eveline versuchte, ihn wachzurütteln, und die Schwestern mussten sie mit Gewalt festhalten und ihr eine Beruhigungsspritze geben.

Es schien mir, als ob er manchmal doch wieder atmete, und ich tupfte mit einem Papiertaschentuch vorsichtig ein bisschen Blut ab, das ihm aus der Nase lief. Das Tuch mit seinem letzten Blut bewahre ich noch bis heute in einem Kästchen auf, das er im Kindergarten gebastelt und mir geschenkt hatte.

Auf Evelines Wunsch hin wurde Mike am nächsten Tag nach Texel gebracht und in seinem eigenen Bettchen in seinem Zimmer aufgebahrt. Mein Mitarbeiter, der gleiche, der mich später vom Strick losschneiden sollte, als ich meinen Selbstmordversuch unternahm, war auch nach Texel gekommen. Er war Buddhist und fragte mich, ob er im Zimmer von Mike ein paar Kerzen und Räucherwerk aufstellen dürfe. Mir war alles egal und ich ließ ihn gewähren. Als er mich um einen Spiegel bat, den er in einem Winkel von fünfundvierzig Grad nach oben hinter eine Kerze stellte, fragte ich dann doch einmal, was das alles sollte.

›Ich zeige Mike den Weg zum Licht. In drei Tagen wird seine Seele seinen Körper verlassen, und dann wird er eine weite Reise antreten. Da ist es hilfreich, wenn er sieht, in welche Richtung er gehen muss‹, erklärte mein buddhistischer Freund mir daraufhin.

Drei Tage später sollte ich selbst spüren, was es damit auf sich hatte, aber zunächst nahm ich seine Zeremonien unwissend, um was es da ging, kommentarlos hin.

Ich bitte euch, das was ich euch jetzt sage, nicht falsch zu verstehen …«, *erklärte Michael uns in der Runde unter unserem Baum.* »Was jetzt kommt, habe ich noch niemandem gesagt, weil ich mich immer noch sehr schwer damit tue. Aber die drei Tage, die ich am Totenbett von Mike verbrachte, waren wahrscheinlich das schönste und intensivste Erlebnis, das ich je hatte. Ich war ihm so nah und alles um mich herum ging einfach an mir vorbei. Ich hatte weder mitbekommen, wo ich war, wer alles da war, mit wem ich geredet hatte, noch hatte ich irgendein Zeitgefühl. Ich weiß nicht mehr, ob ich in diesen drei Tagen geschlafen habe oder wach war. Nur an eines erinnere ich mich genau: Meine jüngste Tochter Nadine hat Mike stundenlang etwas vorgelesen. So als ob er nur schliefe. Da war keine Aufregung, keine Trauer, es war eigentlich ›ganz normal‹.

Meiner Tochter Bianca dagegen hatte es im wahrsten Sinne des Wortes die Sprache verschlagen. Noch wochenlang konnte sie keinen Ton über die Lippen bringen und musste erst mit viel Geduld und therapeutischer Unterstützung langsam wieder sprechen lernen.

Dann kam der Moment, den ich niemals in meinem Leben vergessen werde. Ich konnte förmlich fühlen und sehen, wie Mikes Seele seinen Körper verließ. Es war zwar völlig in Ordnung, und ich war im Gegensatz zu Eveline so ruhig wie in keinem anderen Moment, dennoch ließ Mike mich alleine vor einem gähnenden Loch zurück.

Bevor der kleine weiße Kindersarg abgeholt wurde, legte ich Mike noch ein paar seiner Lieblingsspielsachen und den Intercity für seine Modelleisenbahn, die ich ihm zu Weihnachten geschenkt hatte und die nicht mehr fertig geworden war, mit in den Sarg. Nachdem ich ihm auf Anraten meines buddhistischen Freundes auch noch ein bisschen Geld mit auf die Reise gegeben hatte, wurde der Sarg geschlossen und die Treppe heruntergetragen. Das letzte, an das ich mich erinnern kann, war, dass ich dachte: ›Hoffentlich fällt ihm jetzt die Spielzeugbahn nicht auf den Kopf‹, denn die Treppe war so steil.

Danach fiel ich in vollkommene Apathie. Vom Begräbnis selbst bekam ich nur noch mit, dass unendlich viele Leute da waren. Wie ich später hörte, waren es über tausend Menschen, und die Polizei hatte die Route von Evelines Haus bis zum Friedhof abgeriegelt und nur für unseren Trauerzug reserviert.«

Michael blickte auf und ihm liefen die Tränen über die Wangen. Ich drückte seine Hand noch etwas fester, und es blieb eine ganze Weile still. Auch bei unseren Freunden war kein Auge trocken geblieben.

Dann setzte ich für Michael fort:

»Nach der Beerdigung drängte ihn Wulla, seine damalige Lebenspartnerin, nicht noch einen Tag, wie er es eigentlich vorhatte, bei seiner Exfrau Eveline zu bleiben, sondern den Abend mit ihr zu verbringen. Ich konnte das auch nicht verstehen und es erschien mir eher wie ein Anflug von Eifersucht auf seine Exfrau, bei der er drei Tage verbracht hatte und zu der er in diesen Tagen vielleicht auch ein sehr inniges Verhältnis hatte. Aber dafür sollte man Verständnis haben. Schließlich war sie die Mutter seines Sohnes und für Eifersüchteleien gäbe es in einem solchen Moment für mich keinen Platz. Aber seine Freundin Wulla sah das wohl ganz anders.«

Michael nahm den Faden wieder auf: »Meine Mutter regte sich bei Tisch mal wieder über die angeblich fehlenden Tischmanieren von Wullas jüngerer Tochter auf. Obwohl meine Freundin und ihre Töchter aus Griechenland kamen, hatte meine Mutter ihr ganz eigenes Weltbild vom ›Guten Ton von heute‹ und hatte kein Verständnis für andere Sitten. Erst die Eifersuchtsszene, der Streit und dann noch die spitzen Bemerkungen meiner Mutter über Wullas Töchter, was ich natürlich wiederum von Wulla zu hören bekam, das alles brachte mich in die Realität zurück. Ich dachte, ich wäre im falschen Film. Wo blieb die Trauer um Mike, wer dachte hier mal an mich? Es war der endgültige Anfang des Endes unserer Beziehung.

Schon gegen meinen Willen hatten wir meinen wunderschönen großen, alten Bauernhof auf Texel verkauft und waren in eine Luxusvilla im vornehmen Baarn gezogen. Meine beiden Töchter, die auf Texel aufgewachsen waren und nach dem Umzug all ihre Freunde zurücklassen mussten, ließen ihren Unmut an den Töchtern meiner Freundin aus. Meine jüngste Tochter Nadine ignorierte meine Freundin immer mehr und wollte zu Eveline, der Mutter ihres verstorbenen Halbbrüderchens Mike, zurück, die noch bevor Nadine laufen konnte, die ganzen Jahre für sie gesorgt hatte.

Mein geschäftliches Leben war bis ein Jahr vor Mikes Tod zwar sehr erfolgreich verlaufen, mein Privatleben war jedoch ein einziges Chaos. Es waren mehrere Gründe zusammengekommen die sich in kurzer Zeit zu einem wahren ›Problemberg‹ aufgestapelt hatten, den ich nicht mehr erklimmen konnte. Das führte letztendlich zu meinem Absturz.

Ich beging einen Selbstmordversuch und wachte auf der für Psychiatriepatienten reservierten und hermetisch abgeriegelten Intensivstation des Krankenhauses wieder auf. Nachdem ich wieder ein bisschen zu Sinnen gekommen war, musste ich feststellen, dass ich noch genau eine Plastiktüte mit der Jeans, dem Hemd und den Turnschuhen besaß, mit denen ich auf die Leiter gestiegen war, von der ich hoffte, dass sie mich endlich zu Mike bringen würde.

›Da sind Sie ja wieder‹, sagte eine freundliche Stimme im weißen Kittel zu mir, die ich durch ein paar Nebelschwaden schwach wahrnehmen konnte, als ich aus dem langen Tunnel trat. ›Da hatten Sie aber mehr als einen Schutzengel, der Sie vor dem sicheren Tod bewahrt hat‹, erklärte mir der Chefarzt der Psychiatrie ein paar Tage später, als ich wieder etwas auf dem Damm war und das weiße Gefängnis sobald wie möglich verlassen wollte.

Fast zwei Tage hatte ich im Koma gelegen, bis ich auf der Intensivstation, mit Schläuchen und Kabeln an alle möglichen Apparate angeschlossen, wieder aufwachte. ›Medizinisch kann ich Ihnen dazu nur folgende Erklärung geben: Durch die Überdosis Sedativa, die Sie genommen hatten, waren ihre Gelenke und Muskulatur total erschlafft. Das hat verhindert, dass Sie sich das Genick gebrochen haben. Dann hatten Sie noch drei Mal Glück, wie wir aus dem Polizeibericht entnehmen konnten:

Erstens: Als Sie die Leiter unter sich weggestoßen haben, ist diese ausgerechnet in einem solchen Winkel umgekippt, dass die Modelleisenbahn ihres Sohnes zunächst verhindert hat, dass die Leiter sofort ganz umfiel. Dadurch konnte Ihnen der Strick anfänglich nicht die Luft abschneiden.

Zweitens: Die Sedativa haben eine Zeit lang jegliche Körperbewegung verhindert und so lange gewirkt, bis Ihr Mitarbeiter zufällig ins Haus kam.

Drittens: Ihr größtes Glück war, dass Ihr Mitarbeiter genau zum richtigen Zeitpunkt kam. Nämlich in dem Moment, wo Sie sich ganz leicht bewegten und die Leiter unter Ihnen endgültig umfiel. Das hat er gehört und Sie daraufhin gefunden. Minuten später wären Sie stranguliert gewesen.‹

›Ob es Glück war, weiß ich aber noch nicht so recht‹, entgegnete ich dem Arzt, der darauf sogar ziemlich ungehalten wurde und mir sagte, was er im Allgemeinen von Selbstmordversuchen hielt.

Ziemlich betreten sinnierte ich darüber nach, warum der in meinen Augen so perfekt geplante Selbstmordversuch misslungen war. Sechs Wochen hatte ich Zeit gehabt, alles vorzubereiten. Meine Lebenspartnerin war mit ihren Kindern in Griechenland, meine Töchter in Urlaub, dem Hausmädchen hatte ich frei gegeben, und am Samstag war das Büro zu. Abends um acht Uhr stieg ich die Treppe hinauf zum Speicher unserer dreistöckigen Villa, wo ich seit dem letzten Weihnachten angefangen hatte, eine Modelleisenbahn für Mike aufzubauen.

Sechs Wochen lang hatte ich mir von verschiedenen Ärzten einen großen Vorrat an Schlaf- und Beruhigungsmitteln verschreiben lassen. Das stellte auch gar kein Problem dar, wenn ich den Ärzten von Mikes Tod erzählte. Der eine verschrieb leichtere Beruhigungsmittel, der andere starke Schlaftabletten.

Den Strick mit professionellem Knoten, den ich als passionierter Segler legte, befestigte ich schon am Abend vorher am Dachbalken und stellte auch eine Trittleiter darunter auf. Mit einer Flasche Whisky trank ich mir den nötigen Mut an, um eine kurze Erklärung an meine Partnerin zu schreiben. Nachdem ich meinen Abschiedsbrief in einen ihrer Privatschränke gelegt hatte, in dem man nicht sofort nachsehen würde, spülte ich den ›Aussteiger-Cocktail‹ herunter und räumte noch alles schön auf. Als ich merkte, dass der Cocktail seine Wirkung tat, stieg ich die Treppen hoch, kletterte auf die Leiter, legte mir den Strick um den Hals und trat die Leiter von mir weg. Und schon war es dunkel.

Das einzige, an das ich mich dann wieder erinnere, war, dass ich wie in einer Achterbahn durch einen Tunnel raste, in den immer mehr Nebel eindrang. Als der Nebel sich löste, erkannte ich langsam den Arzt und ein paar Schwestern.

Ich versuchte, mich weiter zu erinnern, was eigentlich genau geschehen war und wie alles so weit hatte kommen können. Es brauchte Monate, bis ich alles einigermaßen zusammen bekam, und noch heute gibt es für mich in dieser Zeit ein großes schwarzes Loch und ich erhalte nur Erinnerungsfetzen.

Mein Engel besuchte mich aber noch ein paar Mal und brachte mich sogar in Kontakt mit meinem Sohn Mike, mit dem ich regelmäßig sprechen und auch pendeln kann.

Heute bin ich stärker und glücklicher denn je und schließlich war es genau dieser Schicksalsschlag, der Claire und mich wieder zusammengeführt hat«.

So beendete Michael seinen Bericht über dieses Trauma, mit dem wir heute gemeinsam leben müssen.

Oliver war jedoch noch immer nicht zufrieden gestellt. »Und wie habt ihr euch nun wieder getroffen?«, fragte er. Nach einem kurzen Blickwechsel mit Michael begann ich wieder zu erzählen.

气

War ich schuld an Mikes Tod?

Ich erinnere mich: Es war gerade ein Jahr her, seit Mike ums Leben gekommen war. Ich hatte gerade ein Radiointerview auf Hilversum 2 gegeben, unserem nationalen Nachrichtensender bei Frits Spits. Dort erzählte ich von meiner Stiftung, die ich gerade gegründet hatte. Diese Stiftung namens »Liberty« sollte Geschäftsfrauen helfen, die wie ich ohne eigene Schuld den Boden unter den Füßen verloren hatten.

Kurz nach dem Interview bekam ich einen Anruf von Michael. Sein Freund und Ex-Mitarbeiter Ralf Müller, den er nur »Müller« nannte, hatte ihn auf mein Radiointerview aufmerksam gemacht. Was der wohl von mir wollte, fragte ich mich. Aber meine Neugier und mein noch immer währendes Verlangen nach ihm waren wohl stärker, und so verabredeten wir uns schon am Nachmittag in einem bekannten Hilversumer Media-Café.

Als ich ihm dann endlich wieder gegenüberstand, war ich nicht mehr ganz so sicher. Ich machte nicht gerade mehr den Eindruck einer strahlenden, erfolgreichen Künstlermanagerin und Geschäftsfrau. Ich war blass und für meine sonst eigentlich gute Figur zu mager. Außerdem war ich sehr müde und trug eine selbst gemachte Cordjacke, die eher zu einer Tramperin in Amsterdam gepasst hätte und ein wenig an Vorhänge aus den 50er Jahren erinnerte.

Angesichts seiner anscheinend knappen finanziellen Lage wechselten wir auf Wunsch von Michael in seine Stammkneipe und er spendierte mir von seinem sichtlich abgezählten Geld einen Kaffee. Zunächst versuchte er auf seine alte, überzeugende und geschäftliche

Art sein Interesse an meiner Stiftung zu bekunden. Er wollte wohl erst einmal herausbekommen, was da überhaupt dran war. Gar nichts, wie ihm schnell klar werden musste, als ich ihm ohne Zögern und Umschweife die Wahrheit über mich und meine Situation erzählte. Auch ich hatte ja alles verloren, war völlig pleite und hatte nichts außer einer guten Idee, meinen starken Willen und Tatendrang.

Michael fand meine Geschichte wohl so mitreißend, dass wir dabei ganz die Zeit vergaßen. Nachdem er ohnehin nicht so viel Geld in der Tasche zu haben schien, machte ich dann den Vorschlag, unser angeregtes Gespräch bei ihm zu Hause fortzusetzen. Er zögerte erst und fing langsam an, mich darauf vorzubereiten, dass er wohl nicht mehr der Michael war, den ich kannte, und auch nicht mehr in den Verhältnissen lebte, wie man es von ihm gewöhnt war. Zu seiner Überraschung jedoch wusste ich schon fast alles von ihm und kannte nur zu gut auch den Grund, wann und warum sich sein Leben so drastisch geändert hatte.

Ich bekam immer mehr Gewissensbisse und brauchte erst ein paar Gläser Rotwein, bis ich mich ihm offenbarte: »Indirekt bin *ich* Schuld am Tod von Mike.«

Ich sah Michael förmlich erschauern und erstarren. ›Das darf nicht wahr sein‹, sprachen seine Augen, und ich versuchte bei dem, was nun folgen sollte, die Ruhe zu bewahren. So fuhr ich fort: »Ich saß auf dem Polizeirevier auf Texel im Verhör über Monique S. Du hast ja sicherlich einiges im Fernsehen gesehen oder davon gelesen. Doch die Geschichte war in Wirklichkeit ganz anders. So musste ich mir die von der Polizei abgezapften Telefonaufzeichnungen anhören, auf denen man sich darüber unterhielt, ob ich ›nur‹ seelisch oder auch körperlich ermordet werden sollte.«

Ich erzählte ihm von meinem Verhör durch das holländische FBI und auch davon, dass der Polizeibeamte, der seinen Sohn überfahren hatte, an diesem Tag eigentlich frei hatte. Nur aus Interesse an diesem Verhör war er auf das Revier gekommen. Er hatte seiner Frau einen Ausflug nach Amsterdam versprochen und hatte sich schon verspätet. Nur deshalb war er mit überhöhter Geschwindigkeit gefahren, sodass er den kleinen Mike auf seinem Fahrrad erst viel zu spät gesehen hatte.

Als ich meine Beichte, wie ich es empfand, endlich herausgebracht hatte, konnte ich ihm nicht in die Augen schauen. Wie würde er wohl reagieren? Aber er sagte nur ganz lieb und beruhigend, dass mich absolut keine Schuld träfe, sondern dass dies ganz einfach unser Schicksal war und vielleicht sogar so sein musste. Wir nahmen uns in die Arme und liebten uns. Eine ganze Woche sind wir nicht aus dem Haus und kaum aus dem Bett gekommen. Wenn wir uns nicht liebten, erzählte der eine oder der andere. Und seitdem leben wir bis heute glücklich zusammen.

»Schicksal?«, fragte Oliver. »Ich meine eher Karma, Bestimmung. Es sollte so sein, so schwierig das für euch zu begreifen und zu akzeptieren sein mag. Denk nur an ›deinen‹ Engel, Michael. Hier schließt sich euer Kreis wieder.«

»Ich glaube, der Kreis hatte sich schon früher geschlossen«, entgegnete ich. »Denn auch ich hatte kurz nach dem Einbruch in mein Büro einen Traum mit der gleichen Botschaft, die Michael damals erhalten hatte. Ich erinnere mich genau an den Traum nach diesem beängstigenden Einbruch. ›Du brauchst dich nicht zu fürchten. Alles wird gut …‹, sagte mir eine Stimme, die unsichtbar, aber doch fühlbar irgendwo aus dem Raum zu kommen schien. Ich war gerade eingeschlafen, aber konnte die Stimme oder dieses unbeschreibliche Gefühl deutlich im halbwachen Zustand wahrnehmen.«

Ich setzte meine Geschichte weiter fort.

气

Die Stadt Gottes

Es gab noch mehr Parallelen, die uns unabhängig voneinander doch miteinander verbanden. So war ich wegen der »Affäre Monique S.« und den an mich gerichteten Bedrohungen zunächst einmal in ein Kloster, die »Stadt Gottes« geflüchtet, um dort zur Ruhe zu kommen. Michael war etwa zur gleichen Zeit in einem Therapiezentrum.

Obwohl ich nicht streng gläubig war, ging von diesem Ort so viel Ruhe und vor allem Liebe aus. Mir wurden noch nicht einmal Fragen gestellt, als ich mit einer Tasche, die nur mit ein paar Utensilien gefüllt war, vor dem Tor stand. Hier bestand meine Therapie hauptsächlich aus Ruhe, zu mir selbst finden und aus einfacher Beschäftigung.

Ich weiß gar nicht mehr, wie viele Tonnen Gemüse ich dort geschält habe. Jedenfalls war ich abends immer dermaßen müde, dass ich nach dem in aller Stille eingenommenen gemeinsamen Abendessen sofort ins Bett fiel.

Das karge kleine Kämmerlein störte mich dabei am wenigsten. Nur eine gelegentliche Zigarette oder hin und wieder ein Glas Wein fehlten mir dann doch. Ich hatte mir trotz des Verbots ein paar Zigaretten eingepackt, sodass ich im wunderschönen Klostergarten doch gelegentlich heimlich rauchte, bis ich eines Tages von der Mutter Oberin erwischt wurde. Alkohol und Zigaretten waren in der »Stadt Gottes« streng verboten.

»Entweder das Rauchen unverzüglich aufgeben oder ausziehen.« Das war die harte Entscheidung, vor die mich die Mutter Oberin stellte, als ich zum zweiten Mal mit der Zigarette in der Hand erwischt worden war. Da ich aber in dem Moment keine Bleibe mehr hatte und durch die Ruhe des Klosters einer etwas zu aufdringlichen Fürsorge gerade erst entflohen war, war die Wahl klar: Ich wollte bleiben.

Natürlich war es zunächst einmal gewöhnungsbedürftig, aber schon bald übertrugen sich die Ruhe und vor allem die Liebe und Zuversicht, die von den Klosterschwestern ausstrahlten, auch auf mich. Das gab mir neue Kraft und »Inzicht op een Uitzicht«.

Wie ich an Olivers und Steffis Blicken erkennen konnte, musste Michael diesen Satz für beide erst einmal ins Deutsche übersetzen: »Es handelt sich hierbei um ein holländisches Wortspiel. Claires Lieblingsausspruch lautet frei übersetzt: Einsicht auf eine Aussicht. Im Holländischen bedeutet das etwa soviel wie der deutsche Satz: ›Es gibt immer eine Chance, man muss sie nur erkennen.‹«

»Und das gab mir«, *so fuhr ich wieder in meiner Erzählung fort,* »auch die Inspiration zu meiner Idee mit der Stiftung ›Liberty‹, die, wenn ich auch selbst in dem Moment gar nicht über die Mittel verfügte, meine Stiftungsziele umzusetzen, mir doch zumindest wieder eine neue Aufgabe und damit auch eine neue Perspektive bot. Und so hatte ich schon wieder etwas dazugelernt.

Nach meinem Interview in einer großen holländischen Zeitung setzte in den Niederlanden ein wahrer ›Run‹ auf Klöster ein. Heute gibt es viele Klöster im In- und Ausland, die ihre Klosterkasse mit Ferienaufenthalten, Therapien und sogar Wellness-Angeboten aufbessern. Ich war wohl meiner Zeit wieder etwas voraus.«

Ich hörte auf zu sprechen und schaute stattdessen Michael auffordernd an. Sein Gesichtsausdruck zeigte, dass er sofort wusste, was ich von ihm wollte.

气

Aus der Vogelperspektive

»Wenn ich mir Claire in der Klosterküche vorstelle«, *führte Michael das Gespräch nun weiter,* »wie sie tonnenweise Gemüse schält, fällt mir meine ›Fliegende Nonne‹ und mein ›Problemberg‹ ein, den ich während meines Sanatoriumaufenthaltes innerhalb einer so genannten Kreativtherapie zeichnen gelernt hatte.

Nach meinem Selbstmordversuch war ich nicht mehr nach Hause zu meiner früheren Partnerin in die feudale Villa in Baarn zurückgekehrt. Ich hatte mich bei meinen Eltern »verkrochen«. Aber das war auch keine Lösung, da ich kaum noch aus meinem Zimmer kam, keine Menschen mehr sehen konnte und immer wieder von Weinkrämpfen über den Tod meines Sohnes übermannt wurde. Mein Hausarzt regelte zusammen mit einem Psychologen von der »Slachtofferhulp«, einer Hilfsinstitution für Hinterbliebene der Opfer eines Unfalls oder Verbrechens, einen Aufenthalt in einem speziellen Sanatorium. Damals dachte ich hochnäsig und von mir selbst überzeugt, den Tod von Mike ohne Hilfe von außen durchstehen zu können, doch nachträglich war ich froh, sie doch in Anspruch genommen haben zu dürfen. Sie regelten den gesamten Papierkram und alle Wege für mich, die ich in dem seelischen Zustand, in dem ich mich befand, nie mehr selbst hätte vollbringen können. Nur meinen ersten Vorschussscheck von der Sozialhilfe musste ich mir selber abholen, und das war der schwerste Weg, den ich jemals zurückgelegt hatte. Ausgerechnet bei meiner Hausbank, auf der ich noch vor knapp einem Jahr, wenn ich Geld abheben wollte, oftmals Tausende von Gulden vorgezählt und auf einem Tablett vom Direktor »serviert« bekam, musste ich jetzt einen Scheck vom Sozialamt über gerade mal

700 Gulden (ca. 350 Euro) einlösen. Für zwei Gulden fünfzig Eigenleistung pro Tag wurde ich – Essen und ein gutes Bett inklusive – im »Institut für wiedergewonnene Lebenskraft« aufgenommen. Gott segne die niederländischen Sozialgesetze – die Frage ist nur, wie lange das noch bezahlt werden wird.

Das Sanatorium war eine alte Villa in einem über 20.000 Quadratmeter großen bewaldeten Park. Achtundvierzig Patienten, aufgeteilt in sechs Gruppen, wurden vierundzwanzig Stunden am Tag von sechs Psychologen betreut.

Die »fliegende Nonne« war eine von diesen sechs ausgebildeten Psychologen, die unsere Gruppe begleiteten, und selbstverständlich war sie über den Grund meiner Aufnahme und darüber, was mir passiert war, genauestens informiert.

Sie leitete die »Kreativtherapie«, in der wir malen, basteln oder etwas aus Ton formen sollten. Ich war anfangs nicht gut drauf und fühlte mich hier völlig deplatziert. Mir kam es so vor, als sei ich in meine Schulklasse zurückversetzt.

›Ich doch nicht‹, dachte ich zunächst. Bereits in meiner Jugend hatte ich mich davor gedrückt, selbst irgendwelche Bildchen oder Figuren zu machen. Stattdessen motivierte ich meinen Kunstlehrer, mir zu helfen, Anzeigen für die Firma und Geschäftsfreunde meines Vaters zu entwickeln.

Noch in Gedanken versunken vor einem leeren Stück Papier, legte mir die »fliegende Nonne« – wie sie wegen ihres wehenden Kopftuches von der ganzen Gruppe heimlich genannt wurde – die Hand auf die Schulter und fragte, ob mir denn gar nichts einfiele. »Nee, leider nicht«, entgegnete ich und zeigte etwas verstohlen wie ein Schüler, den der Lehrer beim Einschlafen erwischt hat, auf mein leeres Blatt Papier.

»Zeichne doch einfach mal auf, wo du jetzt am liebsten wärst«, meinte sie und wandte sich dem nächsten »Schüler« zu.

Ich dachte noch eine Zeit lang nach und begann, eine Palme auf einer Insel zu zeichnen, wie man sie von Comics her kennt. Dann färbte ich das Meer und malte einen blauen Himmel mit einer Sonne darin. Noch ehe ich ganz fertig war, ertönte die Glocke, und die Stunde war beendet. Herausgekommen war ein für meine Malverhältnisse doch ganz nettes Bild, das ich letztendlich mit sehr viel Eifer entwickelt hatte, um mir mein »Paradies« so schön wie möglich auszumalen. Die »fliegende Nonne« nahm mir meine Zeichnung ab und meinte, das nächste Mal würden wir da weitermachen, wo ich jetzt aufgehört hatte.

In der nächsten Stunde bekam ich meine Zeichnung zurück, aber nun war ein leeres Stück Papier daran geklebt, sodass ich auf der einen Seite meine »schöne« Zeichnung hatte und auf der anderen Seite gähnende Leere. »Mal dich jetzt bitte selbst hinein, und zwar genau dort, wo du dich gesehen hast, bevor du hierher zu uns kamst, vor dem Tod von Mike.«

»Wie soll ich mich denn selbst zeichnen, ich kann doch kaum einen geraden Strich aufs Papier bringen?«, fragte ich sie, worauf sie meinte, ein Strichmännchen sei auch in Ordnung, und sich wieder den anderen »Bewohnern« zuwandte.

Kaum eine Minute war vergangen, seit die »fliegende Nonne« mir den Tipp mit dem Strichmännchen gegeben hatte, und ich präsentierte stolz meine »Kreation«: Das Strichmännchen hatte ich ganz klein in die linke freie Ecke des angeklebten Blattes gekritzelt. Ich hatte wohl gedacht, ihr damit einen Streich gespielt zu haben und sie in Verlegenheit zu bringen. Sie aber sagte nur sehr freundlich und voll Liebe in ihren Augen: »Schön, das hast du prima gemacht. Und jetzt malst du einfach das, was dich und deine Trauminsel von einander trennt. Ein Fluss, ein Zaun, ein Berg oder eben, was dir so einfällt.«

So trottete ich wieder zurück zu meinem Platz und schmierte trotzig mit meinem Filzschreiber einen Riesenberg in die Mitte. Ehe ich mich versah, stand sie schon wieder hinter mir und sagte: »Siehst du? Das sind deine Probleme, die du aufgestaut hast. Und jetzt wollen wir einmal gemeinsam versuchen, diese zu analysieren und Stück für Stück aufzudröseln.

Versuche zuerst, deine Probleme entsprechend der Zeit, von der du meinst, dass sie entstanden sind, an die linke Seite des Berges zu malen und sie zu bezeichnen. Je nachdem, wie schwer du sie empfindest, kannst du sie noch ausschmücken oder ausmalen.«

So, da hatte ich erst einmal etwas zu tun. Ganz oben drauf mit einem Kreuz, Blitzen und schwarzen Gewitterwolken umgeben, setzte ich Mikes Tod. Das war erst einmal sehr heftig, denn ich sah mich zum ersten Mal wirklich sichtbar damit konfrontiert, dass Mike tot war. Irgendwo in der oberen Mitte setzte ich meine Firmenpleite an und so kam ein Problem zum anderen.

Wow! Das Ganze fing sogar langsam an, mir Spaß zu machen, und schon bald war der Aufstieg zum Berg mit Problemklippen übersät. Dazu malte ich auch Stimmungen und fing sogar ein paar Mal neu an, weil der Platz nicht reichte oder ich die »künstlerische Interpretation« meiner Probleme noch perfektionieren wollte. Ich war ganz gespannt, wie die »fliegende Nonne« dies wohl lösen wollte und fügte, einerseits wohl um zu zeigen, wie bemitleidenswert ich doch war, und andererseits, um es meiner Lehrerin noch schwerer zu machen, einfach *noch* ein paar Problemchen mit dazu. Schließlich dachte ich doch zu dem Zeitpunkt noch immer: ›Mir konnte und kann keiner helfen, bei all dem, was ich durchmachen musste.‹

Doch prompt hatte die »fliegende Nonne« eine Lösung parat, die ich wohl nie erwartet hätte, die so überraschend einfach war, wie sie mir da plötzlich präsentiert wurde. Die »Nonne« zeichnete ein zweites Strichmännchen, etwas größer als mein eigenes auf die rechte Seite an den Fuß des Berges, malte einen Verbindungspfeil zwischen dem Strichmännchen auf der rechten Seite und meiner Insel und erklärte: »Das bist du heute. Hier, am Fuße des Berges auf der anderen Seite. Deine Probleme sind Vergangenheit, auch wenn sie noch da sind. Aber du hast sie hinter dir. Und der Blick auf deine Insel ist nun frei. Du brauchst nur noch hinzugehen.«

Ich war zunächst einmal baff und starrte sie fast ungläubig an, wusste aber nicht, was ich darauf Logisches erwidern sollte oder wie ich die Zeichnung, die ich ja selbst gemacht hatte, entkräften sollte. Tatsache war: Es war genau so wie auf dem Bild.

Sie gab mir gar keine Gelegenheit, etwas zu erwidern, sondern nahm meine Hand und zeigte damit auf die Spitze des Berges, den Tod von Mike. »Daran wirst du nichts ändern können und ich auch nicht. Aber es ist passiert und wir können dir vielleicht helfen zu akzeptieren, was dir passiert ist. Und wenn du es erst einmal akzeptieren kannst, dann kannst du es auch hinter dir lassen. Das heißt keinesfalls, dass du alles vergessen sollst. Ganz im Gegenteil: Setze dich damit auseinander.«

Es folgten weitere Erklärungen und Ratschläge, die sie mir mit ihrer warmen und gutmütigen Art gab. Stück für Stück wurde jedes Problem angeschaut und bekam seinen Platz. Ich konnte mit ihren Hinweisen und Erklärungen immer mehr verstehen und verarbeiten.

Am Ende hatte die gute Frau noch eine Überraschung für mich und meine »Mitbewohner«. Jetzt war ich auch schon so weit, dass ich ganz offen über meine Probleme und Mikes Tod sprechen konnte und sie sogar vor den anderen Teilnehmern mein Bild erläutern ließ: »Michaels Bild ist ein gutes Beispiel dafür, wie sich Probleme zu einem unüberwindbaren Berg aufstapeln können, den man nicht mehr erklimmen kann. Dabei ist es vollkommen unerheblich, um welche Probleme es sich handelt und wie groß sie sind. Es ist die Menge, die sie unüberwindbar macht. Jeder Mensch hat da seine eigenen Grenzen. Michael hat, mit Mikes Tod vor Augen, irgendwo oben auf der linken Spitze aufgegeben. Andere hätten das vielleicht auch oder sogar eher getan. Michael hat fast bis oben durchgehalten, aber dann wurde es auch ihm zu viel.

Aber, wie wir ja alle hier sehen können, ist Michael noch da. Und zwar auf der anderen Seite des Berges. Die Probleme liegen hinter ihm, lösen kann ich sie für ihn nicht. Aber von hier aus kann er weiter gehen, in seinem eigenen Beispiel zu seiner Trauminsel.«

Sie zeichnete etwas über die Spitze des Berges und fuhr fort: »Nun stellt euch einfach mal einen Vogel vor, der hoch über der Spitze dieses Berges fliegt. Er sieht beide Seiten, das ›Vorher‹ und das ›Nachher‹. Und er sieht auch die Insel in der Ferne. *Er* könnte Michael gesagt haben, dass es nach Mikes Tod doch noch weitergeht. Den

Tod von Mike konnte niemand verhindern, und der wird für Michael immer das Schlimmste bleiben, was ihm passiert ist. Aber die darunter liegenden Probleme werden dagegen unwichtig oder zumindest weniger schwer. Aus der Sicht des Vogels hätte Michael also vielleicht leichter die Spitze doch noch überwinden und eventuell sogar Mikes Tod besser verarbeiten können. Damit hätte er in jedem Fall seinen Kindern und anderen Menschen wie auch Mikes Mutter noch geholfen, anstatt sie und sich selbst mit seinem Selbstmordversuch in noch größeres Unglück zu stürzen. Ihr alle könnt diese Sichtweise erlangen.«

So entließ sie uns und vor allem mich mit einer ganzen Menge zum Nachdenken aus der Kreativtherapie.

Noch heute gebrauche ich den »Problemberg« im Geiste oder zeichne ihn sogar vor mir auf, wenn ich vor einer schier unerklärlichen oder ausweglosen Situation stehe. Auch Claire nutzt diese kleine, aber wirksame psychologische Hilfe manchmal, um so über manchen erst unüberschaubaren Problemberg zu kommen.

Der Aufenthalt in diesem Sanatorium war für mich die beste Schule des Lebens und der Welt. Wir wurden dort nicht etwa als Patienten bezeichnet, sondern als »Bewohner«. Auch sonst konnten wir unseren Tag bis auf einige Gruppengespräche mit den Psychologen und den Hausarbeiten, wie Abwaschen, Essen auftragen oder Spiele vorbereiten, selbst bestimmen. Genau das war auch der eigentliche Zweck der Übung: Die Bewohner, die wie ich selbst sehr wohl Patienten waren und sich einer psychotherapeutischen Behandlung unterzogen, sollten sich selbst heilen, und zwar durch selbstständiges Denken und die Reflektion vom Einen auf den Anderen.

Unsere Gruppe bestand aus den unterschiedlichsten Fällen. So gab es eine ältere Dame, welche die Scheidung von ihrem Mann nicht hatte verkraften können, ein jüngerer Mann litt am Borderlinesyndrom, ein älterer Mann an Depressionen und Angstzuständen, die sich bis hin zu starken Epilepsieanfällen äußerten, und ein anderer Mann aus unserer Gruppe hatte bei einem Flugzeugunglück auf einen Schlag seine gesamte Familie, einschließlich Frau, Kindern, Eltern und anderen Verwandten verloren.

Schon nach zwei Wochen und langen Gesprächen mit Mitbewohnern wurde mir bewusst, wie »relativ« meine eigene Situation und das Leid, das ich mit mir trug, doch eigentlich waren.

Immer wieder wurde mir durch Gespräche, Analysen und Beobachtung des Verhaltens anderer eine Art Spiegel vor die Augen gehalten – Tag für Tag, vierundzwanzig Stunden täglich. Die Psychologen und Psychotherapeuten schliefen abwechselnd auch im Haus und wir betrachteten sie vielmehr als Freunde denn als Therapeuten.

Fast unmerklich steuerten sie jeden einzelnen von uns und die meisten mit sehr gutem Erfolg. Wir waren durch Selbsterkenntnis wieder zu Vertrauen und Lebenskraft (da war es wieder) gekommen, und das war auch der Name dieses wunderbaren Instituts.

Das Projekt wurde ein paar Monate nach meiner Entlassung leider aus finanziellen Gründen in die psychiatrische Abteilung des nahe gelegenen Krankenhauses umgesiedelt und, wie ich später gehört habe, soll es inzwischen ganz eingestellt worden sein.

Ich denke noch oft an diese Zeit und meine Mitbewohner und wie es Ihnen wohl so ergehen wird. Wir durften und sollten nicht mehr zurückgehen und auch keinen Kontakt mehr untereinander haben, das war ein Teil der Therapie und Bestandteil der Vereinbarung.

Es war eine der besten Lehren, denen ich mich bisher in meinem Leben unterzogen habe, und sollte ich jemals wieder zu Geld kommen, so würde ich dies mit Sicherheit für die Errichtung eines oder mehrerer solcher Zentren einsetzen. Claire und ich sind uns hierin vollkommen einig und im Prinzip haben wir zum gleichen Zeitpunkt den gleichen Gedanken gehabt. So war es auch nur logisch, dass wir wieder zusammenkommen mussten.«

Oliver meinte dazu: »Es ist gar nicht verwunderlich und komisch, dass es zwischen euch immer wieder diese Parallelen gab. Dieses Phänomen kommt oft vor bei Menschen, denen ein

Drama bevorsteht, vorausgesetzt, sie haben bereits eine Anlage für den Empfang solcher Botschaften. Und es ist auch ganz normal, dass diese Menschen, denen dieses Erlebnis widerfährt, die Botschaft nicht sofort begreifen und meistens auch sofort wieder vergessen. Sobald sie aber realisieren sollten, was ihnen passiert war, werden sie dieses Erlebnis damit in Verbindung bringen und versuchen, es noch einmal zu erleben. Aber es ist einmalig. Die Menschen, die diese Erfahrung gemacht haben, werden sich grundlegend verändern. Nicht von heute auf morgen, aber ihr Leben wird eine vollständig andere Wendung nehmen. Diese Menschen sind vorherbestimmt, um zu überleben und diese ›Botschaft‹ zu verbreiten. Nicht als Prediger, sondern als lebendes Vorbild. So wie ihr beide.

Mich überkommt, wenn ich eure Geschichte anhöre, ein richtiger mystischer Schauer. So oft wurde euer Schicksal fast zwangsweise wieder auf die richtige und vor allem gleiche Spur gelenkt. So viele Ähnlichkeiten gibt es zwischen euch und euren Erlebnissen. Jetzt ist zumindest mir klar: Ihr musstet einfach all das erleben, was ihr erlebt habt. Ihr seid füreinander bestimmt, und zwar nicht nur als Mann und Frau, sondern um eine Aufgabe zu erfüllen. Ich fühle deutlich, dass ihr beide eine Botschaft mitzuteilen habt, eine ›message‹, wie es auf ›neudeutsch‹ so bezeichnend heißt. Ihr habt etwas zu sagen, ihr müsst euch mitteilen, euer Beispiel ist beinahe universell, sehr anschaulich und überaus verständlich. Ihr könnt es auch nachvollziehbar beschreiben, ohne den mahnenden Zeigefinger zu erheben, und vielleicht hört euch ja jemand zu. In eure Lebensgeschichte spinnen sich so viele spirituelle Fäden, dass es jeder Einzelne spüren kann, wenn ihr eure nachträglichen Schlussfolgerungen in Worte kleidet. An eurem Beispiel kann man etwas lernen. Wenn auch nur ein einziger Mensch sich durch das Hören oder Lesen in eurer Schicksalsgeschichte wieder erkennt, habt ihr bereits die Welt zum Guten verändert.

Ihr habt so vieles gelernt auf eurem Weg, nicht etwa Stillhalten, sondern wirkliches ›Tragen‹ eures Schicksals. Ihr habt das

Schicksal nie herausgefordert, habt es aber geändert, wenn es zu verändern war. Du, Michael, hast durch Mikes Tod sogar erkannt, dass dein Weg ein spiritueller Weg werden musste. Und dir, Claire, ist durch den Lauf all der Schicksalsschläge bewusst geworden, dass deine stets intuitive Handlungsweise, also deine Reaktionen aus dem Bauch heraus, schon seit jeher spiritueller Natur waren.

Aber wie ging es dann eigentlich weiter, nachdem ihr euch wieder getroffen hattet?«, schloss Oliver seine Erklärungen ab. Nun war es wieder an mir, das Wort zu ergreifen.

气

Neuanfang

Michael war tatsächlich nicht mehr der Mann, den ich einmal gekannt hatte. Sehr introvertiert zog er sich oft an seinen Computer zurück, um im Internet nach Erklärungen zu seiner Engelerfahrung, Pendeln und anderen grenzwissenschaftlichen Phänomenen zu suchen.

Von »Claire Fisher« und über seine ehemalige Firma wollte er zunächst gar nichts mehr hören. Nur manchmal, wenn ich ihm über meine geschäftlichen Aktivitäten aus der Vergangenheit erzählte, bekam ich das mir bekannte Aufleuchten seiner blauen Augen zu sehen. Aber nur, sobald in ihm eine gute Idee hochstieg. Und seine Augen leuchteten wieder, als ich ihm erzählte, wie schnell ich mit »Be a model for one day« etwas Geld verdient hatte.

Eigentlich hatten wir es zusammen gar nicht so schlecht. Michael hatte eine nette kleine möblierte Drei-Zimmer-Wohnung am Wasser mit einem kleinen Bootssteg und sogar einen offenen Kamin. Zusammen erhielten wir fast 2.000 Gulden Sozialhilfe und Mietkostenzuschuss, und so konnten wir, da wir keine großen Ansprüche stellten, einigermaßen über die Runden kommen. Nur große Schritte konnten wir damit nicht machen – schon gar nicht meine Stiftungsidee realisieren. Ein Urlaub kam erst recht nicht in Betracht. Und irgendwann würden wir ja auch wieder etwas tun müssen, auch wenn wir beide derzeit noch arbeitsunfähig geschrieben waren.

Michael hatte bereits ziemlich viel Erfahrung im Internet gesammelt und war auch einer der ersten, die in dieser Zeit in Holland einen eigenen Internetzugang hatten. Das war das einzige, was ihm aus seiner früheren Firma noch geblieben war.

Nach meinen Ausführungen über »Be a model for one day« meinte er, dass sich dieses Konzept ganz besonders gut fürs Internet eignen würde, um jungen Talenten die Möglichkeit zu geben, sich in einer weltweiten Öffentlichkeit zu präsentieren.

Obwohl ich eigentlich nichts mehr mit dem Showgeschäft zu tun haben wollte, überzeugte mich Michael davon, dass es an der Zeit sei, uns wieder eine neue Existenz aufzubauen. Aber wenn schon, dann wollte ich es auch perfekt machen und nicht einfach wieder eine Modelagentur oder irgendein Büro eröffnen.

Meine Kenntnisse der Branche waren hierfür natürlich die Grundlage. Wie schon früher erwähnt, führt der Weg zur Karriere bei einem Model oder einer Filmschauspielerin oftmals durch das Bett des Fotografen oder Regisseurs. Bei Musik spielt dagegen Glück eine große Rolle. Die Manager großer Plattenfirmen bekommen täglich so viele Angebote und Demos auf ihre Schreibtische, dass niemand von ihnen die Zeit hat, sich die Berge von Demos anzuhören, um die wirklichen Talente darin zu finden. Damals wurden sogar noch Demo-Kassetten zu den Produzenten geschickt, die man auch noch hin- und herspulen musste. Daher entwickelten manche Plattenbosse eine Art Glückslotterie. Die Demos wurden auf einen Tisch gestellt, und die wenigen, die nach einem kräftigen Hieb auf die Tischplatte noch stehen blieben, kamen in die engere Wahl. Mit etwas Glück war dann wirklich mal ein Talent dazwischen. Der Rest ging mit einer freundlichen Standardabsage zurück, es sei denn, jemand hatte gute Beziehungen.

Ich aber wollte neuen Talenten eine wirkliche Chance bieten, und dazu gehört zunächst einmal das richtige Coaching und eine gewisse Grundausbildung.

Und so begannen wir zunächst mit einer Kleinanzeige in der holländischen Tageszeitung De Telegraaf. Mit der dreizeiligen Anzeige »Talente gesucht« boten wir die Möglichkeit zu kostenlosen Probeaufnahmen, die wir zunächst in gemieteten Restaurants oder Hallen organisierten. Der Beitrag, um als Mitglied in unseren Bestand aufgenommen zu werden, konnte nicht einmal unsere Kosten decken. Denn dafür bekamen alle Teilnehmer eine Fotosession mit einem professionellen Fotografen. Je nach Talent durften sie außerdem vor einer fachkundigen Jury vorsingen, rezitieren oder ihre schauspielerischen Talente darbieten. Dazu kamen Gespräche mit Produzenten und anderen Fachleuten aus der Branche. Alle Fachleute mussten wir natürlich erst einmal bezahlen.

Aber darum ging es auch gar nicht. Das Ziel war , Talente zu entdecken, zu fördern, zum Star zu machen und dann auch zu managen. Nur *ein* wirklich gutes Talent brauchte durchzubrechen und unser Einsatz würde sich bezahlt machen. Deshalb setzten wir alles daran, echte Talente auch wirklich zu fördern und jedem eine Chance zu geben. Dies alles untermauerten wir mit Workshops und professionellen Dozenten aus Musik, Film, Theater und Showbusiness, mit Probeaufnahmen, Vorstellungen und Konzerten.

Mit einem Newsletter, der an alle Produzenten und Entscheidungsträger in Funk-, Film-, TV-, Musik- und Theaterwelt verschickt wurde, und viel zusätzlicher Promotion und Merchandising wurden unsere jungen Talente bekannt gemacht, und so mancher bekam schon das ein oder andere Engagement. Schon 1996, als das Internet noch lange nicht so populär war, konnten Produzenten und Künstlermanager unsere Talente aus der über 1.200 Personen umfassenden Datenbank abrufen. Unsere Castings wurden zu richtigen Happenings, auf denen sich auch bekannte Produzenten aus Funk, Film, Fernsehen und Musikbranche die Hand gaben.

Wir boten unser gesamtes Konzept als TV-Show auch TV-Sendern und Produzenten an, worauf der holländische TV-Sender Veronica ein Special über uns sendete.

Schon bald zeigte sich, dass wir uns vergrößern mussten, um den Zulauf, den wir an manchen Wochenenden zu unseren Probeaufnahmen hatten, überhaupt noch verarbeiten zu können.

Ein guter Freund von Michael namens Ton, der auf dem Weg nach Texel, wenn wir unsere Eltern besuchen wollten, eine sehr gut laufende Kneipe führte, schien sich auch zu freuen, dass wir, vor allem

Michael, wieder »back in Business« waren. Spontan legte er 20.000 Gulden auf den Tisch, als er von unseren Aktivitäten hörte, und bat uns, in unser Geschäft einsteigen zu dürfen. Zuerst wollten wir sein Geld gar nicht annehmen, aber schließlich überzeugte er uns mit seiner positiven Einstellung, sodass wir zusagten. Heute ist er unser wichtigster Partner, Freund und Finanzier geworden, ohne den wir es nie so weit hätten schaffen können. Ton kannte Michael noch aus »guten Zeiten« und zusammen hatten sie so manchen Streifzug durch das holländische Nachtleben gemacht. Von Natur aus ein Spielertyp war er felsenfest davon überzeugt, dass wir es wieder schaffen würden – denn wer einmal Erfolg hatte, würde das auch wiederholen können.

Medien, Radio und Fernsehen berichteten über unsere Initiative und dann tauchten auch sehr schnell wieder die »Geier« auf, wie ich sie heute nenne.

Denn wie sich erst später herausstellen sollte, war Michael kurz nach dem Zusammenbruch seiner Firma einer berüchtigten Bande von Betrügern auf den Leim gegangen, die kein anderes Ziel hatten, als eine Firma, die sich in Schwierigkeiten befand, auch noch ihrer letzten finanziellen Mittel zu berauben. Als sie merkten, dass von Michael nichts zu holen war, sah man sie nicht mehr. Aber jetzt, wo es wieder bergauf ging, kamen sie aus ihren Löchern zurück. Jedes Mal, wenn ich die Herren sah, die sich als Finanziers ausgaben und mit teuren Autos vorfuhren, bekam ich ein unheimliches Gefühl, was von Michael aber nur mit »meiner Naivität« und »Blödsinn« abgetan wurde. Später sollten wir beide noch einmal bereuen, nicht auf mein immer bewährtes warnendes Vorgefühl gehört zu haben.

气

Back to Basic

Inzwischen hatte der Pharmakonzern, mit dem Michaels frühere Firma einen weltweiten Lizenzvertrag für Claire Fisher hatte, diesen gekündigt. Damit fielen alle Rechte wieder an uns zurück und ich war bereit, diesen Faden wieder aufzugreifen.

»Back to Basic« hieß mein neues Konzept für Produkte, die ich wieder einmal selbst entwickelt hatte und zunächst über einen Internetshop vertreiben wollte. Dazu sollten auch schon spirituelle Produkte, wie Räucherwerk und Duftöle, kommen, sowie eine neue Kosmetikserie mit ätherischen Ölen und Babyprodukte. Das Gesamtkonzept sollte durch einen Kalender mit Tipps zu Gesundheit und Body, sowie Lern-CDs, Videos und eine Milleniumserie abgerundet werden. Da die Marke »Claire Fisher« für Kosmetik in Deutschland ja verkauft war, wir dem neuen Inhaber aber nicht in die Quere kommen wollten, schlug ich dem früheren Lizenzpartner eine Abstimmung und sogar eine Zusammenarbeit für bestimmte Aktivitäten vor.

Er reagierte zunächst sehr positiv, als seinerseits ein Treffen im Amsterdamer Schiphol Hilton vorgeschlagen wurde. Sogar ein Konferenzraum war angemietet, als ich in meinem »besten Zwirn« nach Amsterdam fuhr. Mit der mir eigenen Überzeugung präsentierte ich stolz unsere Pläne und lehnte das Angebot des Pharmariesen, auch die Länder Österreich und Schweiz zu übernehmen, selbstsicher ab. Ich fühlte mich ja noch jung und wollte lieber selbst die Länder außerhalb Deutschlands wieder bearbeiten, auch wenn uns ein Abkauf ein beträchtliches Startkapital eingebracht hätte. Doch unser Freund Ton hatte seine Investitionen in unser kleines, aber aufstrebendes Unternehmen inzwischen beträchtlich erhöht und gab uns soviel Freiraum, dass ich mich sicher fühlte.

Auch wenn ich nicht an einem Verkauf interessiert war, bestätigte der Marketingdirektor der Firma sein Interesse an einer Zusammenarbeit und ich machte mich zuversichtlich auf den Weg nach Hause. Aber es sollte wieder einmal ganz anders kommen, als wir es uns vorgestellt hatten.

Guter Dinge gingen wir an die Entwicklung und Produktion neuer Produkte, die wir im Februar 1997 dann auch erstmals auf unserer Website präsentierten.

Dann wurden uns von einem Gerichtsvollzieher zwei dicke Umschläge zugestellt. Der Inhalt war niederschmetternd. Die Umschläge enthielten eine viele Seiten umfassende einstweilige Verfügung, in der der Pharmakonzern uns verbot, den Namen »Claire Fisher« und ganz besonders bestimmte Aussagen zu benutzen. So regte man sich am meisten darüber auf, dass auf unserer Website stand, Claire habe »in den 80er Jahren deutsche Frauen mit der Entwicklung einer Naturkosmetikserie glücklich gemacht«.

Es sollte noch schlimmer kommen: Ich hatte eine Fernsehsendung von Margarethe Schreinemakers gesehen, in der das wunderschöne türkische Mädchen Nilgün vorgestellt wurde. Die konnte wegen ihrer Behinderung – sie war an den Rollstuhl gefesselt – keinen Job als Fotomodell bekommen. Als ich sie sah, ergriff ich sofort die Initiative und bot ihr noch während der Sendung einen Job an. Sie sollte das Gesicht für meinen neuen Duft »Der Duft für starke Frauen« werden. Diese Essenz war speziell für mich und mit von mir ausgesuchten ätherischen Ölen – unter anderem Lotusblüte – von einem französischen Parfumeur entwickelt worden. Der Duft sollte in Zukunft vor allem in Räucherwerk, ätherischen Ölen und auch einigen Kosmetikprodukten verarbeitet werden, und auch unser früherer Lizenzpartner hätte diese wunderbar riechende und energiespendende Rezeptur von uns in Deutschland verwerten können. Stattdessen ging die Firma aber gleich zum Angriff über.

Natürlich hatten sie auch die zweite Sendung, zu der Frau Schreinemakers die überglückliche Nilgün und mich eingeladen hatte, gesehen, aufgenommen und gegen uns verwendet.

Ein Prozess folgte dem anderen, wobei der Pharmakonzern vor allem ein undurchsichtiges Gebilde von Firmen und Tochtergesellschaften auffuhr, sodass wir meistens die Falschen verklagten, wenn wir einmal an der Reihe waren. Außerdem wurden wir von einem Gerichtstand zum anderen gejagt, wohl in der Hoffnung, uns langsam, aber sicher finanziell auszubluten, was ihnen auch fast geglückt wäre.

Und damit nicht genug: Mit der bedrohlichen Ankündigung, die Geschäftsverbindung aufzukündigen, falls man uns ein Angebot machen sollte, sorgten sie dafür, dass immer weniger Lieferanten zu einer Zusammenarbeit bereit waren.

Auch wenn ich gar nicht vorhatte, die bestehenden Rezepturen der Firma Taylor, einer Tochtergesellschaft des Pfizer Konzerns, für Kosmetik zu nutzen, da diese schon lange nicht mehr meinem ursprünglichem Anspruch an eine nicht an Tieren getestete Naturkosmetik entsprachen, wird wohl jedem Leser deutlich sein, dass beispielsweise Cosmara, einer unserer Lieferanten, angesichts dieser bedrohlichen Ankündigung sofort jeden Kontakt zu mir abbrach, als ob ich Lepra hätte.

Das Ergebnis war, dass wir über Jahre hinweg kein einziges Produkt herstellen und damit auch nichts verkaufen konnten. Das wiederum hatte zur Folge, dass die uns verbleibenden Warenzeichen in aller Welt wegen Nichtnutzung langsam verfielen und der Pharmariese diese Tatsache nutzte, selbst Warenzeichenanmeldungen durchzuführen. Ein schlauer Zug – so brauchten sie nur zu warten und dann zuzuschlagen. Auf diese Weise konnten sie schließlich teure Lizenzen umgehen. Und Ideen für neue Produkte hatten sie von mir ja zur Genüge präsentiert bekommen.

Taylor Kosmetik GmbH
Postfach 4949 · Pfizerstraße 1
76032 Karlsruhe · 76139 Karlsruhe
Telefon (0721) 6101-04 · Telefax (0721) 6101-436
Telex 7825624

Pfizer

Taylor Kosmetik GmbH
ein Unternehmen der Pfizer-Gruppe
Telefax: (0721) 6101-411

Vorab per Fax: 0031 33 633314

0 3 SEP. 1996

Cosmara B.V.
z.H. Herrn Dr. Klerkx
Nijversheidsweg Noord 74

Seit 82 arbeite ich mit Cosmara habe diese firma mit genommen nach Deutsch[land]

Confirmation Copy

NL-3812 PM Amersfoort
Niederlande

Karlsruhe, den 29.08.1996
R/Rau/ae

Claire Fisher

Sehr geehrter Herr Dr. Klerkx,

Frau Antoinette van Rossum, die unter dem Namen Claire Fisher beruflich tätig ist, hat uns ihre Absicht mitgeteilt, in einigen Ländern den Vertrieb der Claire Fisher-Kosmetikprodukte aufzunehmen. Sie hat uns weiter mitgeteilt, daß sie bereits mit Ihrer Firma Kontakt aufgenommen und die Möglichkeit der Belieferung mit Kosmetikprodukten angesprochen hat. Soweit uns bekannt ist, soll am 05.09.1996 ein weiteres Gespräch zwischen Ihrer Firma Cosmara und Frau van Rossum stattfinden.

Ohne die Vertriebsabsichten von Frau van Rossum hier bewerten zu wollen, möchten wir darauf hinweisen, daß wir mit Nachdruck auf der Einhaltung des Vertrages zwischen Ihrer Firma und uns bestehen werden. Wir sind insbesondere nicht bereit, von dem exklusiven Charakter der Herstellung der Kosmetikprodukte für Taylor abzuweichen. Ebenso ist zu betonen, daß die Rezepturen für die Kosmetikprodukte allein unserer Firma Taylor zustehen, weshalb deren Verwendung für andere potentielle Kunden von Cosmara nicht in Frage kommt.

Wir bitten Sie dringend, diesen Standpunkt bei Ihren Gesprächen mit Frau van Rossum zu berücksichtigen, damit keine Hindernisse für unsere weitere gute Zusammenarbeit entstehen.

Mit freundlichen Grüßen

TAYLOR KOSMETIK GMBH
- Rechtsabteilung -

ppa. i.V.

G. Steinel C. Raupach

Auslieferung/Buchhaltung: Postfach 2064 · 89252 Illertissen · Telefon (07303) 12-300 · Telefax (07303) 12-387 · Telex 719110
Geschäftsführer: Werner D. Soukup Registergericht: Amtsgericht Karlsruhe HRB 4989
Banken: Sparkasse Karlsruhe (BLZ 66050101) 9728320 · Postbank Karlsruhe (BLZ 66010075) 279995-751

Diesen Brief sandte die Fa. Taylor Kosmetik (eine Tochtergesellschaft des Pfizer Konzerns) am 29. August 1996 an den holländischen Hersteller der Claire Fisher Produkte.

Ein fast aussichtsloser Kampf »David gegen Goliath« hatte begonnnen, den der Pharmakonzern auch fast gewonnen hätte, nur hatten sie nicht mit meinem Durchhaltevermögen und meinem Chi gerechnet. Denn mein Chi muss es wohl gewesen sein, das unseren guten Freund Ton dazu brachte, weiter an uns zu glauben und fast sein ganzes Vermögen, welches er im Laufe seiner Jahre als erfolgreicher Kneipenwirt verdient hatte, auf uns zu setzen.

Ton ist ein außergewöhnlicher Mensch. Nicht ein Mal hat er gefragt, wozu und wieso, und bis heute hat er seine Geduld und sein Vertrauen in uns nicht aufgegeben. Es wird ihm gelohnt werden. Kein Stück Papier und kein Vertrag dieser Welt kann unsere Verbindung sowohl freundschaftlich als auch geschäftlich besser verbinden als unser gemeinsames Chi.

气

Unter Geiern

Um einen Teil des Folgenden verständlich zu machen, muss ich einen kleinen zeitlichen Sprung zurück machen: Kurz nachdem Michael damals von Texel nach Baarn umgezogen war und seine Probleme mit der Bank begonnen hatten, hatte er sich auf eine Anzeige im Telegraaf an eine Gesellschaft gewandt, die »Unternehmern in Not« Hilfe versprach: Auch Verluste wären kein Problem und Schulden sollten saniert werden.

Zu ihrem ersten Treffen erschien ein gesetzter Herr im Mercedes 300, in den Niederlanden immerhin ein Symbol von gehobenem Status. Zigarre paffend und Michael durch seine Lesebrille musternd, legte er ihm auf einer Raststätte überzeugende Pläne vor, wie seine Firma doch noch zu retten sei. Er kenne genügend Leute mit Kapital und wenn Michael ihm einen Vorschuss von ein paar tausend Gulden für die Ausarbeitung eines überzeugenden Businessplans und seine Reisekosten zahlen würde, wäre es überhaupt kein Problem, seine Aktiva zu verwerten und einen Neuanfang zu machen.

Der Lebenslauf des seriös auftretenden Herrn, den Michael sogar noch selbst nachgecheckt hatte, und seine Vergangenheit als Geschäftsführer einer holländischen Großbank gaben Michael genügend Vertrauen, endlich einen Fachmann gefunden zu haben, der seine Probleme erkannte und ihm helfen würde.

Die Realität aber sollte ganz anders aussehen. Tatsächlich brachte er Michael nach einiger Zeit und vielen tausend Gulden Honorar und Kostennachzahlung mit zwei so genannten »Investoren« zusammen. Die empfingen ihn sogar auf einem feudalen Landgut. Der eine der beiden fuhr einen teuren Jaguar und war ein ehemaliger

Bauunternehmer, der andere hatte sein Geld angeblich im Blumenexport verdient und kam im neuesten Topmodell von Cadillac. Daraufhin hörte Michael nicht auf sein Gefühl, sondern klammerte sich an diesen für ihn scheinbar letzten Strohhalm und glaubte den beiden »Firmensanierern«.

Alle möglichen Verträge wurden unterschrieben, und ein Anwalt aus der renommierten holländischen Kanzlei Derks, Star & Busman in Utrecht gab sich als neutraler Rechtsberater der Herren aus. Schon deshalb schien für Michael alles in Ordnung zu sein. Schade, dass ich nicht mit dabei war, denn mein Vorgefühl hätte mich bestimmt nicht getrogen. So aber ahnte Michael nicht im Entferntesten, was da auf uns zukommen würde.

气

Von der Waffen- zur Talentschmiede

»StarMakers« in Holland lief sehr gut an, zumindest was den Zulauf neuer Talente betraf. Bisher hatten wir noch keinen Cent verdienen können und konnten auch kaum unsere Kosten decken, weshalb wir versuchen wollten, unseren Marktbereich auf Deutschland auszuweiten.

So gingen Michael und ich in seine Heimatstadt Düsseldorf und suchten nach einem geeigneten Platz für unser Vorhaben. Zuvor hatten wir ein paar Testanzeigen inseriert und führten nun Probeaufnahmen in dafür eigens angemieteten Fotostudios durch. Der Zulauf war noch weit größer, als von uns erwartet.

Schon kurz nachdem wir in Düsseldorf angekommen waren, wurde uns von einem der größten Immobilienmakler am Ort ein außergewöhnliches Objekt angeboten: das stillgelegte Rheinmetallgelände. Man zeigte uns eine fast 25.000 Quadratmeter große Halle, die Halle 23. Obwohl für unsere Bedürfnisse viel zu groß, entfachte dieses beeindruckende Projekt unsere Kreativität, denn es bot phantastische Möglichkeiten, hier ein Multimedia-Zentrum zu errichten. Die Halle bot Platz für alle möglichen Firmen im Showbusiness, Studios, Proberäume, kleine Räume für Firmengründer, ein Café, sowie ein großes TV-Studio, in dem auch die StarMakers-Talentshow produziert werden konnte. Auch gab es genügend Platz für Künstlerpartys und Messen sowie für ein Theater, in dem auch Veranstaltungen stattfinden könnten. Ein idealer Ort, dessen Herzstück StarMakers werden sollte, eine Talentschmiede, in der junge Talente aus den Bereichen Musik, Theater, Film, Fernsehen, Werbung und Kunst sowie Fotomodelle eine reelle Chance bekommen und alles, was sie dafür brauchten, unter einem Dach finden sollten.

Michael erarbeitete ein professionelles Marketingkonzept und schaltete professionelle Wirtschaftsberater ein, um einen Finanzierungsplan zu erstellen. Dabei war unsere Zielsetzung, vornehmlich die Initiative und unser eigenes Konzept »StarMakers« zu verwirklichen, während alle anderen Räumlichkeiten und Angebote durch Pächter und Sponsoren umgesetzt werden sollten.

Im Jahr 2000 sollte die Halle dann mit dem »Millennium Talent Award« eröffnet werden, auf dem die besten Talente aus dem »StarMakers-Pool« verschiedener Länder ausgewählt werden sollten. Dafür hatte ich bereits Ivana Trump, die Exfrau von Donald Trump und Society-Königin von New York, motivieren können, die Eröffnungs-Gala zu präsentieren. Ich fand schon immer, dass diese Frau die richtige Ausstrahlung hat, ein festliches Programm im TV zu präsentieren.

Unser Konzept beeindruckte alle Beteiligten, vor allem die Direktion der Rheinmetall AG, so sehr, dass man uns anbot, doch schon mal im Kleinen anzufangen, da man nicht auf das Großprojekt warten wolle, für dessen Realisation wir mindestens anderthalb Jahre geplant hatten.

So bot man uns das »Weiße Haus«, das der Halle 23 gegenüber gelegene, ehemalige Büro- und Empfangsgebäude an. Bis zur Fertigstellung der Halle sollten wir dieses mietfrei nutzen können. Obwohl wir die Herren der Direktion Rheinmetall darauf aufmerksam machten, dass wir kaum über genügend eigenes Kapital verfügten, wussten sie uns schnell zu überzeugen, das Projekt in Angriff zu nehmen. Sie führten mich bei der Direktion der Stadtsparkasse Düsseldorf ein, die schnell und ohne Probleme einen Kredit in Höhe von 120.000 Mark zur Verfügung stellte. Ich brauchte nur rechts unten zu unterschreiben, die Landesbürgschaft war bereits vorbereitet und zugesagt.

Obwohl sich wieder ein ungutes Gefühl in meinem Bauch breit machte, ließ ich mich vom Enthusiasmus aller Beteiligten anstecken. Wir kratzten unser gesamtes Gespartes zusammen und unser Freund und Gönner Ton stockte unser Kapital noch weiter auf.

Unser eigentliches Ziel, nämlich die Verwirklichung der Halle 23, hatte ich dabei noch nicht aus den Augen verloren, und auch Michaels holländische Finanziers und Firmensanierer hielten immer noch ihre Versprechungen aufrecht. Für seine eigene Firma hatte er bisher noch keinen einzigen Pfennig von ihnen erhalten, aber die Wahrheit wollte er immer noch nicht sehen.

Wahrscheinlich war Michael zu dem Zeitpunkt noch gar nicht aus seiner Apathie, die ihn seit dem Tod von Mike ergriffen hatte, erwacht. So jedenfalls erklären wir uns heute sein damaliges Verhalten, denn er ließ zu oft Dinge einfach geschehen, die er eigentlich nicht als richtig empfand. Irgendwie lief alles noch ein bisschen an ihm vorbei.

Michaels Freund Müller, der zu diesem Zeitpunkt noch eine Führungsposition bei einer holländischen Werbefirma inne hatte, kümmerte sich um Kontakte mit Sponsoren. Heineken und Coca Cola, die später Millionenbeträge in die entstandenen TV-Shows »Idols«, »Pop Stars«, »Deutschland sucht den Superstar« und wie sie alle hießen, investieren sollten, sponserten gerade mal ein paar tausend Mark und ein paar Kühlschränke. Nur die Düsseldorfer Brauerei Frankenheim glaubte wirklich an unser Konzept und bezahlte sogar die gesamte Caféeinrichtung. Sie waren die einzigen, die mich nach dem späteren Zusammenbruch in Ruhe gelassen haben und wohl auch die einzigen, die verstanden hatten, was da passiert war.

Im Frühjahr 1998 war es dann soweit. Mit vereinten Kräften, unserem mageren Startkapital und vielen Improvisationen zauberten wir aus dem ehemaligen Büro- und Archivgebäude der Waffenfabrik das Modell des Multimedia-Zentrums, so wie es dann später in Halle 23 entstehen sollte.

In der ersten Etage befanden sich verschiedene Firmen und Firmengründer aus Showbusiness und Multimedia, weiterhin ein multifunktionelles Foto- und Filmstudio. Im Untergeschoss waren verschiedene Proberäume und Aufnahmestudios und im Parterre befand sich das Herzstück mit einem fast 800 Personen fassenden

Theater- und Veranstaltungssaal und dem StarMakers-Café, in dem sich jeden Abend junge Künstler dem Publikum vorstellen konnten.

气

Claire sucht den Superstar

Der eigentliche Startschuss wurde am 14. März 1998 um 21:00 Uhr »abgefeuert«, als mit dröhnendem Getöse und einem Feuerwerkspektakel die »Mauer« fiel, die wir, nachdem wir sie erst mit Bulldozern einreißen ließen, aus Pappmaché wieder hatten aufbauen lassen.

Über fünfzig Jahre lang hatte eine dicke Stahlbetonmauer die Fabrikhallen der Rheinmetall AG im Düsseldorfer Stadtviertel Derendorf abgeschirmt, in denen früher Bomben und Sprengstoffe hergestellt wurden und aus denen sogar Düsseldorfer Juden in die Konzentrationslager abtransportiert wurden. Nur die alten Eisenbahnschienen in der benachbarten Halle 23 und eine kaum noch lesbare Gedenktafel, die auf der Mauer ein paar hundert Meter weiter angebracht war, erinnerten noch an die schauerliche Vergangenheit dieses inzwischen wieder respektablen Großunternehmens. Noch heute stellt die Rheinmetall AG Waffen her, unter anderem den deutschen Exportschlager, den Panzer »Leopard«.

An diesem Abend aber hing eine ganz andere Atmosphäre über dem Haupteingang zu der alten Waffenschmiede. Es regnete und tiefe Wolken und Nebel zogen über das Gelände. Der Hubschrauberpilot, der hinter dem »Weißen Haus« auf den Start wartete, wurde immer ungeduldiger, denn es hatte schon genügend Schwierigkeiten bereitet, überhaupt eine Genehmigung zu bekommen. Auch Rheinmetall war nicht gerade angetan von der Idee, ihre Mauer einreißen zu lassen und einen Hubschrauber im Tiefflug über ihr Gelände fliegen zu sehen. Aber mein »Chi« siegte mal wieder und so überwand ich sämtliche Widerstände mit behördlichen Sondergenehmigungen.

Erst eine Woche zuvor hatte ich das Programm einer Event-Agentur vollständig umgeworfen. Mir lag es sehr am Herzen, diesen Moment in eigener Regie zu führen.

Fast widerwillig waren die bereits eingetrudelten Gäste, bestehend aus Vertretern von Funk, Film und Fernsehen sowie die dazu gehörige Düsseldorfer Schickeria, nach dem Begrüßungscocktail wieder nach draußen gegangen und warteten vor dem Haupteingang, der von Rheinmetall Sicherheitsbeamten strengstens bewacht wurde. Draußen hatten sich trotz des Regens Hunderte von Zuschauern und Vertreter der Lokalpresse versammelt.

Alle Lichter gingen aus und ein Scheinwerfer erfasste die gerade mal sechzehn Jahre alte Siggi, die in einem Kran über dem Publikum heranschwebte. Mit einem gehäkelten Ballkleid von mir und einem Blumenkranz aus Hippiezeiten bestückt, brachte sie mit ihrer »Janis Joplin«-Stimme den Anbruch des neuen Wassermann-Zeitalters, jenen Song »Aquarius« aus dem Musical »Hair«, voll zur Geltung. Es war gar nicht so einfach gewesen, dem noch so jungen Talent, das eine ganz andere Musikrichtung liebte, das Gefühl der 60er Jahre aus diesem Musical zu vermitteln. Nahtlos wechselte der Spot zum Dach des »Weißen Hauses«, auf dem eine andere junge Dame mit toller Stimme das Lied von John Miles »Music was my first love« über Düsseldorf-Derendorf erschallen ließ.

Ich hatte dieses Lied gewählt, um zu verdeutlichen, dass ein neues Zeitalter angebrochen war und dass alles, was auf diesem Gelände und in dieser Straße einst geschehen war, Vergangenheit war und dieses Gelände sehr gut wusste, wo jetzt die Liebe her kam.

Als die gewaltigen Klänge des Orchesters auf dem Höhepunkt des Liedes einsetzten, stieg der Hubschrauber hinter dem Haus auf, um im Tiefflug symbolisch die Mauer aus Pappmaché zu zerstören. Durch die Mauer trat ein weiteres StarMakers-Mitglied, der Holländer Alex, hervor und sang das Lied: »This is the moment« aus dem Musical »Jekyll and Hyde«. Dies sollte ein Symbol dafür sein, dass es für dieses Gelände nun kein Zurück mehr gab und die Musik im Vordergrund stand.

Noch heute bekomme ich eine Gänsehaut bei der Schilderung dieses Ereignisses und ich glaube, vielen Gästen ging es ähnlich wie mir. Damals wusste ich nicht, was das Lied »Aquarius« bedeutete, und auch noch nicht, was wir damit in Bewegung gesetzt hatten.

Bezeichnend ist aber, dass nun auch ein holländisches Klatschblatt das Lied »This is the Moment« im Zusammenhang mit der Sendung »Idols«, dem holländischen »Deutschland sucht den Superstar«, als fette Überschrift wählte.

Showbusiness aus der alten Fabrik

Talentschmiede im „Weißen Haus"

Von STEPHANIE HAJDAMOWICZ

Derendorf. Mit dem Regierungsitz in Washington hat das „Weiße Haus" auf dem Rheinmetallgelände an der Rather Straße nichts zu tun. Obwohl dort auch die schauspielerischen Talente ins rechte Licht gerückt werden. Claire Fisher, Ex-Model und Gründerin einer Naturkosmetikserie, hatte die Idee. Mitte März wird das Kultur-Haus eröffnet.

Ex-Model Claire: Starschule in alter Fabrik

Sie war Model, spielte an der Seite von US-Star **Kevin Costner** in **Oliver Stones** Erfolgsfilm „John F. Kennedy", ist Chefin einer erfolgreichen Naturkosmetik-Kette, die ihren Namen trägt – jetzt will die Holländerin **Claire Fisher** (35) jungen Talenten aus Düsseldorf auf „faire und ehrliche Weise" den Weg zum Erfolg im Showgeschäft ebnen. Unterstützt … liers und das Star-Maker-Cafe." Ziel (außer natür-

Von StarMakers zu den Musterknaben

Ellen ten Damme

Wer ist die schönste Düsseldorferin?

Düsseldorf EXPRESS

PLAYBOY

Die Heilerin

Ein Stone zeigt seine Bilder

Ron Wood und Sebastian Krüger stellen zusammen ihre Bilder im WEISSEN HAUS aus

StarMakers Newsletter

Viele Zeitungen berichteten über Starmakers

Die tolle Atmosphäre, die schon während der Eröffnung zu spüren war, setzte sich auch eine Zeitlang weiter fort. Regelmäßig fanden spontane Musikersessions statt und neue, viel versprechende Talente traten in unserem Café und im Veranstaltungssaal auf.

Schnell wurden auch die anderen Hallen und Räume vermietet und in der Halle 23 große Partys organisiert. Auch ein Mitarbeiter von »John de Mol Productions« buchte ein großes Event in der benachbarten Halle, nachdem wir ihm im »Weißen Haus« alles gezeigt und ihn darauf heiß gemacht hatten.

Selbst die TV-Messe, die normalerweise in Frankfurt stattfand, und auf der alle wichtigen TV-Produzenten neue Fernsehsendungen vorstellten oder einkauften, wurde von uns in die Halle 23 gezogen. Die Mieteinahmen und das Catering gingen aber leider an uns vorbei, und zwar in die Taschen der Rheinmetall AG und anderer Betriebe.

Ja, wir hatten mal wieder wirklich viel in Bewegung gesetzt, seit wir das Ganze in Michaels kleiner Wohnung in s'Graveland begonnen hatten.

Auditions und Auftritte bei StarMakers sorgten immer für viel Publikum

气

Das Ende – ein weiterer Stoß in unserem Schicksalsbillard

Trotz aller anfänglichen Euphorie holte uns die harte Wirklichkeit wieder langsam aber sicher ein. So hatten wir immer noch keinen Pächter für das StarMakers-Café gefunden und ich wurde nunmehr auch noch mit der Führung eines gastronomischen Betriebs belastet, etwas, das keiner von uns jemals richtig gelernt hatte. Schnell zeigte sich, dass es doch etwas ganz anderes war, ob man bei einer Party hinter oder vor der Bar steht. Schon lang hatten wir unser Appartement aufgegeben und mit einem notdürftig zur Schlafstätte umgerüsteten, leer stehenden Büro vertauscht, denn wir waren immer die Letzten am Morgen, die den Bruch und den Abfall der tollen und meist bis in die frühen Morgenstunden währenden Veranstaltungen aufräumen durften.

Unsere »Freunde«, die den ganzen Abend gratis Getränke genossen, hatten sich schon längst fröhlich nach Hause fahren lassen. Umso größer war auch noch das Unverständnis, als wir etwas später um Hilfe baten und die Freigetränke einschränken mussten. Unsere Wirtschaftsberater hatten uns nämlich darauf aufmerksam gemacht, dass Diebstahl, Schwund und Bruch Überhand genommen hatten und wir auf diese Weise niemals kostendeckend arbeiten könnten.

Als wir ein halbes Jahr später zum ersten Mal Untermiete kassieren wollten, nahm das Unheil seinen endgültigen Lauf. Keiner unserer Untermieter wollte oder konnte Miete bezahlen, und die Ausreden dafür waren reif für ein Märchenbuch. Die Rheinmetall AG aber bestand unerbittlich auf der vertraglich abgesprochenen Mietzahlung in Höhe von fast 18.000 Mark pro Monat plus Nebenkosten, die eigentlich erst hätten gezahlt werden sollen, falls wir die große Halle 23 nicht anmieten würden. Obwohl wir die Option ausgesprochen hatten, wollte Rheinmetall aber nichts mehr davon wissen. Unser Gespartes und die Kredite waren schnell aufgebraucht und die Veranstaltungen und das Café fuhren mehr Verluste als Gewinn ein.

In meiner Verzweiflung wandte sich Michael wieder an seine holländischen »Finanziers«, die zwar bis zu dem Zeitpunkt noch nicht einen Pfennig investiert hatten, uns aber stets mit neuen Versprechungen und gut klingenden Namen bei der Stange hielten. Selbstverständlich hatten sie sofort eine Lösung für unser Gastronomie-Problem zur Hand. Die kam in Form eines Jugoslawen, der einem Mafia-Film hätte entsprungen sein können, und eines kleinen dicken Holländers, der mich mehr an einen Marktschreier erinnerte als an einen seriösen Geschäftsmann.

Meine böse Vorahnung hatte mich nicht getäuscht: Statt zu helfen, räumten die beiden Herren auch noch die letzten Umsätze ab. Lieferanten und Mitarbeiter, die noch Geld zu fordern hatten, wurden bedroht, bis ich den Herren kündigte.

Die Reaktion ließ nicht lange auf sich warten. Eines Abends erschienen die beiden »Geschäftsführer« mit sechs düster wirkenden Osteuropäern im Schlepptau. Unmissverständlich wurden unsere Mitarbeiter in Schach gehalten, Michael wurden Hausschlüssel und Brille abgenommen, und er wurde ins Nebenzimmer geführt, wo einer der Typen mit einer Pistole unter seiner Nase herumfuchtelte.

Mir wurde ein Vertrag unter die Nase gehalten, mit dem ich Abstand von meinem Künstlernamen und meinen Rechten an »Claire Fisher« nehmen sollte. Obwohl ich Angst hatte, zeigte ich mich wenig beeindruckt und fing an, »Russisch nachzuahmen« und sehr betont meine Lippen mit Lippenstift nachzuziehen.

Mit viel Überredungskunst gelang es Michael, den Drahtzieher dieser Erpressung ans Telefon zu bekommen, einen seiner »Finanziers« aus Holland, und etwas Zeit herauszuschinden.

Das genügte zunächst: Anscheinend hatte ein anderer Mitarbeiter, den die Herrschaften wohl übersehen hatten, gemerkt, dass in unserem Büro etwas faul war. Plötzlich verschwand die gesamte Sippschaft wieder so schnell, wie sie gekommen war. Wenige Minuten später rückte ein Überfallkommando der Polizei an, die Bande aber hatte schnell das Weite gesucht.

Trotz Polizeiüberwachung und Leibwächtern, die die nächsten vierzehn Tage vor unserem Wohnbüro wachten, hörten die Drohanrufe zunächst nicht auf. Schon längst hatten wir den Spaß an der zermürbenden Arbeit verloren, da auch die letzten Ratten das sinkende Schiff verließen und der finanzielle Zusammenbruch nur noch eine Frage der Zeit war. Ich wollte aber nicht aufgeben, obwohl ich schon lange mit den Nerven am Ende war. Mir allein wurde der »Schwarze Peter« für das Misslingen dieses anfangs so viel versprechenden Projektes in die Schuhe geschoben. Die Räumungsklage der Rheinmetall AG setzte meinem Kampf um ein Fortbestehen des »Weißen Hauses« ein schnelles Ende. Scheinbar hatte Rheinmetall auch einfach vergessen, dass das gesamte Gelände über fünf Jahre leer gestanden hatte und dann durch unsere Aktivitäten innerhalb von sechs Monaten fast vollständig vermietet worden war. Aber Business ist Business, und von Hilfe und Unterstützung war keine Rede mehr.

Vollkommen desillusioniert und ausgebrannt kehrten wir nach Texel zurück, wo wir zunächst bei Michaels Schwiegersohn ein Dach über dem Kopf fanden. Doch damit noch nicht genug.

Uns traf fast der Schlag, als ENDEMOL im holländischen Fernsehen kaum ein Jahr später mit der Talentshow »Starmaker« kam, einer fast exakten Kopie unserer Idee und unseres TV-Formats, wie wir sie bereits allen wichtigen Fernsehproduzenten, darunter natürlich auch ENDEMOL und RTL, angeboten hatten. Schon wieder hatten wir etwas in Bewegung gebracht und andere ernteten die Lorbeeren.

Kurz nach Einreichung unserer Schadenersatzklage änderte ENDEMOL wohlweislich Namen und Details und verkaufte unser Konzept weltweit. Nach unserer Berechnung hat ENDEMOL fast eine halbe Milliarde Mark an unserer Idee verdient. Andere Fernsehsender folgten und heute kann man kaum einen Fernsehsender einschalten, auf dem nicht eine mehr oder weniger ähnliche Variante unserer Idee zu sehen ist. »Deutschland sucht den Superstar«, »Star Academy«, »Idols«, »Fame Academy« und »Pop Stars« sind nur einige der Namen, unter denen unsere TV-Idee inzwischen weltweit mit Erfolg ausgestrahlt wurde. Das war auch nicht so schwierig, denn jeder, der in der Fernsehwelt etwas bedeutete, hatte unser Konzept während der TV-Messe in Aktion sehen können.

»Aber zumindest war auf unsere Kosten ein Erfolg zu verbuchen: Durch unsere Idee war schließlich so manchem Jungtalent der Weg zum Erfolg geebnet worden, auch wenn die eigentlichen Interessen der Programmmacher irgendwo anders liegen dürften, als bei der wirklichen Betreuung und Förderung von Talenten«, bemerkte Michael mit einem gequälten Lächeln nach meiner Schilderung dieses »Abenteuers«. Dann setzte ich fort:

»Vor uns aber lag wieder ein langer steiniger Weg, ein weiterer Kampf ›David gegen Goliath‹, um unser Recht geltend zu machen.

Die holländischen Zeitungen berichteten später noch über die Erpresserbande, der wir in die Arme gelaufen waren. Wir waren nicht die einzigen Opfer. In Deutschland wurden einige Mitglieder gefasst und hinter Gitter gebracht. Der Drahtzieher aber, der als Polizeispitzel einen Deal geschlossen hatte, lebt jetzt auf den Niederländischen Antillen und treibt unter verschiedenen Firmen und Deckmänteln weiter sein Unwesen.

Und jetzt haben wir wirklich alles erzählt«, schloss ich mit einem müden, an Oliver gerichteten Lächeln.

气

Claire's Chi

Wie Chi das Schicksal beeinflussen kann

»Da kannst du mal wieder sehen, welchen Einfluss ›Claire's Chi‹ auf den Verlauf eures Schicksals hatte«, hob Oliver zu einer Erklärung an, meine Abschlussbemerkung geflissentlich überhörend. »Stellt euch nur einmal vor, ›StarMakers‹ oder ›Das Weiße Haus‹ hätten so funktioniert, wie von euch geplant. Du, Claire, wärst wieder in deinem alten Job als Künstler- bzw. Talentmanager, und du, Michael, wärst wieder in dem Leben, das du gerade NICHT mehr wolltest: Dem Jetset-Leben eines Marketing-Managers. Wenn ich euch so zuhöre, bestand euer Leben in Düsseldorf nur aus Stress für und wegen anderen.

Jetzt aber sitzt ihr hier in einem wunderschönen Garten und philosophiert mit uns über das Leben und Spiritualität. Und ich habe da so eine Idee, von der ich schon heute weiß, dass sie mehr eurer Berufung entspricht und der im Endeffekt mehr Freude und persönlicher Erfolg beschieden sein wird.

Andererseits ist ja noch gar nicht endgültig entschieden, wie die Sache für euch ausgeht. Ihr führt einen gewaltigen Schadenersatzprozess gegen Endemol, bei dem es um viele Millionen geht und vielleicht noch mehr. Die Aussichten sind gut, selbst wenn es nur zu einem Vergleich kommen würde. Das Geld, das ihr möglicherweise bekommt, ist vielleicht sogar mehr, als ihr selbst jemals mit eurem eigenen Projekt hättet verdienen können. Und dieses Geld könntet ihr dann vielleicht sogar dafür einsetzen, euer eigentliches Ziel – ich erinnere an eure Stiftung und an den Gedanken eines spirituellen Magazins – zu verwirklichen.«

Oliver bekam wieder diesen leicht verklärten Blick nach oben, wenn er etwas sagte, was ihm, wie es mir schien, eher eingegeben wurde, als dass es von ihm selbst kam. Er setzte fort: »Ich weiß es ja nicht genau. Aber mir scheint genau *das*, was ihr als Gegenschlag oder etwas Negatives bezeichnet, tatsächlich eher eine Art Leuchtfeuer auf eurem Weg zu sein. Claire hatte die Weitsicht, eine Initiative zu entwickeln. Und wie sich ja bereits im Fernsehen und in anderen Medien gezeigt hat, sah sie damals, dass es notwendig war, ein großes Förderprogramm für junge Talente auf die Beine zu stellen. Ihr ideelles Ziel hat sie ja sogar erreicht, wenn ihr auch noch nicht direkt davon profitieren konntet. Im Gegenteil, derzeit scheint es, als ob ihr schwer dafür bezahlen musstet. Entschieden ist aber noch gar nichts. Und euer Lohn wird sicherlich noch folgen. Einmal angekommen am Leuchtfeuer, wies euch dies aber noch nicht den Weg in den Hafen, denn ›StarMakers‹ sollte ja noch gar nicht euer ›Hafen‹ sein, um einen Vergleich aus der Seemannssprache von Claires Vater zu ziehen.«

So komplex hatten wir die Situation noch nie betrachtet, konnten aber nicht umhin, Oliver eigentlich voll und ganz zuzustimmen. Im Grunde genommen waren wir heute froh, hier statt in Düsseldorf zu sein, und das Geld, das wir verloren hatten, tat zwar sehr weh, doch fehlte es uns eigentlich an nichts. Und neue, teils sogar bessere Aussichten gab es ja genug. Wir mussten uns nur auf mein Chi verlassen.

In den letzten sieben Jahren war so viel passiert, und nun hatte sich doch wieder alles zum Guten gewendet: Wir hatten wieder ein anständiges Dach über dem Kopf, wir hatten eine Firma, die meisten Probleme lagen hinter uns und unsere Prozesse boten gute Aussicht auf Erfolg. Michael hatte wieder guten Kontakt zu seinen Töchtern, der ihm zeitweilig verloren gegangen war. Und vor allem: Es gab wieder neue Aussichten.

»Was für ein Projekt hast du denn so im Kopf?«, fragte Michael Oliver, der über seine Antwort nicht lange nachzudenken brauchte: »Warum schreibt ihr nicht einfach eure Erlebnisse auf? Claire hat einen bekannten Namen, viel erlebt, und die Art und Weise, wie sie ihre Probleme gemeistert hat und vor allem, wie sie ihr Chi – ihre Lebenskraft – einsetzte, um selbst die schlimmsten Gegenschläge zu verarbeiten, da könnte so mancher von profitieren.«

Steffi nickte zustimmend. Nachdenklich fuhr Oliver fort: »Ihr gebt hier selbst Erklärungen und auch typische Beispiele, wie euer Chi in eurem Fall zwar unbewusst, aber doch euer Schicksal gelenkt hat. Genau weiß ich es noch nicht, aber vielleicht ist *das* ja genau *eure* Aufgabe im Leben?

Seht euch doch jetzt im Nachhinein noch einmal selbst an, was wir hier die ganze Zeit gemacht haben. An Hand eurer Lebensgeschichte haben wir analysiert und sozusagen aus einem anderen, neuen Blickwinkel ›neu bewertet‹, welche spirituellen Einflüsse in eurem Leben gewirkt haben. Ja, sogar welche spirituellen Scheidewege und Schwerpunkte ihr jeder einzeln, aber auch beide gemeinsam durchlaufen habt bzw. durchlaufen musstet, solange diese Sichtweise euch fremd war, um genau diesen Weg zu gehen. Und genau zu einem bestimmten Zeitpunkt hattet ihr eine spezielle Wahl, die euch jeweils zu einer Entscheidung herausforderte. Und schließlich: Was euch heute jetzt und hier verbindet und was uns alle hier und heute zusammengeführt hat, ja zusammenführen musste, ist doch sicherlich jene kosmische Lebenskraft, eben jenes Chi. Oder nicht?

Öffne dein Chi, öffne deine Augen, kläre deinen Blick, weite dein Herz und lasse endlich die Liebe wieder strömen, die man immer wieder verleugnet. *Das* macht eines jeden Chi noch tausend Mal stärker, und damit wird jeder sofort wieder handlungsfähig, auch in Zeiten vermeintlicher Blockade und Unfähigkeit.

Denn basiert nicht jede Phase von Untätigkeit, Frustration, Lustlosigkeit oder ›weltlicher Lähmung‹ nur auf blockierter Energie, auf dem unterbrochenen Strom des Chi? Wenn also diese blockierte Energie wieder zum Fließen angeregt wird, geht es auch im Leben einfach weiter. Liebe ist solch eine Energieform: Sobald die Liebe wieder strömt, öffnet sich auch der Blick für bisher unsichtbare Blickwinkel und Anschauungen. Und ihr wisst es von euch selbst: Sieh eine festgefahrene Situation aus einem anderen Blickwinkel und schon kann es weitergehen. Denkt nur an den Problemberg, den Michael in seiner Kreativtherapie zeichnen lernte und von dem er seine Probleme dann einmal aus der Vogelperspektive betrachten konnte und damit eine Übersicht und sogar eine Aussicht bekam.«

Er unterbrach sich und dachte weiter nach. Man konnte förmlich Olivers Denkapparat arbeiten sehen. Er nippte an seinem Texeler Kräutertee und nahm dann eine mir an ihm schon wohlbekannte Körperhaltung ein, bei der seine Bauchfalten denen eines Buddha locker Konkurrenz hätten machen können. Ich genoss seine Ausstrahlung der Ruhe und tiefen Konzentration.

Irgendetwas an ihm war rätselhaft, aber genauso viel an ihm war mir zutiefst vertraut. Sein Bäuchlein reibend, begann er zu philosophieren:

»Ach Claire, schau dir doch nur einmal an, was aus unserer Welt geworden ist: Traditionen sind ›futsch‹ und echte Werte gibt es schon lange nicht mehr. Familie ist dermaßen ›out‹, fast jedes zweite Kind lebt bei geschiedenen Eltern, es gibt Patchwork-Familien statt wirklicher Bindung. Kriminalität, vor allem Jugendkriminalität, nimmt überhand. Und den kleinen Mitgliedern unserer Gesellschaft fehlt das Wichtigste, womit wir unsere Kinder versorgen müssen: Liebe und echte Aufmerksamkeit. Wenige Mütter und noch weniger Väter haben wirklich noch Zeit für den eigenen Nachwuchs. Die Geburtenrate sinkt, eine Überalterung der Gesellschaft ist die Folge. Daraus entstehen Rentenprobleme und weitere Probleme für die so genannte ›Finanzierung des Gesundheitswesens‹. Kinder werden allgemein bereits als Last empfunden und man stellt sie mit den technischen Errungenschaften unserer schönen neuen Welt einfach ruhig: Die Kids sitzen vor der Glotze. Dabei könnten zum Beispiel gemeinsame Tätigkeiten mit der Familie wie Singen oder Spiele allen Familienmitgliedern und besonders den heranwachsenden Kindern echte Glücksgefühle vermitteln. Aber die so genannten Erwachsenen haben nur ihre Arbeit und ihre Einkünfte im Kopf und die Kleinen müssen zusehen, wie sie sich in der Gesellschaft zurechtfinden. Wirkliche Anleitung fehlt. Die wenigen Menschen, die sich beruflich um Erziehung kümmern, werden auch jährlich frustrierter und gestresster. Manche Eltern erkennen in ihrer Verblendung nicht einmal, dass sie selbst sowohl das Verhalten ihrer Kinder wie auch deren oft beklagte ›mangelnde Auffassungsgabe‹ ausgelöst haben. Die Kinder sind schließlich auch der Spiegel ihrer Eltern.«

»Eigentlich ist unsere Welt so richtig schön ›im Eimer‹«, schaltete sich nun auch Steffi ein. »Wirtschaftlich sieht es böse aus. Es gibt Kriege an jeder Ecke, Gewalt und Terror und selbst die Kleinkriminalität nimmt überhand. Die Menschen halten nicht mehr zusammen, jeder macht nur noch sein eigenes Ding. Nächstenliebe scheint es gar nicht mehr zu geben.«

Ich konnte den beiden nur beipflichten: »Wenn die Leute nur weniger lügen würden. Genau wie Regierungen und Konzerne beim Euro. Jeder meckert, wie schlecht es mit der Wirtschaft geht. Dabei liegt die Wahrheit auf der Hand. Viele Unternehmer haben die Einführung des Euro ausgenutzt, ihre Preise teilweise um ein Vielfaches zu erhöhen. Ich will euch ein Beispiel geben: In einem Supermarkt auf unserer Insel kosteten hundert Gramm Schinken im Angebot vor dem Euro 3,99 Gulden. Heute, nur eineinhalb Jahre später, kommen die mit dem gleichen Angebot, aber mit Euro statt Gulden. Vom Gefühl her ist für mich ein Euro fast immer noch das Gleiche wie ein Gulden oder eine Mark. Deshalb passe ich nicht auf und habe mir schon lange abgewöhnt, jedes Mal umzurechnen. In Wirklichkeit kostet aber die gleiche Menge Schinken doppelt so viel, und das Geld fehlt mir am Ende, und ich muss es woanders einsparen. Ich glaube, das geht nicht nur mir so. Da kann mich kein statistisches Bundesamt mit dem Argument von ›nur ein paar Prozenten mehr‹ überzeugen. Ich hab' da ein Loch in meiner Haushaltskasse, das ist deutlich.

Und genau deswegen bekommen auch die Gerichtsvollzieher immer mehr zu tun. Wenn man nur tausend Euro im Monat verdient und schon achthundert Euro für Lebenshaltung ausgeben muss, dann können die Menschen die anderen Dinge nicht mehr bezahlen, was vor dem Euro überhaupt kein Problem war.

Doch auch Gerichtsvollzieher sind ihrer beruflichen Aufgabe psychisch und moralisch kaum noch gewachsen und somit vollkommen überfordert. Sie werden mit Tausenden von Vollstreckungsbescheiden konfrontiert und müssen zu Menschen gehen, die vorher noch nie mit Geldproblemen zu tun hatten. Die aber haben Angst und wissen nicht, wie man sich verhalten soll, denn es gibt ja auch kaum Aufklärung. Aus Angst werden viele Menschen aggressiv, was die Situation nur noch schlimmer macht. Sie flüchten oder verbarrikadieren sich oder gehen gar zum tätlichen Angriff über.

Gerichtsvollzieher sind aber auch nur Menschen. Sie müssen sich entsprechend wehren, schließlich müssen ja auch sie mit einem Erfolg zu ihrem Chef kommen.

Dabei liegt die Lösung mal wieder auf der Hand: Empfang den Mann offen und ehrlich, am besten sogar freundlich und biete ihm an, was du geben kannst. Mehr ist einfach nicht drin, das musst du nur klar machen. Die meisten Gerichtsvollzieher geben sich damit zufrieden, denn auch sie gehen lieber den Weg des geringsten Widerstands. Und selbst jeder Gerichtsvollzieher, von den üblichen Ausnahmen mal abgesehen, hat ein Herz und eine Seele.«

Oliver ergriff wieder das Wort: »Das finde ich immer wieder toll: Die Klarheit und Offenheit, mit der du an die Dinge herangehst. Claire hat immer so faszinierende, umsetzbar anmutende Visionen, wie die Dinge entkompliziert werden können. Claires Kommentar, der so oft mit den Worten beginnt: ›Es wäre so einfach, wenn ...‹, regt einen wirklich regelmäßig zum Nachdenken und zu Diskussionen an. Das eben meine ich, wenn ich von ›Claires Chi‹ spreche. Wenn du genau in deine eigenen Worte hinein hörst, merkst du, dass einfach *alle* Dinge und Situationen gut laufen, solange die Energie in den beteiligten Personen, Situationen und Umständen frei fließen kann. Sobald es aber zu einer Energie-Blockade kommt, gerät das Denken ins Stocken. Man ist wie blind gegenüber den einfachen Einsichten, die Worte werden komplexer, die Situationen schwieriger, die Menschen aggressiver. Die Dinge eskalieren und das Zurückfinden zur Einfachheit und Gelassenheit wird verbarrikadiert. Man baut Mauern, innen wie außen, und man will nur noch Recht bekommen. Wo man so schön friedlich und liebevoll miteinander umgehen könnte, sucht man lieber das Schlechte im anderen. So etwas führt dann ja auch allzu oft zu Kriegen. Nehmt als Beispiel den Zweiten Weltkrieg: Aufwiegelung und Gehorsam, Kritikunfähigkeit, Zwang, Strafe, Verurteilung von Menschen aufgrund eigentlich unhaltbarer Vorurteile. Man braucht nur die Emotionen zu steuern und die latente Aggression, die immer auf Angst basiert, zu lenken und BUMM ... Da die Menschen sich seither kaum geändert haben, ist dieses Risiko stets aktuell. Und was war das Ende des Krieges: ein Volk ohne Rückgrat und eine Mauer. Die Mauer, die erst viele Jahre stehen musste und jedem aggressiven Ansturm standhielt, wiederum durch Zwang und rücksichtsloses, unmenschliches Ausnutzen der Regierungsgewalt. Ja, diese Berliner Mauer fiel erst durch einen gewaltfreien Aufstand. Aber die Mauern in den Herzen und Köpfen der Menschen, die sind geblieben. Die Spaltung in Ost und West ist der Spaltung in Ossis und Wessis und entsprechend entwürdigendem Humor gewichen.

Statt dass die Mauern innerhalb der Menschen fallen, werden neue Barrieren gebaut. Seht euch doch nur an, was im Mittleren

Osten so alles passiert. Vielleicht hatte Nostradamus ja doch Recht mit seinen Weltuntergangstheorien. Und vielleicht deutet das gegenwärtige Chaos auf einen Weltuntergang hin, der von einem Asteroideneinschlag herbeigeführt werden könnte.«

»Warum muss man das ›Ende der Welt‹ so weit herholen und auf irgendwelche Asteroiden warten, die sich der Erde in bedrohlicher Weise nähern könnten, wenn ein Zusammenbruch der Weltwirtschaft viel wahrscheinlicher sein könnte?«, gab Steffi zu bedenken. »Da hätten wir doch schon eine Katastrophe, deren Ausmaße ähnlich schrecklich wären wie nach einem Asteroiden-Einschlag. Vielleicht ist es *das*, was Nostradamus prophezeite?

Stellt euch nur mal unsere westliche Welt ohne Strom und Telefon vor. Schon die Versorgung mit Lebensmitteln würde in kurzer Zeit zum Erliegen kommen. Wie will unsere moderne Gesellschaft mit so wenig Zusammenhalt zwischen den Menschen das denn bewältigen? Wir erfahren doch täglich in Medienberichten über Kriege in anderen Teilen der Welt und darüber, was mit der Bevölkerung passiert, die von den Grundbedürfnissen der Zivilisation abgeschnitten wird.

Da muss rechtzeitig eingegriffen werden. Vielleicht hätten wir auch bereits eine ›gesunde‹ Wirtschaft, wenn nicht nur jeder an sich selbst denken würde. Das lässt sich auch nicht mehr als Überlebenswillen entschuldigen, wenn sich einzelne Personen oder Gruppen um Vermögenswerte bekriegen, die selbst dann noch für ›normale‹ Menschen unvorstellbar sind, wenn man bereits den größtmöglichen Luxusbedarf davon abzieht.«

»Das Hauptproblem unserer Welt scheint mir eher darin zu liegen, dass die Leute einfach nicht mehr charakterlich sauber sind und jeder nur noch an sich selber denkt«, fiel ich spontan ein und gab ein Beispiel, das mich schon lange beschäftigte: »Holland gibt Milliarden pro Jahr aus für Hilfe an Länder in der Dritten Welt. Das wäre ja auch soweit in Ordnung, hätten wir hier nicht immer mehr Obdachlose. Also: Warum steckt der Staat von den Milliarden nicht einfach einen Teil davon in ein Projekt, seinem eigenen Volk im Winter ein warmes Dach über dem Kopf anzubieten? Es stehen soviel Hallen oder Bürohäuser leer. Ich glaube leider, dass viele der Entwicklungsgelder ihr eigentliches Ziel gar nicht erreichen, da sich auf dem Transfer zu ihrer Endbestimmung noch einige Personen ganz ordentlich bereichern.«

»Zwei Mal bin ich selbst fast obdachlos geworden«, setzte ich fort, »und nur weil Freunde mich aufnahmen, bin ich nicht auf der Straße gelandet. Das ist kein Einzelfall, denn fast ein Drittel der Obdachlosen in Holland sind ehemalige Geschäftsleute. Das liegt an den Sozialversicherungssystemen. Während ein Angestellter automatisch versichert ist, ist dies bei einem kleinen Unternehmer und Selbstständigen oft freiwillig. Um aber in schwierigen Zeiten vielleicht noch sein Geschäft retten zu wollen, werden Kapitallebensversicherungen oft zur Sicherheit von Krediten an die Banken verpfändet, während bei der eigenen Versicherung am ehesten gespart wird. ›Es wird schon gut gehen ...‹, hoffen die meisten Vollblut-Unternehmer, die nur an ihr Geschäft denken. Dann aber ist es irgendwann zu spät und man fällt in ein tiefes Loch. Keine Stelle fühlt sich zuständig und wenn doch, wird einem oft die falsche Auskunft gegeben.

So erging es auch Michael. Wie wir leider erst später herausfanden, hatte die Texeler Gemeindeverwaltung aus reinem Schuldgefühl gehandelt und ihn nach seinem Zusammenbruch der schnellen Bearbeitung halber ganz einfach auf die Mindeststufe eines Sozialhilfe-Empfängers gesetzt. So war Michael zumindest wieder versichert und bekam ein Anrecht auf den Mindestlebenskostenzuschuss.

Aber normalerweise hätte er als ehemaliger Unternehmer ein Anrecht auf ein spezielles Hilfeprogramm gehabt. Schließlich hatte er dafür genügend Beiträge bezahlt. Damit hätte man zeitweilig einen Verwalter einsetzen können, der seine Firma während seiner Arbeitsunfähigkeit geleitet hätte. Der hätte den größten Schaden, nämlich die glatte Vernichtung von Kapital, verhindern können, was letztendlich auch noch Arbeitsplätze kostete. Heute aber bin ich fast dafür dankbar, dass ich so vieles gelernt habe, und ich fühle mich dem Streit ›David gegen Goliath‹ mehr denn je gewachsen.«

Oliver griff meinen letzten Gedanken kurz auf und erklärte: »Diese Dankbarkeit gegenüber seinen Widersachern ist das Basis-Prinzip der vergebenden Liebe. Schon Jesus wusste dies, als er sagte: Liebe deine Feinde. Reines Chi!«

Eine Sichtweise, der ich zumindest in Bezug auf den Streit mit der Pharmafirma nur sehr zögernd zustimmen wollte, da die doch ganz offensichtlich unsere Situation ausgenutzt hatten.

So fügte ich Olivers Worten etwas resignierend hinzu: »Wie ich am Anfang schon sagte: Regierungen und Großkonzerne lügen den Leuten die Taschen leer. Und keiner macht mal den Mund auf und sagt, wie einfach es sein könnte. Jeder kocht sein eigenes Süppchen und keiner lässt sich in seine Karten schauen. Dabei könnte alles viel besser laufen, wenn die Leute etwas mehr Verständnis füreinander aufbringen würden und aufrichtiger wären. Kann man das denn keinem klar machen?«

»Ich denke«, erwiderte Steffi, »dass das Problem nicht darin liegt, dass die Leute das nicht sehen – sie wissen einfach nicht, wie sie damit umgehen sollen und lassen es dann lieber sein. Alle meckern nur, wie schlecht die Welt ist, aber keiner traut sich, was zu tun, weil er dann schlechter dran sein könnte als andere, denen alles egal ist. Da fehlt wahrscheinlich das Vertrauen in das Gute. Wie können die Menschen dieses Vertrauen zueinander jedoch wiedererlangen? Ich denke, da könnte eine ordentliche Portion Chi schon helfen. Am besten und schnellsten geht es aber, wenn jemand da ist, der einem zeigen kann, wie's geht.«

气

Die Idee

»Das wäre doch mal eine Idee: eine spirituelle Schule«, rief Oliver spontan begeistert aus, »in der die Menschen lernen können, ihr Chi zu entwickeln und zu steuern! Das kann doch genau die Aufgabe sein, die Michaels Engel euch beiden mitgegeben hat.«

»Haha, du spinnst ja«, entgegnete ich. »Und wer soll der Lehrer sein? Vielleicht ›Guru‹ Michael oder etwa ich zusammen mit unserer einheimischen ›Heilerin Jomanda‹? Die Leute, die darauf hereinfallen, können einem doch schon Leid tun. Das willst du doch wohl der Menschheit nicht wirklich antun?«

»Einen schönen Kaftan hätte ich da schon mal für dich, auch wenn du den erst mal ein ganzes Stück kleiner machen müsstest«, gab Oliver scherzend zurück und prustete laut los vor Lachen, als er sich mich darin vorstellte. »Aber mal ehrlich: Du brauchst kein ›Guru‹ zu sein oder zu werden, um deine Erfahrungen an andere weiterzugeben. Ihr beide seid doch ein kommunikatives Team. Das reicht schon aus. Und du, Claire, verfügst über eine so starke Lebens- und Überzeugungskraft, dass es schade wäre, wenn andere Menschen nicht etwas davon abbekommen dürften.

Was ihr beide erlebt habt, eignet sich vorzüglich als Beispiel. Gerade weil es so extrem ist. An eurer Lebensgeschichte und ganz besonders an ›Claire's Chi‹ kann man wunderbar reflektieren, wie spirituelle Einflüsse euer Schicksal beeinflusst und euer Chi verstärkt haben. In Michael haben seine teils traumatischen Erlebnisse sogar mediale Kräfte erweckt, deren er sich selbst noch gar nicht voll bewusst ist. Und du, Claire, könntest anderen Menschen helfen, ihr ›Chi‹ zu verstärken, indem du dein ›Chi‹ gleichsam auf sie überträgst.«

Das Ganze sprach uns zwar schon etwas mehr an, aber so ganz überzeugt waren wir beide von Olivers Argumenten immer noch nicht: »Wie kann man denn Chi überhaupt übertragen?«, warf Michael ein, »wie soll das gehen, und was stellst du dir denn überhaupt unter einer Schule vor? Als du den Vorschlag machtest, glaubte ich nicht, dass du damit uns meintest, sondern irgendjemand anderen. Wir können doch gar nicht weg von hier, und außerdem sehe ich keinen von uns ›vor einer Klasse stehen‹ oder persönlich mit Menschen arbeiten.«

»Immer schön der Reihe nach«, versuchte Oliver wieder zu beruhigen. »Es braucht gar keine Klassen von Schülern. Schreibt eure Geschichte einfach auf. Außerdem gibt es heute genügend interaktive Möglichkeiten, Leute auch noch persönlich zu begleiten. Das solltest gerade du mit deiner Erfahrung im Internet doch wissen. Du hast doch ohnehin schon ein spirituelles Online-Magazin herausgegeben. Also – so groß ist der Schritt doch gar nicht.«

So gesehen hatte Oliver doch nicht ganz Unrecht. Er bestärkte mich sogar in einem Gefühl, das ich bereits seit langem hatte. Eigentlich wollte ich schon immer meine Erfahrungen mit anderen teilen. So war schon vor Jahren einmal die Idee zu der »Lebenskraft CD & Fibel« entstanden, deren Titelsong »Du bist nicht allein« außer in der Gefängniskirche der Düsseldorfer Justizvollzugsanstalt niemals aufgeführt wurde.

Dort hatte unser Lied so heftige Emotionen entfacht, dass ich es noch drei Mal in unterschiedlichen Sprachen wiederholen musste, bevor ein dankbares und aufgewühltes Publikum, bestehend aus Dieben, Mördern und anderen Kriminellen, mich endlich entließ.

Die Idee zu dem Song war mehr oder weniger per Zufall entstanden. Ich hatte Oscar Benton, einen in Holland sehr bekannten Bluessänger mit Joe-Cocker-Stimme (in Deutschland bekannt durch den ersten Diebels-Song »Ein schöner Tag«), als Dozent für die Gesangsworkshops bei StarMakers motivieren können. Eines Tages brachte er ein paar alte Videos mit, worauf auch ein Auftritt mit seiner Exfrau Monika war, mit der er das »Sonny & Cher«- Duett »All I ever need is you« aufführte. Aus lauter Spaß sangen Oscar und ich das Duett während eines Workshops vor und irgendjemand machte den Vorschlag, wir beiden sollten doch auch mal eine Platte zusammen aufnehmen.

Noch am gleichen Abend hatte Michael für mich einen eigenen Text »Du bist nicht allein« dazu geschrieben, den wir am nächsten Tag probeweise einsangen. Alle waren so begeistert von dem Duett, dass wir tatsächlich den Entschluss fassten, eine eigene Platte davon aufnehmen zu lassen. Nur sollte dann auch eine eigene Musik dazu geschrieben werden. Ich hatte mir schon immer in den Kopf gesetzt, einmal den berühmten »Pachelbel-Kanon« als Grundlage einer Lied-Komposition zu nehmen und so landeten wir bei dem bekannten Arrangeur und Komponisten Peter Schön. Der komponierte daraus eine völlig eigene Interpretation, die jedem von uns einen wohligen Schauer über den Rücken jagte. An einem einzigen Sonntagvormittag wurde das Stück dann in Peter Schön's Musik Studio eingesungen. Und vorläufig auf Eis gelegt. Erst in Düsseldorf wurde die Instrumental-Version noch einmal während einer Musik-Session im »StarMakers-Café« herausgeholt, und ich sang das Stück noch einmal, aber diesmal im Duett mit dem schwarzen Sänger Notorius D.

Das hörte auch der Direktor der Justizvollzugsanstalt Düsseldorf, der seit Eröffnung unseres Cafés gerne nach der Arbeit mal vorbeischaute, da die JVA nur zwei Straßenzüge entfernt lag. Er fragte Notorius D. und mich, ob wir bereit wären, unser Lied einmal in der Gefängniskirche aufzuführen, und so kam es zu unserer einzigen Probesession für diesen so ergreifenden Song in der Düsseldorfer Justizvollzugsanstalt.

Heute, fast genau sieben Jahre später, kamen unsere neuen Freunde wieder mit genau dem gleichen Gedanken. Deshalb lag es auch gar nicht fern, worum es in einer Veröffentlichung thematisch gehen und wie der Titel lauten könnte: »Claire's Chi« – Lebenskraft. Die Idee zu dem Buch, das Sie nun in Händen halten, war also geboren.

Einen Teil unserer Geschichte hatten wir auch schon einmal aufgeschrieben: »A friend called Fate« – oder auf deutsch: »Ein Freund namens Schicksal« hieß der Titel eines Manuskriptes, das bereits seit Jahren in unserer Schublade lag. Seitdem ich Michael nach genau neun Jahren wiedergetroffen hatte, war in mir das Bedürfnis immer stärker geworden, ein Buch über unser Schicksal zu schreiben. Vielleicht war jetzt der Zeitpunkt gekommen? Aber war es wirklich nur unser Schicksal, das uns wieder zusammengeführt hatte und durch die Klippen eines so aufgewühlten Lebens steuern ließ?

Die Frage blieb offen: Wie und wo sollten wir anfangen? Ich blickte etwas ratlos in die Runde, und Oliver nahm gleich wieder den Faden auf:

»Schreibt einfach auf, was ihr mir gerade erzählt habt und lasst dabei mal richtig schön die Hosen herunter. Ich konnte euch bisher schon ganz schnell an ein paar Beispielen zeigen, welche Einflüsse und negativen Energieschwingungen auftraten und wo und wie ihr mit eurem Chi reagiert habt. Wenn auch nur ein einziger Mensch vermeiden kann, jene Fehler zu wiederholen, die ihr gemacht habt, weil er oder sie sich selbst in eurer Geschichte wiederfinden kann, hätte das Buch bereits seinen Sinn erfüllt. So würden wir weitaus mehr erreichen, als wenn ihr nur eine simple Autobiographie schreiben würdet. Andere Leute können sich selbst darin wiedererkennen und so von euch lernen.«

»Von uns lernen?«, entgegnete ich, »wie man von einem Problem in das nächste gerät, etwa? Ich wünsche meinem ärgsten Feinde nicht, was wir beide erlebt haben.«

»Das ist es ja vielleicht gerade, was Menschen gerne hören oder lesen wollen. Vom Fernsehen bekommt man nur Bilder und Geschichten starker oder reicher Helden und Supermänner, und in den

Zeitschriften liest man eine Erfolgsstory abgehobener High-Society-Überflieger nach der anderen. Gerade du müsstest doch aufzeigen können, dass im Showbusiness auch nicht alles so glänzt, wie es scheint. Auch Michael mit seinen Millionen, die er nicht mehr hat, seinen teuren Autos und immer auf Achse, hat nur mit dem Teufel getanzt, wie er selbst erzählt hat. Um das Ganze abzurunden, sollten wir jedoch einige praktische, nachvollziehbare Tipps geben und Quellen zu weiterführenden Informationen sammeln.«

Ich musste Oliver irgendwie Recht geben und versuchte auch Michael zu überzeugen: »Wenn man den Lesern dazu gleich eine Anleitung gibt, wie sie mit Problemen umgehen können, hat Oliver eigentlich Recht. Das ist doch genau das, was wir schon immer wollten: Menschen aufklären. Warum dann nicht auch mit unserer eigenen Lebensgeschichte? Ich frage mich nur immer noch, wie du dir das genau vorstellst, Oliver?«

气

ZsaZsa Hari – Das Orakel

»Lasst uns doch einfach mal ein Orakel befragen. Ich hole das Orakelbuch aus unserem Zimmer. Bin gleich wieder da.« Kaum dass er das ausgesprochen hatte, war Oliver schon aufgestanden und auf dem Weg ins Haus. Selten hatte ich gesehen, dass Wort und Tat bei Oliver so schnell aufeinander folgten.

Diese Unterbrechung war mir aber sehr angenehm, denn nach unseren langen und anregenden Gesprächen unter meinem Lieblingsbaum erinnerte ich mich, dass ich ja für uns Kuchen besorgt hatte. Ich ging also in die Küche, setzte den Kaffee auf und kehrte bald danach mit Geschirr, Kaffee und Kuchen zu unserer Runde zurück. Nachdem wir uns gestärkt hatten, nahm Oliver das Orakelbuch und sagte: »Nun will ich euch etwas aus dem Buch der Wandlungen, dem I Ging, vorlesen. Vielleicht erfahrt ihr da noch mehr über die eigentlichen Zusammenhänge in eurem Leben. Eventuell kann ich euch ja sogar aus den Deutungen etwas sagen, das ich noch gar nicht wissen kann. Wie eine Situation zustande kam und wie sie wohl ausgehen wird. Bitte, Claire, fang du an und denke ganz intensiv an eine Person oder Situation aus deinem Leben und wirf drei Münzen. Hier hast du sie.«

Ich dachte einen Moment nach. »ZsaZa Hari«, gab ich lächelnd in die Runde. Dabei fragte ich mich, ob einer der anderen wohl erraten würde, dass ich Monique S. damit meinte.

Oliver erläuterte kurz das I–Ging und seine Deutungsmöglichkeiten. Dann ermunterte mich Michael mit der Zusicherung, mir später beim sprachlichen Verständnis der momentan nur in deutscher Sprache zur Verfügung stehenden Erklärungen behilflich zu sein. Ich nahm allen Mut zusammen, entschied mich aber dann doch gegen das Werfen von Münzen und wählte die alternative Orakel-Methode mit fünfzig Schafgarbenstengeln, die nacheinander ausgezählt werden. Wir fanden zwar auf die Schnelle nur fünfzig Cocktailspieße, aber das störte mich nicht wirklich. Insgeheim fand ich sogar, dass dies sehr gut zu Monique S. passte. Ich nahm also die Spieße in die Hand und fing an, mir nach Vorgabe des »Buches der Wandlungen« mein persönliches Orakelzeichen für die gegenwärtige Situation zu erstellen. Das erste Ergebnis meiner Orakel-Ziehung war das Hexagramm-Zeichen mit der Nummer 33 und hieß »DUN – Der Rückzug«. An vierter und fünfter von sechs Linien hatte ich einzelne »Linien in Wandlung« ermittelt.

Oliver begann anschließend im »I-Ging« in der Übertragung von Richard Wilhelm zu lesen und uns teilweise in seinen eigenen Worten zu erklären:

»Das Zeichen 33. DUN - DER RÜCKZUG bedeutet:

oben Kiën, das Schöpferische, der Himmel
unten Gen, das Stillehalten, der Berg

Die dunklen Kräfte sind dabei, stärker zu werden. Die des Lichts ziehen sich zurück. Hier sind Naturgesetze am Wirken, daher ist der so genannte ›strategische Rückzug‹ hier die einzig richtige Handlungsweise.

Als so genanntes ›Monatszeichen‹ gehört das Hexagramm zum sechsten Monat (Juli-August), in dem die Kräfte des Winters wieder anfangen, ihre Wirkung zu zeigen.«

Ich muss wohl etwas entgeistert in die Runde geschaut haben und wusste auch noch nicht so recht, was ich denken sollte. Stand die Aussage »Rückzug« doch im ersten Moment genau dem gegenüber, was ich gerade in diesem Fall gerne gehört hätte. Aber das Weitere sollte die Erklärung dazu bringen. Oliver fuhr fort:

»DAS URTEIL
Der Rückzug. Gelingen.

Beharrlichkeit im Kleinen ist fördernd

Die feindlichen Kräfte sind durch die Zeit begünstigt im Vorrücken. In diesem Fall ist der geordnete Rückzug das Richtige. Der Erfolg besteht darin, dass man den Rückzug richtig auszuführen vermag.

Dieser Rückzug ist nicht zu verwechseln mit einer Flucht, die nur auf Rettung unter allen Umständen ausgerichtet ist. Er ist ein Zeichen von Stärke. So lange man noch im vollen Besitz der Kräfte ist, geht man auf eine bessere Position zurück, statt voller Verzweiflung aussichtslose Stellungen halten zu wollen. Aber man räumt nicht einfach das Feld, sondern erschwert dem Gegner das Vorrücken, indem man im einzelnen weiter Beharrlichkeit zeigt. So bereitet man bereits im Rückzug den Umschwung vor, der letztlich den Sieg hervorbringt.«

Michael sah wohl, wie meine anfängliche Enttäuschung in ein wissendes Lächeln überging und setzte sofort nach: »Siehst du, das ist genau das, was ich schon die ganze Zeit meinte: ›Guerilla Taktik‹ anwenden. Die Zeit macht dich letztendlich zum Sieger. Wenn du gleich zuschlägst und nur Rache ausüben willst, kannst du mit eigenen Waffen geschlagen werden. Ganz besonders, wenn du schon an so vielen Fronten kämpfen musst.«

Ich fiel ihm ins Wort: »Ich will mich doch gar nicht rächen. Im Grunde ist mir doch völlig egal, was Monique macht. Mir geht es hier nur um Gerechtigkeit. Sollte ich jemals Schadenersatz von ihr bekommen, will ich keinen Cent von ihrem schmutzigen Geld behalten. Es gibt tausend Möglichkeiten, Gutes damit zu tun.«

Oliver hob ermahnend die Hand und meinte: »Wo bleibt denn hier dein Chi, Claire? Einerseits verspüre ich eine starke Kraft, die deinem Chi entspricht, andererseits entdecke ich doch auch eine Art Zorn, der dir wieder Energie raubt. Aber lasst mich doch erst einmal bis zum Ende lesen:

»DAS BILD
Unter dem Himmel ist der Berg: das Bild des Rückzugs.

So hält der Edle den Gemeinen fern, nicht zornig,
sondern gemessen.«

Oliver lächelte wieder sein undurchschaubares »wissendes« Lächeln und fuhr fort:

»Der Berg türmt sich unter dem Himmel auf und ›wächst‹, aber in seiner Natur liegt es, dass er schließlich stehen bleibt. Der Himmel dagegen zieht sich vor ihm in die Ferne zurück. Er bleibt unerreichbar für den Berg.

So verhält sich der Edle zum aufsteigenden ›Gemeinen‹. Er zieht sich zwar zurück, doch er hasst ihn nicht. Hass ist eine Art innerer Beteiligung. Dadurch würde sich der Edle mit dem gehassten Gegenstand verbinden. Der Edle zeigt seine Stärke, symbolisiert durch den Himmel, darin, dass er den ›Gemeinen‹ (den Berg) durch seine ›Gemessenheit‹ zum Stehen bringt.

Nun zu den einzelnen in Wandlung begriffenen Linien:

›Neun auf dem vierten Platz bedeutet:
Freiwilliger Rückzug bringt dem Edlen Heil,
dem Gemeinen aber den Niedergang.‹

Bei diesem Rückzug nimmt der höhere Mensch in aller Freundlichkeit und gerne Abschied. Der Rückzug fällt ihm innerlich leicht, weil er so seiner Überzeugung keine Gewalt anzutun braucht. Der

Einzige, der darunter leidet, ist der Gemeine, von dem er sich zurückzieht, denn der *muss* ohne die Leitung des Edlen verkommen.

›Neun auf fünftem Platz bedeutet:
Freundlicher Rückzug. Beharrlichkeit bringt Heil.‹

Der Edle muss rechtzeitig erkennen, wann es Zeit ist, sich zurückzuziehen. Wenn man den rechten Zeitpunkt wählt zum Rückzug, so kann er diesen Rückzug auf freundschaftliche Art vollziehen, ohne dass unangenehme Auseinandersetzungen nötig werden. Aber trotz aller Verbindlichkeit der äußeren Form ist der absolut feste Entschluss nötig, damit man sich nicht durch anderweitige Erwägungen irre machen lässt.«

Michael mischte sich noch einmal ein: »Da hast du doch eigentlich schon, was du willst: Der ›Edle‹, das bist du, Claire.

Monique S., der bzw. besser die ›Gemeine‹, erhält den Niedergang. Ich interpretiere dass so, dass du *nur* wenn du dich jetzt etwas zurückziehst, wie von mir und deinen Beratern auch bereits vorgeschlagen, auf Dauer gewinnst. Monique S. ist doch schon durch eigene Schuld auf dem absteigenden Ast. Mit deinen Aktionen würdest du ihr nur neues Futter geben, und für die holländischen Medien, besonders für die Klatschpresse wäre es wieder ein gefundenes Fressen. Du kennst ja meine Meinung: Auch schlechte Publicity ist Publicity, und Monique S. kann doch nur noch von schlechter PR profitieren. Du aber hast das nun wirklich nicht mehr nötig, denn in *dem* Geschäft bist du ja nicht mehr und willst hoffentlich auch nie mehr wieder hinein. Du weißt, was ich damit meine.«

Je länger ich darüber nachdachte, desto mehr musste ich der Interpretation des Orakels Recht geben. Eigentlich bin ich Monique S. ja sogar dankbar. Ohne sie würde ich mich heute bestimmt nicht so wohlfühlen und müsste noch immer in einer korrupten Welt von Lügen und Intrigen im Showbusiness arbeiten.

Oliver fuhr fort: »Ich komme jetzt zu dem Zeichen, das die Situation nach vollzogener Wandlung angibt, im Buch das Zeichen Nr. 52:

›GEN / DAS STILLEHALTEN, DER BERG
Oben: Das Stillehalten, der Berg
Unten: Das Stillehalten, der Berg‹

Das Bild des Zeichens ist der Berg. Das ist der jüngste Sohn von Himmel und Erde. Das männliche Prinzip ist oben, wohin es seiner Natur nach strebt, das weibliche unten, wohin seine Bewegungsrichtung führt. So ist Ruhe vorhanden, da die Bewegung ihr normales Ende erreicht hat.

Auf den Menschen angewandt, wird das Problem aufgezeigt, wie die Ruhe des Herzens zu erlangen ist. Das Herz ist sehr schwer zur Ruhe zu bringen. Während der Buddhismus die Ruhe durch die Beendigung aller Bewegung im Nirwana anstrebt, so ist der Standpunkt des Buchs der Wandlungen, dass Ruhe nur Teil eines polaren Zustandes ist, der als seinen ständigen Gegenpol die Bewegung hat.

›DAS URTEIL
Stillehalten seines Rückens, sodass er seinen Leib nicht mehr empfindet.

Er geht in seinen Hof und sieht nicht seine Menschen. Kein Makel.‹

Die wahre Ruhe ist die, dass man still hält, wenn die Zeit gekommen ist, still zu halten, und dass man vorangeht, wenn die Zeit gekommen ist, voranzugehen. So werden Ruhe und Bewegung in Übereinstimmung mit den Erfordernissen der Zeit ausgeübt und dadurch gibt es das Licht des Lebens.

Das Zeichen ist Ende und Anfang aller Bewegung. Es geht aus vom Bild des Rückens, weil sich im Rücken alle Nervenstränge befinden, die für Bewegungen benötigt werden. Wenn man die Bewegung dieser Rückenmarksnerven zum Stillstand bringt, so verschwindet sozusagen das Ich in seiner Unruhe. Der Mensch, der innerlich so ruhig geworden ist, mag sich der Außenwelt zuwenden. Er sieht in ihr nicht mehr den Kampf und das Gewühl der Einzelwesen und hat deshalb die wahre Ruhe, wie sie nötig ist. Wer aus dieser Ruhe heraus handelt, der macht keinen Fehler.«

Wir alle schauten uns zustimmend und wissend an, und Oliver machte weiter:

»DAS BILD
Zusammenstehende Berge: das Bild des Stillehaltens.

Der Edle geht mit seinen Gedanken nicht über seine Lage hinaus. Das Herz denkt dauernd. Das lässt sich nicht ändern. Aber die Gedanken des Herzens sollen sich auf die gegenwärtige Lebenslage beschränken. Alles Denken, das darüber hinaus geht, kann nur zu Verletzungen führen.

Das war's. Sicher ist das komplex. Doch wenn ich euch beide so beobachte, scheint es den sprichwörtlichen Nagel auf den Kopf getroffen zu haben. Vielleicht kann ich dir sogar noch mehr darüber erzählen, wie diese Frau das Schicksal von Claire letztendlich sogar positiv beeinflusst hat und vor allem: wie sie sogar ›Claire's Chi‹ noch gestärkt hat.«

气

Reinkarnation

Auf Olivers letzte Worte ging ich sofort ein: »Geht das auch noch weiter rückwärts? Also wie weit zurück könntest du zum Beispiel unser Leben analysieren?«

Oliver lachte auf: »Wie viele Leben willst du denn durchlaufen?« Er begann etwas zu einer umfassenden Erklärung des Themas Reinkarnation anzusetzen, bis ich ihn unterbrach:

»Halt mal, warte bitte mal! So schnell geht das nicht, ein wenig fehlt mir hier der Zusammenhang. Du glaubst und weißt ja vielleicht seit Jahren genug über dieses Thema. Aber bedenke auch, dass wir aus einer rein materialistischen Anschauungs-Welt stammen. Kannst du das nicht bitte noch einmal anschaulich für Laien und Anfänger wiederholen? Du musst daran denken, dass so ein ›Glaube‹ an etwas, das einfach mal so eben die Grenzen des eigenen Lebens völlig überschreitet, nicht aus dem Stegreif entstehen kann. Eine Ansicht, Überzeugung muss sich doch allmählich wandeln, sie muss doch wachsen und sich entwickeln. Niemand kann mal so eben über die körperlichen Grenzen hinwegsehen, da sie doch für die meisten von uns einfach *alles* im Leben bedeuten.«

Das schien unseren großen Freund dann doch etwas zu verwundern. Bedächtig faltete er die Hände vor seinem beeindruckenden Bauch und sagte: »Hmmm.« Mehr nicht. Nur »Hmmm«. Nach einigen Schlucken Apfelschorle besann er sich aber doch auf die »harte Wirklichkeit« und suchte nach einem Beispiel, das auch für Laien verständlich ist. Geduldig begann er, uns seine Ansichten erneut mit ganz anderen Worten zu schildern:

»Vergiss einfach mal den für dich so ›schrecklichen‹ Begriff ›Reinkarnation‹ für eine Weile und nimm zum Beispiel den Geist eines Neugeborenen. Der Geist eines Babys hat noch Erinnerungen, die vor seiner Geburt liegen und spirituelle Fähigkeiten, die zu Beginn des neuen Lebens ganz intuitiv gebraucht werden. Ich erinnere mich noch genau an die Gesichtsausdrucke meiner Tochter, während sie schlief, in den ersten Tagen ihres Lebens. Sie schnitt Grimassen, sie lächelte das so genannte ›Engelslächeln‹, das, wie es in der Schulpsychologie heißt, noch unbewusst und nicht auf das äußere Umfeld bezogen ist. Doch wovon sollte ein wenige Stunden altes Baby wohl träumen, das ihr dieses wunderbare Lächeln in ihr winziges Gesicht zauberte? Warum sollte sie grimmig die Stirn runzeln oder überrascht die Augenbrauen hochziehen? Ich denke, dass sie von Dingen träumte, die schon länger zurücklagen als der Zeitpunkt ihrer Geburt.

Auch hat man bei Babys besonders den Eindruck, dass sie einen Schutzengel haben, der sie bei ihren ersten Entdeckungsreisen vor Schaden beschützt, damit sie zum Beispiel trotz (für die Eltern) haarsträubender Stürze unversehrt bleiben. Das ist mit Sicherheit auch so. Außerdem reagiert so ein kleiner, noch recht weicher Körper ganz anders als ein ›verknöcherter‹ Erwachsenenkörper, von dem Größenunterschied mal ganz abgesehen. Vielleicht setzt das Baby aber zusätzlich seine noch vorhandenen spirituellen Fähigkeiten ein.

Am Anfang ist das Baby noch ganz frei und seine Fähigkeiten sind uneingeschränkt. Es darf sogar rülpsen, pupsen, stärker noch: Es soll sogar rülpsen, eine ganz natürliche Eigenschaft unseres Verdauungssystems, was einem als Erwachsenem zumindest in unseren Kulturkreisen wieder verboten wird. Erst die Eltern und die Umgebung machen die anfänglich vorhandenen spirituellen Fähigkeiten zunichte, und mit dem Aufwachsen verlieren wir so ziemlich alle unsere angeborenen Fähigkeiten. Aber manchmal sieht man, dass besonders Kinder, die sich nicht ›normal‹ entwickeln, wie zum Beispiel autistische Kinder, oft noch über besondere Fähigkeiten verfügen, die zum Teil sogar sehr stark medial geprägt sind.«

»Das ist mir bekannt: Kinder mit Down-Syndrom sollen sogar mit Delphinen kommunizieren können«, warf ich ein. Bei Kindern mit Down-Syndrom liegt eine Abweichung im Chromosomensatz vor. Während normalerweise jede menschliche Körperzelle 46 Chromosomen aufweist, sind es bei Menschen mit Down-Syndrom 47 Chromosomen. Das hat Auswirkungen verschiedenster Art im körperlichen wie auch geistigen Bereich dieser Menschen. Häufig auftretende körperliche Probleme sind Schwäche des Bindegewebes und der Muskeln, Infektanfälligkeit und Fehlfunktion der Schilddrüse. Daneben kommen auch Herzfehler oder Veränderungen im Magen-Darmbereich vor. Diese Probleme sind weitgehend durch gute medizinische Vorsorge und spezielle Förderung therapierbar. Die geistigen Fähigkeiten der Kinder mit Down-Syndrom wurden in der Vergangenheit unterschätzt. Kinder mit Down-Syndrom sind sehr lernfähig, wenn man ihnen die Möglichkeit gibt, sich zu entfalten. Die körperliche, motorische Entwicklung, wie auch die geistige, sprachliche Entwicklung ist meist langsamer als bei anderen Kindern. Sie kann durch medizinische Vorsorge und therapeutische Maßnahmen wie Physiotherapie, Frühförderung und Sprachtherapie (Logopädie) gefördert werden. Kinder mit Down-Syndrom reagieren auch sehr positiv auf Musik.

Oliver ergänzte: »Das sind Schwingungen, Energie, nur eben in einer anderen Dimension. Jeder hat einen Sinn dafür, bekommt ihn angeboren mit, man muss sich nur für diese neuen Wahrnehmungen öffnen oder seine eigene Frequenz ein wenig höher einstellen, um sich dessen wieder gewahr zu werden, was er beziehungsweise sie schon seit Urzeiten kann und beherrscht. Leider haben wir alle durch unsere so genannte moderne Erziehung spätestens seit der Pubertät wieder verlernt, was es heißt, sich allen Dimensionen zu öffnen. Dadurch tun die Erwachsenen unserer Gesellschaft solche Wahrnehmungen als Kinderkram oder gar als Spinnerei ab. Natürlich lebt es sich in unserer materialistischen Welt erheblich bequemer, wenn man ausschließlich materielle Ziele und Wahrnehmungen hat. Leider, leider haben wir damit verlernt, über ungewöhnliche oder vielmehr außergewöhnliche Erfahrungen überhaupt miteinander reden zu können. Kinder können das noch. Sie kennen diese Grenzen einfach nicht, oder sie brauchen sie nicht einzuhalten.

Nimm zum Beispiel einen Blinden, der kann zwar nicht in jenem Sinne ›sehen‹, wie wir Sehenden das können oder zumindest meinen zu können, aber er erlebt und erfährt die Welt trotzdem mit all ihren Inhalten.

Die akustische Wahrnehmung ersetzt sehr viel von der optischen, egal ob jemand plötzlich erblindet, von Geburt an blind ist oder langsam erblindet. In jedem dieser Fälle sind die anderen Sinne um ein Vielfaches schärfer als bei Sehenden. Nur bei plötzlicher Erblindung, etwa durch einen Unfall, dauert es eine Weile, bis die Funktion der Lichtaufnahme durch die Haut jene der Augen ersetzt. In diesem Fall tritt eine vorübergehende Phase körperlicher Schwäche ein, die bei keiner anderen Art des Schocks ähnlich ist und sich somit auch nicht nur durch den Schock des schmerzlichen Verlustes erklären lässt. Aber auch diese Phase geht vorüber und sobald die Haut das Aufnahmeorgan für das lebensnotwendige Licht geworden ist, sind bereits andere Sinne geschärft.

Es gibt viele Blinde, denen man hinter einer dunklen Brille ihre Behinderung nicht ansieht, da sie sich völlig normal bewegen und verhalten. Sie wenden den Kopf, wenn sie angesprochen werden, sie stoßen nirgendwo an, wenn sie gehen. Sie erfühlen, erahnen und ertasten ihre Umwelt und behaupten sogar, die Augen nicht wirklich zu benötigen. Jeder der sich anders verhielte, nur weil er blind sei, stelle sich an und veranstalte lediglich eine Mitleid erheischende Show. Diese Menschen ›outen‹ sich erst dann als blind, wenn man ihnen beim Lesen zusieht.

Die Schulmedizin hat wie so oft hierfür keine Erklärung. Im spirituellen Gedankengut ist das Phänomen aber sehr wohl gut bekannt, dass Menschen durch die geschlossenen Augendeckel ihre Umgebung völlig klar wahrnehmen können und zum Sehen weder Licht noch Augen benötigen und sogar verifizierende Fragen ohne Zögern korrekt beantworten können wie etwa: ›Wie viele Finger halte ich hoch?‹

So wie diese Blinden trotz ihrer Behinderung sehen können, so könnte das jeder Mensch. Aber Gewohnheit und Bequemlichkeit, manchmal auch die Suche nach Mitleid und Hilfe, verhindern dies in den meisten Fällen.

Jede solche Veränderung in der Wahrnehmung bringt uns dem ›Licht‹ näher, das wir sonst einfach leugnen. Nur müssen wir eben erst einmal zugestehen können, dass da ›doch noch etwas anderes sein kann‹ als immer nur diese eine einzige Welt oder Dimension. Diese Welt, dieses Energiespektrum, in dem wir leben und auf das unsere Sinne geeicht sind, ist doch nur eines von vielen. Oder wie erklärt man sich sonst, dass trotz aller Glaubensdogmen und Religionsdoktrinen fast alle Menschen an ein Weiterleben in der einen oder anderen Form im ›Jenseits‹ glauben? Es kommt nur darauf an, die Sinne öffnen zu wollen und sich vielleicht ein wenig darauf vorzubereiten.«

气

Reise in ein früheres Leben

Oliver steuerte allmählich auf ein anderes Thema zu: »Ich bin zwar kein Psychoanalytiker, aber das Vorgehen zur Selbstfindung und damit zu seiner Bestimmung und Aufgabe ist in der spirituellen Praxis ähnlich. Was ihr jetzt gerade gemacht habt, ähnelt der Regressionstherapie, einer Art Rückführung. Manche namhafte Therapeuten verwenden diese spezielle Therapieform seit einiger Zeit in bestimmten Fällen, um hinter die Ursachen psychischer Symptome zu kommen. Hierbei, und auch bei der so genannten Familien-Aufstellung, werden dem heute lebenden problembehafteten Patienten Tendenzen seiner Persönlichkeit mit unterschiedlichen Mitteln zu Bewusstsein gebracht, die in jedem genannten Fall viel älter sind, als der Betroffene an körperlichen Jahren zählt. Habt ihr schon mal davon gehört?«

Ich hakte ein und erzählte meine Geschichte einer Rückführung, die ich vor Jahren einmal bei einer Bekannten erlebt hatte und auf die ich damals gar nicht vorbereitet gewesen war: »Ich sollte im Geist eine Treppe hinuntergehen, wobei ich die Stufen abzählen musste. Ich erinnere mich, dass ich bei vollem Bewusstsein war. Trotzdem hatte ich seltsame Bilder und Szenen vor meinem inneren Auge. Ich war ein junges Mädchen und befand mich in einem Schloss im Schottland des späten Mittelalters. Dort war ich in einen Turm eingesperrt, den der Schlossherr voll Wasser laufen ließ, woraufhin ich bald jämmerlich ertrank.

Damals war ich ziemlich verwirrt über dieses Erlebnis und wusste gar nicht, was ich damit anfangen sollte. Diese Bekannte klärte mich auch nicht auf. Sie hatte das mit mir einmal ausprobiert und sagte später nichts dazu.«

»Das halte ich aber für ziemlich verantwortungslos«, schaltete sich Steffi ein. »Wenn man bei jemandem eine Rückführung macht, ist es sehr wichtig, anschließend auch darüber zu reden und die Situation zu erklären. Schließlich sind es teilweise ziemlich schreckliche Todeserlebnisse, die plötzlich aus der Erinnerung auftauchen, die einen ja dann auch mitnehmen und weiter beschäftigen. Ich könnte mir vorstellen, dass du vielleicht in deinem Leben irgendwelche Probleme mit Wasser hast. Fällt dir dazu etwas ein?«

Tatsächlich war das ein Punkt, über den ich mich schon immer gewundert hatte. »Ich bin ja hier auf der Insel geboren, mit einem Fischer zum Vater und hatte somit immer schon viel mit Meer und Wasser zu tun. Ich liebe das Meer und kann ziemlich gut schwimmen und tauchen. Mein Problem ist nur, dass wenn ich eine Weile schwimme oder tauche, in mir plötzlich der Gedanke auftaucht, ich könne ertrinken, was eigentlich Quatsch ist, denn ich schwimme ja gut. Dann steigt allmählich Panik in mir auf und ich kann nicht mehr weiterschwimmen. Ein paar Mal wäre ich fast untergegangen, weil ich vor Angst wie gelähmt war.«

»So etwas hatte ich mir fast gedacht.« Steffi runzelte die Stirn. »Solche eher unbegründeten Ängste stammen oft aus Todeserlebnissen früherer Leben und wirken sich in nächsten Leben trotzdem aus. Es sind sehr traumatische Erlebnisse, die tief in unserem Inneren gespeichert sind und an die wir eigentlich nicht bewusst herankommen. Ich habe in meiner Schamanenausbildung auch gelernt, Rückführungen zu machen. Das ist eine ernsthafte Geschichte und man sollte es nicht zum Spaß machen, nur um zu erfahren, ›wer man in einem früheren Leben mal war‹. Außerdem nützt es einem ja gar nichts. Viel wichtiger ist es, traumatische Erlebnisse aufzulösen und somit Probleme zu lösen, die man im jetzigen Leben hat.«

»Und wie soll das gehen?«, fragte Michael neugierig nach.

»Mmh, dazu muss ich wohl ein bisschen ausholen, damit du den Zusammenhang und die Vorgehensweise verstehen kannst«, kündigte Steffi an. »Ein Schamane beispielsweise teilt das Selbst eines

Menschen in drei Bereiche, das Untere Selbst, das Mittlere Selbst und das Hohe Selbst, wobei sich das Hohe Selbst außerhalb des Körpers befindet. Es ist die höchste Instanz, sozusagen der geistige Führer. Das Hohe Selbst weiß als Einziges der drei ›Selbste‹ von unserer Bestimmung, nicht nur in diesem Leben, sondern auch in allen anderen Leben. Wir haben selten Kontakt zu unserem Hohen Selbst, es ›mischt‹ sich nur gelegentlich ein, meistens, um uns vor großem Schaden zu bewahren. Das haben sicher die meisten schon einmal erlebt, wenn eine innere Stimme ihnen dazu geraten hat, etwas besser nicht zu tun. Das Mittlere Selbst kann man als den Verstand, unser logisches Denken oder auch Bewusstsein bezeichnen. Das Untere Selbst enthält alle unsere Erinnerungen und Verhaltensmuster, man kann es mit dem Unterbewusstsein gleichsetzen.

Das Problem eines jeden Menschen ist nun, dass die verschiedenen ›Selbste‹ leider nicht zusammenarbeiten, sondern eher gegeneinander. Jedes Selbst macht, was es will, und nimmt keine Rücksicht auf die Wünsche und Vorstellungen der anderen. Wenn der Verstand meint, wir sollten etwas bestimmtes Sinnvolles tun, ist das Unterbewusstsein meistens dagegen und ›sabotiert‹ das Vorhaben. Überlegt zum Beispiel mal, wie oft ihr euch schon etwas vorgenommen habt, aus dem nichts geworden ist, weil ihr die Lust verloren habt. In diesem Fall hat euer Unteres Selbst gegen eure bewussten Ziele gearbeitet. Das Hohe Selbst hält sich – wie gesagt – sowieso meistens im Hintergrund und hat üblicherweise keine Verbindung zu den anderen beiden ›Selbsten‹.

Ein Schamane kann zu den verschiedenen ›Selbsten‹ Kontakt aufnehmen und sie zu bestimmten Dingen befragen oder sie bitten, untereinander in Kontakt zu treten und entstandene Probleme zu lösen.

So ist es auch möglich, ein Problem zu lösen, das durch ein traumatisches Erlebnis, meistens den Tod in einem anderen Leben, entstanden ist. Dazu spricht der Schamane das Untere Selbst einer Person an, denn dort sind alle Erinnerungen gespeichert, auch die früherer Leben. Wenn das Untere Selbst einverstanden ist, durchlebt die Person den Tod und die Umstände noch einmal, diesmal aus der Sicht eines Beobachters. Das ist genau das, was du damals bei deiner Bekannten erlebt hast, Claire.

Meistens hat die betreffende Person im Moment des Todes noch ein Versprechen an sich selbst formuliert, das sie in ihre nächsten Leben mitnimmt und das ihr Verhalten einschränkt. Dieses Versprechen muss relativiert werden, um im jetzigen Leben ein bestimmtes Problem lösen und ungehindert handeln zu können.

Ein Beispiel: Eine Frau, die von ihrem Mann erschlagen wurde, dachte bei ihrem Tod: ›Wie konnte ich mich nur auf einen Mann einlassen, das werde ich nie wieder tun!‹ Im nächsten Leben oder auch den darauf folgenden hindert dieses Versprechen den jeweiligen Menschen daran, einem Mann zu vertrauen oder mit einem Mann eine glückliche Beziehung einzugehen, obwohl die Person heute es eigentlich möchte und sich sogar danach sehnt. Immer wird dieses Versprechen im Hinterkopf sein und selbst die aufrichtigsten Bemühungen erschweren oder sogar zunichte machen.

Bei dir, Claire, wird es auch so eine Art Versprechen gegeben haben, das dir heute, wenn du dich bis zum Hals im Wasser befindest, diese Panik bereitet. Da deine Bekannte dich nur zu deinem Todeserlebnis hingeführt und dieses Versprechen nicht ausfindig gemacht hat, trägst du die Angst immer noch mit dir herum. An dem Punkt sollten wir beide vielleicht irgendwann noch einmal ansetzen, um das traumatische Erlebnis aufzulösen. Sag mir einfach Bescheid, wenn du mal die Zeit und Ruhe findest, diese Rückführung richtig zu wiederholen. Im Moment ist es ja nicht so dringend, da hast du eh keine Zeit, um schwimmen zu gehen«, lächelte Steffi mich an. Steffis Worte gaben mir auch im Nachhinein noch viel zu denken.

Oliver grinste schelmisch, er wirkte fast wie schadenfroh darüber, dass er doch wieder zu seinem »Recht« kam und meinte beiläufig: »Siehste, das ist ja genau, was ich meine. Da nimmst du Angst, Todesangst aus einem anderen Leben mit, und dich begleitet heute noch, was du damals nicht verarbeitet hast. Nun bedenke bitte noch, dass im damaligen Moment des Todes dein Bewusstsein so klar gewesen ist, wie nie zuvor. Denk deshalb auch daran, dass du im Falle einer nächsten Chance, beim nächsten Todeserlebnis also, sicher formulierst, was du im anschließenden Erdenleben unbedingt vermeiden oder erreichen willst. Denn mit dem Glauben des ganzen Lebens, dass der Tod alle Chancen zunichte macht, geht naturgemäß einher, dass du im Tod, beziehungsweise direkt nach dem Tod etwas bereust, was du beim – nun mit erhöhter Chance annehmbaren – eventuellen ‚nächsten Mal' anders machen würdest. Diese Worte, die du dann denkst, haben einen gewissen steuernden Einfluss auf all deine sich dann in dem anschließenden Leben manifestierenden Ängste, Vorlieben und Erfahrungen. Sogar die Menschen, die du triffst, liebst, fürchtest, denen du vertraust oder misstraust, spiegeln ›irgendwie‹ wider, was dich damals ausmachte. Bei manchen wirkt sich dies stärker aus als bei anderen, aber jeder trägt solche Erinnerungen mit sich herum...«

Dazu fiel auch Michael etwas ein: »Triana Hill, die mir eine sehr gute, liebe Freundin geworden war, hatte mir einmal erzählt, sie meine, mich in einem früheren Leben als Tempelritter getroffen zu haben. Triana war eine in den USA sehr bekannte Hellseherin und Heilerin und hatte mit ihrem Buch ›Der unsichtbare Liebhaber‹ (Silberschnur 1999) viel Staub aufgewirbelt. Obwohl wir uns nie persönlich getroffen hatten, gab es zwischen uns eine sehr enge Bindung, bis sie leider mit einem Gehirntumor in einem Krankenhaus aufgenommen wurde und persönlicher Kontakt nicht mehr möglich war. Triana war in der Lage, telepathische Verbindungen zu mir herzustellen und mich sogar in Träumen zu besuchen. Eine faszinierende Frau, auch wenn ich ihr damals meine Geschichte von den Tempelrittern zunächst nicht ganz glauben wollte.

Aber jetzt muss ich dir mal etwas ganz anderes sagen, was mich schon seit längerem bewegt: Seitdem wir uns kennen, habe ich das Gefühl, dass du wie mein leiblicher Bruder bist. So etwas hatte ich noch nie bei einem Menschen erlebt. Das Gefühl ist so stark und trotzdem unbegreiflich für mich. Außerdem glaube ich, dass du eine sehr wichtige Rolle spielst bei der Aufgabe, die ich haben soll. Das Schlimme ist nur, dass ich immer noch nicht genau weiß, welche?«

»Du wirst lachen, aber ich hatte ebenfalls so ein ähnliches Gefühl. Ich fühle mich wirklich so, als wäre ich ein Teil deiner Familie. Uns verbindet ein sehr starkes Band, noch dazu sind wir uns zwar nicht äußerlich«, Oliver grinste breit, »aber dafür innerlich sehr ähnlich. Dass ich dich schon viel länger kenne, als es in diesem Leben der Fall ist, spürte ich gleich am Anfang unserer Bekanntschaft. So etwas habe ich schon öfter erlebt. Einige Menschen, die ich kennen gelernt habe, waren mir sofort und manchmal sogar vertrauter als viele andere, die ich schon jahrelang kenne. Manchmal sind diese ›Bekannten von früher‹ einfach nur kurze Begegnungen, über die man sich zwar freut, die aber dann vorübergehen. Etwa wie bei einem alten Bekannten, den man unvermittelt auf der Straße wieder trifft. Aber manchmal sind es auch Seelenverwandte, mit denen man sich sehr verbunden fühlt. Mit meiner Frau Steffi habe ich so eine Seelenverwandtschaft, stärker noch eine Seelenpartnerschaft. Wir waren schon öfter ein Paar, und wir spürten beide, dass wir zusammengehören, als wir uns das erste Mal trafen.« Oliver sah Steffi an, die ihn liebevoll und zustimmend anlächelte.

Sie ergänzte: »Einen Seelenpartner zu finden, bedeutet aber nicht, seinen Traumpartner zu finden. Ein Traumpartner ist der Wunsch nach einem Menschen, von dem man meint, er sei körperlich und seelisch für einen selbst geschaffen, also das perfekte Idealbild eines Partners. Dieses Idealbild im Kopf kann jemandem aber leider auch viele liebevolle Beziehungen vermiesen, wenn ein Partner diesem Bild nicht entspricht. Oft wird jemand auch schwer enttäuscht, weil er auf die äußere Erscheinung eines Menschen hereinfällt, die der des Traumpartners sehr ähnelt, der sich aber dann seelisch als die komplett falsche Wahl herausstellt.

Ein Seelenpartner kann aber genau das Gegenteil sein von dem, was man sich erhofft, und es ist auch keine Garantie dafür, dass die Beziehung gut geht und harmonisch verläuft. Es kann sogar sein, dass man seinen Seelenpartner treffen muss, um ein traumatisches Erlebnis aus einem früheren Leben aufzulösen, und sich danach von ihm trennt.

Trotzdem ist Seelenverwandtschaft etwas sehr Schönes, weil man oft viel mehr Verständnis findet und über Dinge reden kann, die einen schon lange bewegten, die man aber sonst niemandem anvertrauen konnte.«

Schamane oder Scharlatane?

Ich sah Steffi an, und mir fiel wieder ein, was sie über ihre Ausbildung als Schamanin gesagt hatte. Ich erkannte, dass ich mir darunter etwas ganz anderes vorgestellt hatte. Ich gebe zu, dass der Begriff »Schamanismus« mich bisher immer geängstigt hatte, denn weder konnte ich ihn wirklich zuordnen, noch wusste ich, was er bedeutete. Ich dachte fälschlicherweise, Schamanismus hätte etwas mit Satanismus zu tun, da beide Begriffe so ähnlich klingen. Beide Worte haben ja auch etwas mit dem Okkulten zu tun und können einem Unwissenden schon Angst einjagen. Doch als ich Steffi so ansah, war der Gedanke an Satanismus geradezu lächerlich, und mir wurden diese Zusammenhänge meiner Sichtweise schlagartig klar. Sofort erzählte ich auch den anderen, was mir durch den Kopf ging.

Oliver schien sogar ein wenig wütend zu werden und fiel mir polternd ins Wort: »Jaja, na klar, da waren mal wieder ein paar Deppen am Werk, die nur Halbwahrheiten verbreitet haben, dort, wo du dich schlau gemacht zu haben glaubst. Und zack! Schon werden Schamanismus, Satanismus und vielleicht sogar noch Voodoo miteinander vermengt. Wer es nicht besser weiß, ist leicht geneigt, so etwas auch gleich zu glauben. «

Michael mischte sich wieder ein und meinte zu Oliver: »Schau doch mal, mein Großer: Du hast dein Leben lang ein Buch nach dem anderen verschlungen, hattest Zeit, die Informationen abzuwägen, zu vergleichen und dir ein rundes und vollständiges Bild zu machen. Vor allem hattest du die Zeit, alle fraglichen Punkte durch eigene Erfahrungen zu klären. Wir aber sind noch nicht so lange dabei.

Auch wenn Claire schon seit ihrer Jugend durch spirituelle Eindrücke inspiriert wurde, so bin ich sozusagen erst aus einer Notlage heraus über diese Thematik gestolpert und habe mir ein wenig Grundwissen auf breiter Linie in eher kurzer Zeit und überwiegend aus dem Internet angeeignet.«

Ich musste Michael beipflichten: »Ich war Künstler-Managerin, und das allein erklärt doch schon, dass ich mir kaum je Zeit für Meditationen und ähnliche Praktiken nehmen konnte. Außerdem ist da ja noch das bekannte oder vielmehr viel zu unbekannte große Problem mit dem Internet und der Masse des unübersichtlichen Angebotes: Wie soll ein ›Newcomer‹ da noch durchblicken und die Spreu vom Weizen trennen? Wie beschafft man sich als Laie zuverlässige Informationen, noch dazu in einem grenzwissenschaftlichen Wissensgebiet? Eine schier unlösbare Aufgabe. Man fällt nur allzu leicht auf gut präsentierte Informationen herein. Echte und wertvolle Informationen sind sogar weniger glaubwürdig, wenn die Präsentation nicht stimmt. Sieh dir deine eigene Homepage an. Dort treffen sich zwar die ›Eingeweihten‹ und ›Wissenden‹, aber für Leute wie mich, die nicht einmal so spezielle Bezeichnungen wie Klartraum oder Astralreise kennen, ist die Site im Web annähernd unsichtbar, zumindest aber trotz der gebotenen qualitativ hochwertigen und auch nützlichen Informationen eben fast unauffindbar.«

Steffi schaltete sich nun ein und berichtete über ihre eigenen Erfahrungen mit Informationsangeboten im Internet: »Schwarze Schafe gibt es überall, aber leider gab es auf dem Gebiet der Grenzwissenschaften und Energiearbeit beziehungsweise Lichtarbeit schon immer besonders viele. Angefangen bei Traumdeutern, Kartenlegern und Zauberkünstlern, die lediglich das Gehabe der wirklichen Seher nachgeahmt haben, bis hin zu Orakel-Künstlern, die willentlich und wissentlich ihrem eigenen Berufsstand geschadet haben, wohl weil sie sahen, dass sie auf dem Gebiet eine schnelle Mark verdienen konnten. Zumindest haben sie ihre Ansichten so verbreitet, dass Unwissende an allem zweifeln mussten.

Woher soll denn auch jemand, der sich informieren will oder Hilfe sucht und sich an jemanden wendet, wissen, ob dieser Mensch nun vertrauenswürdig oder ein Scharlatan ist? Würde er schon etwas über das Thema wissen, sodass er es erkennen könnte, dann bräuchte er sich ja niemanden zu suchen, oder? Daher kann das Ganze eigentlich nur über Empfehlungen laufen, damit die Leute auch wirklich an die richtige Adresse gelangen und nicht einfach nur ausgenommen werden.«

Da hatte Steffi den Nagel auf den Kopf getroffen. Ich ergänzte: »Man müsste eine Art ›Gütesiegel‹ entwickeln, das für Qualität gerade bei spirituellen ›Dienstleistungen‹ garantiert. So wie ich das damals mit meiner Naturkosmetik gemacht habe. Draufschreiben, was tatsächlich drin ist. Damals war die Verpackungs-Deklaration so wie heute noch keine Pflicht. Wir waren die ersten, die soviel darauf schrieben, zum Beispiel hinsichtlich möglicher Allergien und dergleichen. Auch waren unsere Produkte nicht – noch nicht einmal die Grundstoffe – an Tieren getestet. Auch da lügen heutzutage leider viele Hersteller. Sie behaupten, dass ihre Produkte nicht an Tieren getestet wurden. Das gilt vielleicht für die Endprodukte, aber die Inhaltsstoffe werden bei irgendeinem Chemiekonzern eingekauft, der dafür doch wieder Tiere quält.

Da bin ich wieder mit meiner Ehrlichkeit, werdet ihr sagen, die mich eigentlich immer nur viel gekostet hat. Trotzdem kann ich es einfach nicht lassen. Über ein ›Gütesiegel‹ für spirituelle Produkte und Dienstleistungen sollten wir wirklich noch einmal nachdenken.«

气

Der Abschied vom Sommer

Nach einer wundervollen Zeit mit Steffi und Oliver waren uns unsere Gespräche unter unserem Baum im Garten so lieb geworden, dass uns der Abschied sehr schwer fiel, als die beiden wieder nach Hause fahren mussten. Michael fühlte ähnlich und auch unseren Gästen fiel der Abschied offensichtlich alles andere als leicht. Da die beiden aber zu Hause reichlich eingespannt waren, half kein Bitten und Betteln. Wir mussten sie ziehen lassen. Doch unser herzlicher und inspirierender Kontakt konnte durch die Entfernung kaum geschwächt werden, nachdem wir uns einmal so stark verbunden fühlten.

Während ich mich schon am nächsten Tag wie gewohnt um die Versorgung von Michaels Eltern kümmerte, benötigte ich dennoch einige Tage, um wieder in den Trott zurückzukommen, der vor dem Besuch dieser beiden so spirituellen Menschen meine Gewohnheit gewesen war. Es gab mehrere Tage, an denen ich mir immer wieder Inhalte unserer Gespräche durch den Kopf gehen ließ und die Dialoge in mein Gedächtnis zurückrief. Besonders stark berührte mich stets die Idee, dass es ja vielleicht wirklich meine Aufgabe sein könne, ein Buch zu schreiben. Diesen Gedanken wog ich immer und immer wieder ab, hin und her gerissen zwischen meinen Zweifeln und einer leisen inneren Stimme, die Oliver Recht gab. Vielleicht … ja, vielleicht musste ich einfach damit beginnen, diese Biographie über mein Leben zu schreiben.

Letztendlich ließen mir meine neu gewonnenen Erkenntnisse keine andere Wahl und so begann ich damit, meine wesentlichsten Gedanken niederzuschreiben. Schließlich waren es wieder Olivers

Worte in meiner Erinnerung und meine eigene Auffassung des schönen Zen-Spruchs »Der Weg ist das Ziel«, die mich mit diesem Buch beginnen ließen. Ich arbeitete zielstrebig und perfektionistisch, aber zum ersten Mal im Leben war mir wirklich gleichgültig, ob, wie, wann oder von wem dieses Buch je gelesen werden würde. So fand sich erst nach der für mich persönlich befriedigenden Fertigstellung des Manuskriptes und der durch meinen Partner Michael ins Deutsche übersetzten Fassung des ersten Teils ein Verleger, der darum bat, diese Seiten einmal einer Prüfung auf Lesetauglichkeit unterziehen zu dürfen. In mir wuchs die Neugier: Ich wollte doch schon gern wissen, welchen Wert mein Erstlingswerk vor »echten« fremden Lesern haben könnte. Also reichte ich das bis dato lediglich als Computerdatei vorliegende Buch beim Verlag ein und war schließlich kaum noch überrascht, dass ich darum gebeten wurde, daran weiterzuschreiben.

Ich zog auch meine älteren Tagebücher und halbfertigen Manuskripte wieder hervor, und so entstand allmählich im Herbst 2003 der erste Teil des vorliegenden Buches.

气

Winter

Inzwischen war das neue Jahr angebrochen. Es war Winter und ich hatte das Manuskript für dieses Buch fast fertig, als das Schicksal noch eine weitere Prüfung für uns bereithielt.

Vor gerade einem halben Jahr saßen wir vier in gemütlicher Runde unter dem Baum am Teich und hatten beschlossen, dieses Buch herauszugeben. Es sollte eine Art Lehrbuch werden und von den Erfahrungen berichten, aus denen andere Menschen lernen könnten. Erst vor ein paar Tagen waren Oliver und Steffi mit ihrer Tochter wieder heimgefahren. Sie hatten den Jahreswechsel mit uns verbracht, das schönste Sylvester, das wir die letzten paar Jahre erlebt hatten. Natürlich hatten wir in unserem Leben so manche tolle Sylvesterparty erlebt, die wesentlich aufregender war als dieses Jahr.

Früher wurden in diesem Haus Böller und Raketen für viele tausend Mark in die Luft gejagt. Diesmal hätte ich beinahe gar nicht darauf geachtet, wenn nicht direkt in unserer Nähe der Himmel plötzlich von Feuerwerk erleuchtet worden wäre und jemand den Anfang mit dem üblichen »Frohes Neues Jahr!« gemacht hätte.

Wie oft hatte ich schon Leuten, die ich gar nicht kannte und vor allem, die mich eigentlich überhaupt nicht interessierten, ein frohes neues Jahr gewünscht. Aber dieses Jahr konnte ich neben meinem geliebten Freund Michael und meiner eigenen Mutter endlich auch mal wieder echte Freunde in den Arm nehmen, sodass diese Worte auch wirklich etwas für mich bedeuteten.

Und das neue Jahr sollte uns auch gleich am Anfang aufs Neue auf die Probe stellen. So wie es aussah, hatte Michaels Vater sich dazu entschieden, aus dem Leben zu scheiden.

Er war schon seit langem krank und wurde zusehends schwächer. Noch am vorigen Abend hatte ich ihm die Krebsschwanzsuppe mit Sahnehäubchen eingelöffelt, von der er gar nicht genug bekommen konnte. Ich sprang ihm, dem an »Parkinson« Leidenden, zur Hilfe, weil er mit dem Kopf fast im Suppenteller landete, als er versuchte, sich nach vorne zu beugen, um zu essen.

Als Michael ihn zu Bett brachte, was er jeden Abend tat, da sagte sein Vater zu ihm: »Dies ist das letzte Mal, dass du mich zu Bett bringen musst.«

Ich hatte direkt hinter Michael gestanden und seine Worte auch gehört. Aber erst, als ich nochmals in sein Zimmer ging, um nach ihm zu sehen, wurde mir wirklich bewusst, was seine Worte bedeuten könnten. Er schien sich wirklich verabschieden zu wollen. Deshalb lag er auch ruhig und ausnahmsweise mal ohne vor Schmerzen zu stöhnen in seinem Bett.

Schon vor drei Tagen hatten wir einmal gedacht, es ginge mit ihm zu Ende. Wie tot lag er röchelnd im Bett. Die Pflegeschwester, die ihn jeden Morgen versorgte, bedeutete uns, wir sollten den ganzen Tag bei ihm bleiben und ihm die Hand halten, denn sie wüsste von vielen anderen Fällen, wie schwierig es wäre, alleine zu sterben.

Als sie dann aber noch Michaels Mutter hereinbrachte, die auf Grund ihrer Demenz nicht mitbekam, was los war, wurden wir beide sogar ein ganz klein bisschen böse auf die Schwester. Michael wollte noch nicht glauben, dass sein Vater sterben würde und er kannte ihn ja wohl besser als alle anderen hier. Er meinte, wenn sein Vater sterben wollte, dann hätte er etwas gesagt oder zumindest ein Zeichen gegeben. Auch unser Pendel, das wir zwischenzeitlich befragt hatten, sagte uns, dass es noch nicht so weit wäre. Aber der Arzt, den wir nochmals dazu gerufen hatten, bedeutete uns, dass wir darauf gefasst sein müssten, dass der alte Mann nicht mehr aufwachen würde. Die Schwester veranlasste, dass wir Wattestäbchen bekamen, mit dem man Sterbenden den Mund befeuchten konnte. So bereiteten wir uns auf das Unvermeidliche vor und riefen auch den Rest der Familie zusammen.

Ich war besonders froh, dass Oliver sich, als er gehört hatte, dass Michaels Vater im Sterben lag, sofort entschloss, von Deutschland nach Texel zu reisen, um uns beizustehen, obwohl er erst vor drei Tagen mit seiner Familie wieder nach Hause gefahren war. Es war ein gutes Gefühl und gab mir die Kraft, die Situation und alles, was damit im Zusammenhang noch auf mich und Michael zukommen würde, durchzustehen.

Michaels Schwester hatte sich noch nicht gemeldet und seine desorientierte Mutter war in dieser Situation eher eine noch größere Last als unter normalen Umständen.

Als Oliver ankam, war die etwas beklemmende Stimmung, die sich im Haus eines Sterbenden breit machte, schnell verflogen. So erklärte er Michaels ältester Tochter, was die Lampe am Tor zu bedeuteten hatte. Sie sollte dem Sterbenden das Licht zum Ausgang zeigen und ihm seinen letzten Weg erleuchten. Er erwähnte, dass auch der abnehmende Mond ein guter Zeitpunkt zum Sterben sei und zitierte aus dem Buch »Der richtige Zeitpunkt«, das er mir vor einiger Zeit geschenkt hatte.

Dieses Buch handelte vom Einfluss, den der Mond auf unser tägliches Leben und ganz besonders auf die Natur unseres Planeten hat. Als Insulanerin war mir die Kraft des Mondes natürlich von seinem Einfluss auf die Gezeiten bekannt. Obwohl das Buch nette Tipps enthält, frage ich mich doch, ob es wirklich am Einfluss des Mondes liegen kann, wenn mein Friseur meine Haare nicht ganz so schneidet, wie von mir gewünscht. Noch bedenklicher finde ich, den Zeitpunkt für chirurgische Eingriffe vom Stand des Mondes abhängig zu machen. Aber jedem das Seine. Und was die Ernte von Kräutern und das Schlagen von Holz betrifft, so kann ich den Anregungen der Autoren durchaus folgen.

Um meine Gefühle in Situationen, die es erfordern, unter Kontrolle zu bringen, hatte ich mir schon vor längerer Zeit eine wirksame »Schnellmeditation« zusammengestellt. Zwar hatte ich viele Bücher über

Meditation und Yoga gelesen und auch mal einen Kursus besucht. Doch durch mein aufreibendes Leben gab es kaum eine Übung, die ich konsequent durchhalten konnte, weil es mir entweder zu kompliziert war oder weil ich einfach keine Zeit dafür finden konnte.

So legte ich mir schon vor vielen Jahren eine »Instant Meditation« zu, die ein jeder bei allen erdenklichen Gelegenheiten selbst schnell und einfach nachvollziehen kann.

Und Gelegenheiten ergeben sich laufend. Denn jeder Mensch glaubt, es müsse auch einen triftigen Grund geben, traurig oder glücklich zu sein. Tägliche Situationen in unserem Umfeld erfordern es aber leider oft, unsere Stimmung unter Kontrolle zu bringen.

So war auch die Situation, in der ich mich gerade befand: Sollte ich meine strapazierten Nerven über den bevorstehenden Tod meines quasi Schwiegervaters etwa auch an seinen Enkelkindern, seiner Frau oder gar Michael und damit auch an ihm selbst abreagieren? Würde es ihm nicht viel leichter fallen zu gehen, wenn seine Frau, Kinder, Enkel und ich noch lachend mit ihm am Tisch saßen? Oder sollte ich die Extraarbeit und Sorgen, die mir diese Situation bereitete, an anderen auslassen? Etwa die Enttäuschung und Wut, die ich empfand, als Michaels Schwester sich angeblich nicht die Zeit nehmen konnte, ihren vielleicht bald sterbenden Vater zu besuchen? Sollte ich sie darauf ansprechen, falls sie sich doch noch aufraffen konnte und die Zeit fand, ihren Vater zu verabschieden?

Nein, ich glaubte nicht, dass dies der richtige Weg wäre, und so half es mir, wenn ich mir ab und zu wieder mittels einer kurzen Meditation bewusst werden konnte, dass es gut war, dass er ging und dass wir ihm den Abschied so angenehm wie möglich gestalten würden.

Hierbei möchte ich unter keinen Umständen suggerieren, dass man seine Stimmung immer den gegebenen Umständen anpassen *muss*. Für unser inneres Verständnis aber und vor allem für eine Beeinflussung unseres Chi ist es wichtig, auch die eigenen Gefühle unter Kontrolle bekommen zu können, was übrigens auch das Ziel vieler Tiefenmeditationen ist.

Ich nutze diese Übung im Übrigen auch, um mich auf meine Traum- oder Astralreisen vorzubereiten und in Kombination mit Olivers meditativen MindSync-CDs. Damit kann man seine Träume »steuern« lernen und sogar vorprogrammieren, was ich mir zur regelmäßigen Gewohnheit gemacht habe.

气

Tod oder Abschied?

Als Michaels Vater im Sterben lag, wurde mir zwangsläufig bewusst, dass ich ein ganz wichtiges Kapitel in meinem Buch bisher übergangen hatte, nämlich den Abschied oder krasser ausgedrückt: den Tod eines Menschen.

Abschied ist ein fester Bestandteil unseres Lebens und der Tod gehört genauso zum universellen Zyklus wie das Leben. Darum ist es mir wichtig, über diesen so essentiellen Punkt ausführlicher zu sprechen.

Abschied bedeutet zunächst einmal Verlust. Verlust tut weh, zumindest so lange, wie man diesen Verlust für endgültig hält. Das gilt für materielle Dinge wie für gute Freunde. Wenn man sich darüber im Klaren wäre, dass jeder Verlust irgendwie ersetzt wird, wäre es einfacher, darüber hinwegzukommen – natürlich abgesehen von unersetzbaren Besonderheiten, die wie immer die Regel bestätigen.

Aber lassen Sie es mich einfach verständlich erklären: Wenn zum Beispiel ein guter Freund uns verlässt, weil er auf eine weite Reise geht, umzieht oder gar einen neuen Freund/Freundin hat, dann sollte man sich eigentlich darüber klar werden, dass dieser Abschied uns zwar weh tun mag, für den Abschiednehmenden in den meisten Fällen aber zum Vorteil ist. Also warum freuen wir uns nicht über den Vorteil, der unserem Freund widerfährt? Das würde den Abschied leichter machen.

Das Gleiche gilt auch für den Tod eines geliebten Menschen, ganz gleich, ob er aus einer langwierigen Krankheit erlöst wird oder sein Alter erreicht hat.

Selbstverständlich ist der Tod eines geliebten Menschen für keinen von uns einfach zu verarbeiten. Aber ist man sich erst einmal bewusst, dass der Tod nur eine »Zwischenstation« im ewigen Lebenszyklus ist, verliert der Begriff Tod seinen Schrecken. Zumal wenn es sich, wie hier, um einen 84-jährigen Menschen handelte, der sein Leben gelebt und in vollen Zügen ausgekostet hatte. Da wird der Tod eher zu einem Abschied. Und warum sollte man den Abschied von einem guten Freund nicht auch in guter Erinnerung behalten, sofern das möglich ist?

Noch schwieriger wird es beim Verlust eines geliebten Menschen durch einen Unfall oder ein Verbrechen, ganz besonders, wenn es sich dabei um jüngere Menschen oder gar um Kinder handelt. Ich kann nicht voraussetzen und verlangen, dass Sie, liebe Leser, an ein Leben nach dem Tod glauben. Ich glaube daran und Michael auch und das hat ihm geholfen, über den Tod seines Sohnes hinwegzukommen. Mehr als die Empfehlung, sich einmal ernsthaft mit dieser Möglichkeit zu beschäftigen, kann ich Ihnen im Moment nicht mitgeben. Nur wenn Sie sich die Natur anschauen, dann werden auch Sie feststellen, dass jedes Leben, das endet, den Anfang eines neuen Lebens mit sich bringt. Dies ist im unendlichen Zyklus des Universums so vorgesehen. Und dieses Wissen, dieser Glaube oder auch diese Überzeugung kann Sie zumindest zu Lebzeiten glücklicher und – auf das Ende eines Menschenlebens hin betrachtet – zuversichtlicher machen.

Der Körper von Michaels Vater war welk wie das Blatt am Baum im Herbst, und es würde bald abfallen. Aber es würde neues Leben entstehen. Immer wieder und wieder im ewigen Kreislauf. Mit dieser Sicherheit in unserem Herzen können wir getrost Abschied nehmen.

Aber Michael sollte zunächst einmal Recht behalten – es war noch nicht soweit. Nach ein paar Tagen war sein Vater wieder so fit, dass er sogar aufstehen und sein Frühstück am Tisch einnehmen konnte.

Unser Vorgefühl und das Pendel hatten uns nicht getäuscht, auch wenn es nur ein Aufschub war.

War es auch diese Ur-Lebenskraft, die den alten, schwerkranken Mann noch am Leben erhielt? Er war schon unzählige Male unglücklich hingefallen, als er noch das bisschen Kraft hatte, sich selbst aus dem Rollstuhl zu erheben. Er, der einstmals so stark war und ein schon fast unglaubliches Durchhaltevermögen hatte, wollte seine immer weiter fortschreitende Lähmung einfach nicht akzeptieren. War es vielleicht auch sein Chi, das bisher verhindert hatte, dass einer seiner unglücklichen Stürze einmal tödlich enden würde? Jedenfalls ließ sich der alte Mann nicht so schnell kleinkriegen und es sollte noch eine ganze Weile dauern, bis es soweit sein sollte.

气

Eine Überraschung mit dem Pendel

Während dieser Tage, in denen Michaels Vater im Sterben lag, aber noch nicht von uns gegangen war, wagten Oliver und ich ein Experiment. Eigentlich wollten wir wissen, wer oder was einen möglicherweise schlechten Einfluss ausübte, der Michaels Vater scheinbar am Sterben hinderte, und so nahm ich ein sensibles Metallpendel, während Oliver Fragen auf JA/NEIN-Antworten formulierte. Wir zeichneten also ein großes »Plus« auf ein leeres Blatt, und ich fragte die Standardfrage zu Beginn »Ist da jemand?«. Als das Pendel ausschlug, bezeichneten wir die entsprechende Achse des Plus mit »Ja« und die andere Achse mit »Nein«. Ich wollte zunächst einmal wissen, wer da bereit stand, uns Antworten zu geben. Ich fragte als Erstes: »Ist da Mike?«, woraufhin das Pendel etwa fünf Zentimeter in jeder Richtung auf der JA-Achse ausschwang. Insgesamt also etwa zehn Zentimeter – ein beachtlicher Erfolg gleich zu Beginn, der selbst Oliver, obwohl er schon so einiges in seinem spirituellen Leben gesehen hatte, überraschte.

Seltsamerweise jedoch zweifelte *der* selbst am meisten, ob es hier mit rechten Dingen zuging. So ließ er mich gar nicht erst zu Wort kommen und versuchte sein eigenes, wie er nachträglich selbst zugab, etwas kleingläubiges System der Sicherheit aufzubauen, was die Antworten anging. Seine erste Frage war also: »Mike, bist *du* das?«, und die Antwort ergab wieder einen 10 cm Ausschlag in Richtung Ja. Olivers Zweifel ließ erst nach, als wir das obere Ende des Pendels an einem Ständer befestigten, um von unwillkürlichen Muskelbewegungen ganz und gar unbeeinträchtigt zu sein. Wir wiederholten die Frage nach Mikes Anwesenheit und das Pendel rutschte mit der ersten Bewegung aus seiner Halterung. Wir waren mehr als erstaunt und deuteten dieses Ereignis als Sarkasmus, der Olivers Misstrauen strafte. Also nahm ich das Pendel wieder in die Hand, stützte meine Ellenbogen auf den Tisch, entspannte mich und pendelte erneut, während Oliver meine Hände genau im Auge behielt, ob sie zitterten oder zuckten und so dem Pendel zum Ausschlagen verhalfen. Dies war jedoch keineswegs so: Ich saß ganz still da und hielt meine Hände durchgehend völlig ruhig. Also begannen wir erneut mit unseren Fragen ... Noch sehe ich Olivers Staunen bei dieser Session und gebe deshalb nachfolgend den »Dialog« zwischen Oliver und dem Pendel wörtlich wieder:

Oliver: »Ist da Mike?«
Pendel: JA

Oliver: »Mike, weißt du etwas über Opas Sterben, das wir nicht wissen?«
Pendel: JA (3 cm Ausschlag)

Oliver: »Willst du uns das sagen, was du weißt?«
Pendel: JA (4 cm)

Oliver: »Behindert irgendetwas Opas Abschied?«
Pendel: JA (10 cm)

Oliver: »Und du weißt, was das ist?«
Pendel: JA (6 cm)

Oliver: »Ist da vielleicht noch jemand *außer Mike*?«

Die Antwort schockierte uns, denn das Pendel stoppte jede kleine Restbewegung der vorangegangenen Antwort abrupt und schwang wie wild geworden in die Nein-Richtung, etwa 7 cm in jeder Richtung, also 14 cm Ausschlag. Das überraschte sogar mich so sehr, dass ich das Pendel für einen Moment weglegen musste. Oliver machte diese Reaktion wohl etwas nachdenklich und so ging er etwas vorsichtiger an die Sache heran. Er fragte mich, ob ich einverstanden sei, wenn er ein paar andere Fragen stelle, als nur zu Opas Abschied, denn ihm war wohl eine Idee gekommen. Und so machten wir weiter:

Oliver: »Mike, bitte bestätige deine Anwesenheit erneut.«
Pendel: JA (8 cm)

Oliver: »Ich brauche eine kleine Pause. Danke, Mike.«
Pendel: Das Pendel wurde abrupt ruhiger.

Oliver: »Mike, warst du Michaels Sohn?«
Pendel: JA (6 cm)

Oliver: »Bist du körperlich durch einen Autounfall auf Texel gestorben?«
Pendel: Ja (5 cm)

Oliver: »Hast du dich danach wieder verkörpert?«
Pendel: Das Pendel »tanzte« wie fröhlich in NEIN–Richtung, dann heftiger Ausschlag NEIN (6 cm)

Oliver: »Aber du bist die ganze Zeit hier in der Nähe unserer Welt geblieben?«
Pendel: Das Pendel tanzte herum, dann JA (8 cm)

Oliver: »Wolltest du gar keinen weiteren Körper haben?«
Pendel: NEIN (10 cm)

Oliver fielen fast die Augen aus dem Kopf. Wie er mir sagte, verwarf er erst einmal seine weiteren Fragen, die er noch im Kopf hatte. Er fragte Mike, ob sein Schicksal tatsächlich ganz und gar erfüllt sei. Ich wusste gar nicht genau, was er damit wohl meinte. Das Pendel antwortete darauf mit einem fast gelangweilten Ja (6 cm).

Oliver: »Hast du vor, in einem neuen Körper wiederzukommen?«
Pendel: NEIN

Oliver: »Kannst du dort immer bleiben, wo du jetzt bist?«
Pendel: JA

Oliver: »Hast du noch weitere Aufgaben im Diesseits, hier in der materiellen Welt?«
Pendel: NEIN

Oliver: »Das heißt, du wusstest, wann deine Aufgabe hier erfüllt war?«
Pendel: JA

Oliver: »Warst du schon in mehr Körpern auf dieser Erde, als nur in Mikes Körper?«
Pendel: JA

Oliver: »Aber Mike zu sein, war deine geplante und letzte Inkarnation?«
Pendel: JA

Oliver: »Und nun bist du frei?«
Pendel: JA (14 cm)

Oliver: »Würdest du die Inkarnation Mike als Indigo-Kind bezeichnen?«
Pendel: JA

Oliver: »Benötigst du weitere Inkarnationen?«
Pendel: NEIN

Oliver: »Bestehst du unkörperlich?«
Pendel: JA

Oliver: »Ohne schwächer zu werden?«
Pendel: JA

Oliver: »Sind wir hier in Amerika?«
Pendel: NEIN

Oliver bedankte sich bei Mike und musste am nächsten Tag zugeben, dass er zunächst sprachlos war, denn das hatte er wohl wirklich nicht erwartet.

Mehr zum Thema Reinkarnation und Indigo-Kinder finden Sie im spirituellen Lexikon im Anhang.

气

Glaube – wer entscheidet über richtig oder falsch?

Was war ich froh, diese Tage im Kreis spiritueller Menschen verbringen zu können und zu sehen, wie sich diese Spiritualität auch auf andere übertrug. Zu schade eigentlich, dass es zwischen Christen und spirituellen Menschen eine so große Distanz gibt. Dabei geht es nur um Definitionen und nicht um den Glauben selbst. Gott ist für alle da und auch ich glaube an einen Gott, auch wenn er bei mir weder evangelisch, noch katholisch ist und ich mich auch nicht mit allen Interpretationen seiner Gebote und Worte, wie sie in der Bibel stehen, immer identifizieren kann. Aber müssen wir das überhaupt?

Unvorbelastet wie ich war, hatte ich in den letzten paar Jahren eine geistige Reise durch fast alle Bereiche der Spiritualität, Esoterik und die verschiedensten Religionen unternommen. Zwar war ich in der Tiefe nicht so bewandert wie unser »wandelndes spirituelles Lexikon«, Oliver, doch hatte ich sehr schnell die Essenzen und Zusammenhänge erkannt. Und schon dabei war mir aufgefallen, dass alle Religionen seit Jahrtausenden eigentlich über das Gleiche redeten, nur mit anderen Bezeichnungen und manchmal auch anderen Erklärungen.

Vielleicht fühlte ich mich gerade deshalb immer mehr dazu berufen, dieses Buch schreiben zu müssen: Weil ich wie Michaels »Vogel über dem Problemberg« aus einer anderen Perspektive sehen gelernt hatte.

Noch am vorherigen Morgen hatte ich eine diesbezügliche Diskussion mit der Pflegeschwester meines Schwiegervaters. Sie war doch etwas verwundert darüber, wie Michael vor ein paar Tagen, als sie schon meinte, es ginge mit seinem Vater zu Ende, dennoch darauf beharrte, dass der Zeitpunkt noch nicht gekommen sei. Ich erzählte ihr, dass wir spirituell sehr interessiert seien, ohne dass ein Außenstehender das gleich merken würde, weil wir unseren Glauben nicht auf irgendeine Fahne schrieben. Sie blickte mich daraufhin schon etwas misstrauisch an, und als ich ihr dann noch erzählte, dass wir unsere Voraussage »ausgependelt« hatten, entgegnete sie mir fast angewidert, dass sie dies mit ihrem streng katholischen Glauben, in dem sie erzogen war, nicht vereinbaren könne. Sie »glaube an Gott und nichts anderes«. Ich erwiderte darauf, dass vor ihr wohl eine der überzeugtesten Christinnen stehe, der sie vielleicht jemals begegnet wäre, und erklärte ihr »meine« Interpretation von *Gott.*

Für mich gibt es nämlich nur *EINEN GOTT*, und der ist in allen Religionen derselbe. Meinungsdifferenzen verschiedener Anbetungsformen liegen stets ausschließlich darin begründet, wie einzelne Gruppen Ihn nennen oder seine Eigenschaften beschreiben.

Es schien mir fast so, als ob sich unserer Pflegerin hier und jetzt eine neue Welt eröffnete, wahrscheinlich hatte sie den Begriff »Spiritualität« noch nie zuvor aus dieser Perspektive heraus betrachtet. Spirituelle Menschen waren für sie bisher nur ungläubige »Spinner« gewesen, und alles, was auch nur nach Spiritualität roch, wie etwa mein Räucherwerk, das ich in den letzten Tagen immer öfter abbrannte, wurde von ihr und den Millionen anderen so genannten »Gläubigen« mit großem Abstand gemieden, obwohl gerade in katholischen Kirchen der Gebrauch von Weihrauch seit ewigen Zeiten gang und gebe ist.

Schade, dass so viele Unwissende und Scharlatane dem Ruf der Spiritualität und Esoterik sehr geschadet haben. Unser Freund und Mitarbeiter Müller konnte uns da nur beipflichten, denn er hatte sich im Zuge einer Marktuntersuchung für Claire Fisher auch einmal einige spirituelle und esoterische Internetseiten angeschaut. Zu viert ereiferten Oliver, Müller, Michael und ich uns über die Ungereimtheiten, die offensichtliche Unwissenheit und den oft puren Unsinn, der gerade im Internet vermehrt verbreitet wurde und den Scharlatanen in ihrem »Geschäft« leichte Arbeit verschaffte.

Aber da war auch die Tatsache, dass die meisten Leute, die etwas über Spiritualität zu vermelden hatten, immer wieder diesen belehrenden Zeigefinger mit ins Spiel brachten, als ob jeder erst einmal irgendwie »bekehrt« werden müsse. Dazu bezogen sich die meisten Informationen und Bücher immer wieder nur auf etwas »Bestehendes«, »Altbekanntes«. Mir jedoch fehlte einfach einmal etwas Neues, Einfaches und vor allem für jeden einzelnen Menschen Nachvollziehbares. So kam es auch vor, dass wir Olivers eigene Darstellungen als zu »abgehoben« oder unverständlich angriffen.

Da er aber längst die Erfahrung gemacht hatte, dass viele Menschen ihn verurteilten, wenn er tief aus dem Herzen sprach, nahm er uns unsere Kritik nicht weiter übel. In unserer herzlichen Gemeinsamkeit war Kritik an der Tagesordnung. Wir alle konnten und wollten aus jeder Kritik lernen und so nahm auch Oliver unsere Standpunkte als konstruktive Kritik an.

»Ich muss einfach lernen, mich kürzer zu fassen und klarer auszudrücken«, lachte der große Mann und gab uns schließlich Recht. »Ich hatte wohl schon vergessen, dass mein Gedankengut auch nicht über Nacht entstand oder welche Menge Zweifel, Übung, Erfahrung und gewissenhafte Prüfung nötig sind, um eine Anschauung so drastisch zu verändern, wie ich das von euch nach nur wenigen Sätzen verlangt habe. Ich hatte zu leichtfertig angenommen, dass ihr eure spirituelle Weltsicht, die sich ja auch erst durch etliche Jahre der Erfahrung und des ständigen Nachdenkens so weit entwickelt hat, ohne weiteres durch einige wenige Anmerkungen nochmals umwerfen würdet. Nein, es ist besser, ihr prüft kritisch jedes Wort von mir und jedem anderen Menschen und vergleicht alles mit euren eigenen Ansichten, als wenn ihr – wie so viele – einfach nur nickt und mir Recht gebt, ohne wirklich gedanklich dabei zu sein. Ich danke euch dafür, dass ihr mir wirklich zuhört und mir auch aufzeigt, wo meine Schwächen liegen. Ich danke euch, Freunde, für eure Zuwendung und euer Verständnis, denn nur so können wir in schwierigen Situationen voneinander lernen.«

Olivers einsichtige Worte berührten etwas in mir, das ich momentan noch nicht fassen konnte. Daher stellte ich zunächst meine offene Frage nach einer innovativen Neuerung auf spirituellem Sektor erneut: »Ich bin eigentlich nur auf der Suche nach einer Erklärung, einer Lösung, die in meinen Augen zum Greifen nahe liegt, die aber bislang weder ich noch irgendjemand anders zu formulieren im Stande war. Eine besonders große Verantwortung für diese Innovation, die mir da vorschwebt und die jeden einzelnen Menschen weiterbringen kann, hätte meiner Ansicht nach auch die Kirche, ganz besonders die katholische Kirche, übernehmen müssen. Gerade die Kirche, die sich heute den Vorwurf gefallen lassen muss, den Menschen über die Jahrhunderte hinweg so viel vorgemacht zu haben.

Die Institution Kirche hat ganz offensichtlich den Anschluss an die Zeit verpasst, sodass es heute den Leuten schwer fällt, an ihre Auslegungen zu glauben, weshalb die Kirchengebäude immer leerer und leerer werden. Meines Erachtens ist dies übrigens der Hauptgrund dafür, warum immer mehr Menschen, die ja alle in schwierigen Zeiten und vor allem in höchster Not gerne an etwas glauben wollen, sich der Spiritualität, der Esoterik und leider manchmal auch der schwarzen Seite zuwenden. Die Scharlatane und kaltblütigen Geschäftemacher haben auch dadurch Hochkonjunktur.

Schade, schließlich hatte die Kirche eines der besten Marketing-Konzepte aller Zeiten, und ihr ›Produkt‹, nämlich der Glaube an Gott und den Heiligen Geist war mal ein Bestseller.

Eigentlich müsste die katholische Kirche Michael in den Vatikan berufen! Dann hätten sie wenigstens einen guten Marketing-Mann«, rief ich scherzhaft aus.

»Meinst du das etwa im Ernst?«, wunderte sich Oliver mit einem Blick in den Augen, der seine tiefe Skepsis gegen kirchliche Dogmen verriet.

»Natürlich nicht, erstens bin ich evangelisch, zweitens kann ich mir ein Leben im Zölibat nicht wirklich gut vorstellen«, erwiderte Michael zunächst lachend, um dann aber vollen Ernstes fortzufahren: »Aber warum verurteilst du die Kirche und damit die Menschen, die diesem Glauben folgen? Muss es denn für alles immer eine andere und bessere Alternative geben? Geht es denn im Endeffekt nicht um die Menschen, die Liebe und das Verständnis unter den Menschen? Geht es nicht darum, den Menschen bewusst zu machen, dass es ›mehr‹ gibt zwischen Himmel und Erde, egal wie wir das bezeichnen, ob Gott oder anders? Wer hat Gott eigentlich den Namen Gott gegeben? Gott selbst oder wir Menschen? Sind denn die Interpretationsfehler, die man vielleicht aus der Bibel herauslesen kann und die die Kirchen den Leuten über die Jahre hinweg eingetrichtert haben, etwa Gottes Fehler oder einfach nur Fehler von Menschen, so wie ich stark vermute? Ist das nicht das Chi, das du die ganze Zeit so gut uns begreiflich zu machen versuchst? Ist es nicht die Klarheit und Deutlichkeit, mit der Claire das *Ist*, das *Sein*, also die Urlebenskraft oder auch den Gott in uns selbst, so schön einfach beschreibt? Jetzt bist du mal wirklich gefragt…«, schloss mein Partner lächelnd, aber doch sehr ernst sein »Plädoyer« ab. Er ließ Oliver aber noch nicht zu Wort kommen, indem er etwas scherzhaft hinzufügte, wohl um unserem Freund die Härte seiner Worte zu nehmen: »Also wenn ich im Vatikan beschäftigt wäre, wüsste ich schon, wie ich die Kirchen mit meiner Marketingstrategie ruckzuck wieder voll bekommen würde.«

气

Nach Regen kommt Sonnenschein

Nach unserer Diskussion über Glaubensfragen und ganz besonders den Status der Kirche hatte sich mal wieder bewiesen: Nach Regen kommt immer wieder Sonnenschein. Stärker noch: Ein Gewitter klärt die Luft. In diesem Fall unseren Geist.

Wir hatten alle noch über unsere verschiedenen Sichtweisen nachgegrübelt und waren uns trotz manchmal harter Worte noch ein Stück näher gekommen. So kamen wir am nächsten Morgen zur gleichen Schlussfolgerung: Es war absolut unsinnig, sich über die Definition von Worten zu streiten.

Es mag ja sein, dass manchmal jemand etwas anderes unter einem Wort versteht und die unterschiedlichen Gedanken dazu nicht »unter einen Hut« zu bringen sind. Doch bevor man sich dann darüber streitet, welche Definition des Wortes wohl »richtiger« ist und zu keiner Lösung kommt, sollte man lieber herausfinden, was eigentlich gemeint ist. Dafür könnten dann die Gesprächspartner ein intern neues Wort definieren und somit festsetzen, was darunter zu verstehen ist, wenn man sich auf dieses neue Wort bezieht. Nur so kommt man im Gespräch weiter und hält sich nicht an irgendwelchen Worten auf, obwohl man eigentlich über das Gleiche redet.

»Aber es müsste doch eine einfachere Möglichkeit geben, die so einfachen und klaren Erkenntnisse, die wir während unserer Gespräche vom Sommer und auch in den letzten Tagen gewonnen hatten, auf andere Menschen zu übertragen«, sagte ich zu den anderen. »Wir streiten uns, wenn wir uns überhaupt mal streiten, nur über

Definitionen und Begriffe, die ich nicht verstehe beziehungsweise nicht verstehen will.«

Nun ging es also darum, Worte zu finden, die auch andere verstehen konnten, eine noch schwierigere Aufgabe, als nur unser beider Ansichten verständlich zu äußern.

Ich fuhr fort: »Schließlich durchlebt jeder Mensch ganz andere Situationen als wir: Entweder verläuft das Leben in ruhigeren Bahnen, die sich sozusagen an die ›Tradition‹ der Familie halten, oder gelegentlich sogar noch extremer als bei uns. Dabei erlebt jeder Mensch seine eigene Situation am heftigsten und das ist auch richtig so. Gegenüber einigen Schicksalen anderer, von denen man immer wieder hört, erscheinen unsere eigenen Geschichten oft regelrecht harmlos, sodass wir uns sagen: ›Naja, so schlecht geht es mir ja gar nicht. Eigentlich habe ich kein Recht dazu, mich zu beklagen.‹ Und schon geht es uns wieder schlechter, weil wir uns nicht mehr beklagen dürfen.

Aber auch im Vergleich zu jenen Menschen, die es unserer Ansicht nach eventuell gut oder leicht haben, erscheint womöglich die eigene Situation in unserer bestimmten Art, die Dinge zu erleben, als die schlimmere. Das hängt lediglich von der Sichtweise und vom Blickwinkel ab. Stets ist das eigene Schicksal wesentlich deutlicher zu spüren als jedes andere, das ist nur natürlich. Es kommt darauf an, was der Einzelne daraus macht: Während der eine sich beispielsweise freuen kann, 500 Euro Bargeld im Portemonnaie zu haben, fühlt sich ein anderer bedrückt, wenn er ›nur noch‹ über 500 Euro Bargeld verfügt. Die wenigsten vermögen aber, immer eine optimistische Sichtweise an den Tag zu legen. Sehr häufig werden das Schicksal und die Umstände als Last empfunden, über die man zwar meckern kann, die man aber doch kaum zu ändern versucht. Nur die Wenigsten, die unter ihren Lebensverhältnisse leiden – egal wie sehr –, haben gerade einen Oliver zur Hand, der ihnen tagtäglich erläutert und geduldig auseinander setzt, warum die Situation mit allen Hochs und Tiefs so wichtig für ihr Karma ist.«

Während ich noch sprach, kam mir ein absurder Gedanke, den ich trotzdem aussprechen musste. So warf ich schelmisch in die

Runde: »Ich hab's, wir packen Oliver in kleine Tüten, dann hat jeder einen kleinen Oliver, der ihm weiterhelfen kann.«

Oliver fand die Idee sehr lustig und hielt sich vor Lachen den Bauch, ehe er antwortete: »Oder dich, Claire, in Sprühdosen, die einem zeigen, wie man das Schicksal auch in noch so heftigen Situationen wenden kann – ›Instant-Claire‹ oder ›Claire-Instant-Chi‹ sozusagen.«

Michael ergänzte lachend: »Und eine Steffi, die dem unteren Selbst sagt, wo's langgeht, wäre auch sehr hilfreich. Obwohl man eine Ausbildung in ›Lichtarbeit‹ oder einen Kurs im positiven Denken doch sicher recht leicht käuflich erwerben kann? Man müsste nur wissen, dass man sein Geld wirklich sinnvoll anlegt und nicht an einen Blender gerät, der die Situation noch um den Geldverlust verschlechtert. Es sollte eine Institution geben, die solche Anbieter prüft und empfiehlt. Ansonsten muss sich halt jeder seine Claire oder seinen Oliver im Bekanntenkreis suchen.«

Oliver sah nachdenklich aus. »Aber schau mal, Michael«, rief er plötzlich, »genau das könnt ihr doch mit eurem Buch schon erreichen. Außerdem lasse ich mich bestimmt nicht in kleine Tüten abpacken.« Er strich sich über den Bauch. »Da ist zwar genug dran, aber das bleibt auch, wo es ist. Nee, schreibt ihr lieber euer Buch weiter. Stupst die Menschen mit der Nase auf die Wahrheit, zeigt es an eurem Beispiel. Außerdem gibt es schon genug abgehobene Bücher, deren Autoren entweder Anbetung erwarten oder drohend mit dem Zeigefinger wedeln. Warum sollte man das wieder und wieder aufwärmen? Die Hardcore-Esoteriker und UFO-Leute sind viel zu eingefahren und speziell, um Bücher zu schreiben, die wirklich für viele Menschen interessant und halbwegs nachvollziehbar sind. Und einige ›Wir-finden's-schick-Spirituelle‹ legen nur Wert auf allen möglichen esoterischen Schnick-Schnack und irgendwelche Eindruck schindenden Rituale, aber entdecken gar nicht den Sinn und Zweck, der dahinter steht. Und die Verkaufswelt steigt auch noch voll darauf ein.

Ich möchte nicht wissen, wie viele Leute ein Klangspiel oder einen Traumfänger irgendwo hängen haben und gar nicht wissen, was es damit außer mit ›sieht hübsch aus und gibt's jetzt überall zu kaufen‹ auf sich hat. Ich finde es ja gut und auch sinnvoll, dass mittlerweile fast jeder sich so etwas aufhängt, aber wäre es nicht viel besser, zu wissen, dass man damit sogar noch viel mehr Positives bewirken kann, als eine einfache Raumverschönerung? Und wenn ich dann schon weiß, dass etwas zum Beispiel vor bösen Geistern schützt, interessiert es dann nicht, was das für Geister sind?

Die Leute brauchen also etwas, das fasziniert, interessant bleibt, nebenbei lehrreich ist und außerdem als Spiegel dient. Etwas aus dem wahren Leben, gemischt mit echter Liebe in Form von verständlichen Erläuterungen und einfachen Übungen zum Selbermachen.«

Oliver redete sich langsam warm. Der Gedanke gefiel ihm offensichtlich. »Genau das solltet ihr machen, nicht mehr und nicht weniger. Das ist mehr, als einfach euer Chi zu übertragen. In Gesprächen, mit dem Buch, das du schreibst, im Internet und vielleicht noch mit anderen Hilfs- und Kommunikationsmitteln, die euch als beruflich gelernten ›Kommunikations-Profis‹ doch sicherlich noch einfallen werden. Denn was wir im Sommer unter dem Baum, in diesen Tagen und auch gestern Abend erlebt haben, zeigt doch genau den Kern des Problems: Chi ist bei allen Menschen vorhanden, jedoch mehr oder weniger weit entwickelt und bewusst.

Euer ganzes Leben mit den vielen Hochs und Tiefs wurde von eurem Chi beeinflusst und gesteuert, und wenn es manchmal für euer Gefühl in die falsche Richtung ging, dann nur, weil ihr euch nicht bewusst wart, dass es da war und wie ihr damit umgehen musstet. Denk' doch einfach an dein schönes Beispiel von dem Problemberg: Hättet ihr vorher gewusst, in welche Richtung es nach einem Problem weiterging, hättet ihr euch auch darauf einrichten können. Wie bei einem tiefen Fall oder wenn man gegen die hohe Brandung schwimmt. Auch mir ist durch deine Worte bewusst geworden, wie oft ich mich in irgendetwas verrannt habe, ohne dabei weiter voraus zu sehen. Durch das viele Fachsimpeln sah ich vor lauter Wald die

Bäume nicht mehr, aber das Chi der Situation, das Chi, das durch unser Gespräch wieder fließen konnte, ›Claire's Chi‹, hat mich der Erkenntnis wieder näher gebracht, nämlich, dass ihr beide selbst die Botschaft seid, die diese hinaustragen können.«

Michael und ich sahen uns an. »Eigentlich hast du Recht«, meinte Michael und fast zugleich meinte ich: »Wir sollten es versuchen.« Das Gütesiegel »Claire's Chi« war geboren.

CLAIRE'S CHI

»Claire's Chi«: Gütesiegel für ehrliche und gute Spirit & Wellness Produkte

Ich möchte, dass es Ihnen gut geht. Dafür habe ich dieses Buch geschrieben, welches aber nur einen Bruchteil der Möglichkeiten zeigt, die sich für den ergeben, der sich einem spirituellen Lebensstil öffnet. Wer sich in diesem Bereich weiter informieren, weiterbilden und weiterentwickeln will, findet dazu viele interessante Bücher wie zum Beispiel im Silberschnur Verlag (www.silberschnur.de) oder auch immer mehr im Internet.

Leider ist aber auch hier nicht alles Gold, was glänzt und es gibt – das gilt ganz besonders für den Bereich der spirituellen und paranormalen Beratung und so mancher Produktanbieter – auch so manche schwarze Schafe. Denn leider gibt es hierfür noch keine genauen Qualitätsvorschriften. Und weder auf der Tür, auf der Visitenkarte, ja nicht einmal auf der Verpackung eines Produktes steht, ob es gut oder richtig ist. Um Menschen wie Sie und mich vor unangenehmen Überraschungen zu schützen, haben wir nunmehr ein Gütesiegel und eine Marke entwickelt, für die ich mich mit meinem Namen verbürge.

Produkten und Dienstleistungen, die unter der Marke ›Claire's Chi‹ angeboten oder mit unserem Gütesiegel ausgezeichnet sind, können Sie vertrauen. Es sind Produkte, die von uns und Ihnen als Anwender geprüft wurden und wirklich halten, was sie versprechen. Mehr Informationen dazu finden Sie auf meinen Internetseiten *www.claire4you.com.*

Anhang 1: Praxisbeispiele

Einleitung

Dieser erste Anhang stellt für Sie, liebe Leser, einige praktische Übungen und Tipps zusammen. Wenn ich dennoch eine kurze Einleitung schreibe, so hat dies zwei Gründe.

Zum einen kann es sein, dass der eine oder andere Begriff Ihnen nicht vertraut ist. Dazu möchte ich Sie auf unser kleines »spirituelles Lexikon« im zweiten Anhang verweisen, wo wir, das heißt die Ihnen vertraute »Baumrunde«, aber auch weitere Berater, allen voran Tom Hockemeyer, Ihnen die wichtigsten Begriffe erläutern und Ihnen Literaturhinweise und Weblinks nennen, mit denen Sie bei tiefergehendem Interesse Ihr Studium fortsetzen können. Dieses Lexikon kann dabei nur eine Hilfestellung geben, es kann und soll nicht vollständig sein. Meine Freunde haben mir im Übrigen auch bei der Zusammenstellung der Tipps und Übungen geholfen.

Der zweite Grund ist, dass ich noch ein Angebot für Sie habe, das zwar gewissermaßen praktisch ist, aber in die eigentlichen Praxisbeispiele nicht passen würde: Wir laden Sie herzlich ein, sich unserem Netzwerk »Claire4you« anzuschließen.

Hier finden Sie Möglichkeiten, sich spirituell weiterzuentwickeln und Ihr Wissen und Ihre Hilfe an Freunde, neue wie alte, weiterzugeben. Das ist der wichtigste Multiplikator, eine Art »Turbo« für positive Energie, wie ich in meinem eigenen Leben selbst lernen durfte.

»Claire4you« ist eine Art Club oder moderner gesagt: eine »Community«, in der sich Menschen zusammenfinden, die sich spirituell weiterentwickeln wollen und ihre Erkenntnisse und Gaben, die ihnen durch ihre eigene weitere Entwicklung selbst zukommen, auch mit anderen teilen wollen.

Es gibt keinen Guru und auch keine Führung im eigentlichen Sinne. Wohl gibt es Regeln, an die sich die Mitglieder unserer »Community« halten müssen, um den Ruf und das Ziel der »Community« auf dem Niveau zu halten, das wir uns gemeinsam vorstellen. Wir liefern nur eine Plattform, sowohl technisch, z. B. im Internet, als auch organisatorisch, mit einer Verwaltung, Administration, Öffentlichkeitsarbeit und Event-Management.

Es gibt keine kommerziellen Interessen. Deshalb ist der rechtliche Träger dieser »Community« auch die Stiftung »Liberty«/Claire Fisher Foundation mit Sitz auf Texel in den Niederlanden. Etwaige Überschüsse aus Mitgliedsbeiträgen für spezielle Leistungen, sofern sie erhoben werden, aus Sponsoreinnahmen, Eintrittsgeldern oder anderen Zuwendungen, die ausschließlich der Finanzierung der Gesamtkosten dienen, werden in voller Höhe wohltätigen Zwecken zur Verfügung gestellt. Obwohl keine Verpflichtung dazu besteht, werden etwaige Gewinne auch in voller Höhe ausgewiesen und der Verwendungszweck wird in den Medien, über welche die »Community« verfügt, veröffentlicht werden. Mehr Informationen über die Liberty & Claire Fisher Foundation erhalten Sie im Internet unter *www.clairefisher.org* oder unter der Postadresse:

Claire Fisher Foundation – Liberty
PO Box 145, 1790 AC Den Burg, Holland.

Nun aber wirklich zu den Übungen:

气

1. Das eigene Chi spüren lernen: Die Energiekugel

Mit dieser Übung erlangen Sie in wenigen Minuten ein Gefühl für die Ihren Händen innewohnenden Kräfte. Sie spüren das Chi zwischen Ihren beiden Handflächen.

Sie spüren einen kugelartigen Widerstand zwischen den Handflächen

Vorbereitung:
Lockern Sie Ihre Ellbogen und Handgelenke und lassen Sie Ihre Hände leicht und frei am Handgelenk schwingen.

Vorgehensweise:
Schütteln Sie nun beide Hände für einige Minuten aus dem Handgelenk heraus kräftig hin und her. Die Bewegung wird bei

zunehmender Entspannung immer größer, bis Ihre Hände fast einen Halbkreis beschreiben. Die Bewegung sollte so schnell ausgeführt werden, dass Sie Ihre Hände nur noch schemenhaft erkennen können.

Schütteln Sie Ihre Hände weiter und weiter, etwa zwei bis drei Minuten lang. Sobald sich in den Händen ein ungewohntes Gefühl der Schwere oder starker Durchblutung einstellt, beenden Sie sanft die Schwingbewegung und führen Sie beide Hände *vor* dem Bauch ganz langsam zusammen, so als ob Sie beten wollen, ohne dabei aber die Hände zu falten.

Ergebnis:

Spüren Sie genau in die Empfindungen ZWISCHEN Ihren Händen hinein. Bemerken Sie, dass die langsame kontinuierliche Annäherung in einem bestimmten Abstand leicht gebremst wird, als würde eine Art Luftkissen die beiden Hände auseinander halten.

Das Gefühl, welches die Annäherung bremst, ist wirklich nur ganz leicht und nur dann spürbar, wenn sich Ihre Hände langsam, wie von selbst und ohne Muskeldruck einander nähern. Sobald Sie Druck ausüben, können Sie das gerade bei Anfängern meist noch sehr schwache Spannungsfeld mit Ihrer Muskelkraft leicht überwinden und spüren im Endeffekt nichts.

Wenn Sie das Energiefeld aber erkennen konnten, dann spielen Sie etwas damit. Verringern Sie den Abstand nochmals ein wenig und erweitern Sie ihn wieder.

Die Wirkung sollte eine kleine Weile anhalten und ist jederzeit wiederholbar. Die Dauer des Effekts hängt davon ab, wie locker und entspannt Ihre Arme während des Schüttelns der Hände waren, wie lange Sie die Hände bewegt haben und wie offen Ihr Geist für diese Erfahrung ist. Je öfter Sie üben und je empfindlicher Ihr Geist für die Aufnahme dieser Schwingungen wird, desto stärker kann dieses Kraftfeld von Ihnen gespürt werden.

Es handelt sich dabei übrigens um das gleiche Kraftfeld wie das jener Menschen, welche die Telekinese beherrschen und mit dieser ganze Gegenstände bewegen, Löffel verbiegen und Uhren anhalten können.

Falls Sie beim ersten Mal keinen Effekt spüren sollten, überprüfen Sie bitte Folgendes: Waren Ihre Arme, Handgelenke und Hände wirklich locker oder haben Sie sie verkrampft? War die Bewegung wirklich fließend und verschwamm vor den Augen, oder war sie abgehackt oder ruckartig? Haben Sie die Übung allein oder in einer Gruppe durchgeführt? Haben Sie die Übung mit offenem, empfangsbereitem Geist durchgeführt, oder haben eventuell Hemmungen Sie veranlasst, die Angelegenheit innerlich zu belächeln? Wenn Sie sich über jeden Punkt im Klaren sind, wiederholen Sie die Übung einfach. Bisher hat noch jeder Mensch, der sie durchgeführt hat, nach einigen Versuchen die Wirkung spüren können, wenn er oder sie bereit war, die Wirkung wahrzunehmen.

Auch diese Übung, wie jede der Übungen in diesem Buch, erfordert übrigens einen klaren, empfangsbereiten, offenen Geist, und bei jeder meditativen Übung ist körperliche Entspannung mehr als nützlich. Auch handelt es sich hierbei um die gleiche Energie, wie man sie auch beim Pendeln oder beim Reiki spüren kann.

Alles, was ich mit dieser recht oberflächlichen, dafür aber von jedem nachvollziehbaren und verständlichen Erklärung erreichen möchte, ist, Ihren Geist dafür zu öffnen, dass es »*mehr*« zwischen Himmel und Erde gibt, als wir normalerweise erkennen und erfühlen können. Wenn Sie sich ernsthaft mit dem Thema Spiritualität beschäftigen wollen, dann sollten Sie als erstes Ihren Geist öffnen, das heißt, Ihre »Antenne« ausrichten und auf höhere Frequenzen einstellen, damit Sie überhaupt etwas empfangen können. Was Sie daraus machen und wie weit Sie gehen möchten, bleibt völlig Ihnen selbst überlassen.

Ich binde zum Beispiel meinen Glauben an »*mehr*« nicht jedem auf die Nase. In einem Geschäftsmeeting könnte mir kaum jemand meine Anschauung ansehen und ich kann meine Fähigkeiten, die ich mir im Laufe der Zeit erworben habe, vorteilhaft für ein positives Gespräch einsetzen. Aber gerade dann, wenn mein Gegenüber ebenfalls spirituell veranlagt ist, wird er meine Ausstrahlung empfangen können und wir werden auf »einer Welle« miteinander in Kontakt kommen und eventuell auch Geschäfte machen können, die fast jeden Vertrag überflüssig machen und gemeinsam unseren Konkurrenten gegenüber im Vorteil sein.

气

2. Entspannen lernen

Die wichtigste Voraussetzung, um sich für Spiritualität öffnen zu können, ist zunächst einmal, sich entspannen zu können, das heißt, den Kopf frei bekommen, wie man so schön sagt. Aber für viele von uns ist das einfacher gesagt als getan.

Trotzdem möchte ich hier versuchen, Ihnen aus meiner Erfahrung und Praxis einige Übungen mitzugeben, mit denen Sie den täglichen Stress einmal abstreifen und Ihren Geist und Körper entspannen und damit für spirituelle Schwingungen öffnen können. Bevor wir auf die einzelnen Übungen eingehen, möchte ich Ihnen an dieser Stelle erst ein paar generelle Tipps geben:

Es ist schon eine große Hilfe, wenn Sie sich zu Ihrer Entspannung auch ein entspannendes Plätzchen, Ihren eigenen »Escape Place« oder »Zufluchtsort« suchen. Das kann bei ruhigem Wetter irgendwo in der Nähe draußen in der Natur sein, in ihrem eigenen Garten, auf dem Balkon oder auch im Schlaf- oder Badezimmer. Wenn Sie in der Wohnung bleiben, ist es empfehlenswert, einen Platz zu schaffen, an dem Sie nicht gestört werden und der gemütlich eingerichtet ist. Empfehlenswert ist dabei, nach den Regeln des Feng-Shui vorzugehen. Doch für den Anfang reichen auch schon ein paar gemütliche Kissen, abgedunkeltes Licht, viele Kerzen und vielleicht ein wenig leichtes, Ihnen angenehmes Rächerwerk oder auch Duftöle. Achten Sie aber darauf, dass der Raum vorher gut gelüftet wurde. Ein entspannendes Bad mit einem beruhigenden Öl-Zusatz wie zum Beispiel Grünem Tee, Ylang Ylang, Patchouli oder Ingwer tut auch Wunder. Stellen Sie das Telefon und die Haustürklingel wenn möglich ab, um plötzliche Störungen zu vermeiden.

Entspannungsübung

Vorbereitung:

Suchen Sie sich für diese Übung am besten einen Stuhl und wählen Sie einen ruhigen Ort, um zumindest für ein paar Minuten nicht gestört zu werden. Ich habe diese Übung sogar in Gesellschaft und während Besprechungen gemacht, ohne dass jemandem auffiel, was ich tat.

Formulieren Sie Ihr Gefühl, eine Bestätigung auf eine Frage oder einen Wunsch, wie »Es geht mir gut ...«, »Mein Stress fällt von mir ab«, »Ich bin stark« oder »Es ist richtig, was ich tat«. Natürlich sollten Sie nur eine Aussage formulieren und sich diese merken.

Wichtig dabei ist, dass Sie Ihre Aussage positiv gestalten und bitte dabei das Wörtchen »nicht« unbedingt vermeiden. Denn dieses Wort wird Ihr Unterbewusstsein schlicht ignorieren und dann kommt zum Beispiel statt der Aussage: »Ich bin *nicht* schwach« nur die Botschaft »Ich bin schwach« an.

Vorgehensweise:

Nun spannen Sie nacheinander Ihre beiden Arme an, indem Sie erst Ihre Hände zu einer festen Faust zusammenpressen und dann den Arm nach oben abwinkeln. Dabei atmen Sie tief ein, lassen danach die Faust langsam wieder aufgehen und den Arm herunterfallen. Sie spüren ein leichtes Prickeln und Wärme im Arm, welche nach oben ziehen. Dabei sagen Sie sich im Geist immer wieder den Satz vor, den Sie vorher formuliert haben. Mit dem »Prickeln« wird dieser Befehl nun an Ihren Geist gesendet und nistet sich damit als fester Bestandteil Ihres momentanen Gefühls ein. Wiederholen Sie die Übung drei Mal pro rechtem und linkem Arm und danach mit Ihren Beinen, wobei Sie statt der Faust nur einfach die Zehen anspannen. Die meisten Menschen um Sie herum werden denken, dass Sie sich nur mal strecken, und meistens wird es Ihnen gelingen, die Übung ohne Unterbrechung durchführen zu können.

Ich nutze diese Übungen im Übrigen auch, um mich auf meine Traum- und Astralreisen vorzubereiten und/oder in Kombination mit Steffis meditativen MindSync-CDs. Damit kann man seine Träume »steuern« und sogar vorprogrammieren, was ich mir zur täglichen Gewohnheit gemacht habe.

Escape Places – Orte der Ruhe

»Escape Places« - das sind für mich die Orte der Ruhe, Fluchtorte, an die man sich zurückziehen kann, um einmal wirklich auszuspannen. Auf meinen zahlreichen Reisen habe ich viele dieser Orte gefunden – oftmals abgelegen von jeglichem Tourismus, an Plätzen, wo man sie nicht vermutet und die sich in kaum einem Reiseführer finden lassen.

Auf meinen Internetseiten *www.claire4you.com* stelle ich regelmäßig eine Auswahl dieser Ruheoasen vor.

Aber man braucht diese gar nicht immer so weit in der Ferne zu suchen. Schaffen Sie sich im Garten, auf dem Balkon, im Wohn- oder Schlafzimmer oder sogar im Bad Ihre eigene Ruheoase. Nur mit ein paar Hilfsmitteln lassen sich solche Orte sehr schön zaubern.

Feng-Shui

Feng Shui (ausgesprochen ›fäng schui‹), das Muster von Wind und Wasser, ist die Kunst und Wissenschaft vom Leben in Harmonie mit der Umgebung. Es würde viel zu weit führen und wäre auch kein »praktischer« Rat mehr, wenn ich auf die dahinter stehende Lehre jetzt länger eingehen würde. Weitere Informationen, Bücher und Links finden Sie aber im kleinen spirituellen Lexikon.

Feng-Shui ist aber schon im Kleinen gut anwendbar. Mit ein paar Blumen, ein paar Räucherkerzen und entspannender Musik lässt sich oft ohne großen Aufwand eine Atmosphäre »zaubern«, die Ihnen die Möglichkeit bietet, einmal für eine Stunde aus dem täglichen Stress des Alltags zu entfliehen und zu sich selbst zu kommen. Wenn Sie sich täglich diese eine oder auch nur eine halbe Stunde nehmen, um in sich selbst zu gehen, werden Sie schon bald eine positive Veränderung in Ihrem gesamten Lebensrhythmus erfahren.

Sehr gute Anleitungen zu diesem Thema finden Sie auch in den »Feng-Shui«-Büchern vom Silberschnur Verlag (www.silberschnur.de) und natürlich auf meinen Internetseiten und in unserem Magazin.

Räucherwerk und Duftöle

Eine entspannte Atmosphäre kreieren kann man auch mit Räucherwerk und Duftölen. Pflanzen und Kräuterdüfte können heilen, entspannen, Meditationen und Gebete unterstützen, Träume verstärken und sogar Visionen hervorrufen. Sie gehören zu den ältesten Heilanwendungen der Menschen. Der Duft spielt dabei eine wichtige Rolle. »Magische Duftkreationen« reinigen die Psyche und lenken von irdischen Sinnen ab. Vor allem im Altertum wurden Wohlgerüche durch Verbrennen entsprechender Pflanzenteile verbreitet.

Es gibt verschiedene Arten, Pflanzendüfte und Kräuterdüfte zu verbreiten, wie z. B. mit Räucherstäbchen, Räucherkegeln, Duftlampen, Aromaölen und inzwischen sogar Sprays und Luftfiltern.
Unter der Marke »Claire's Chi« finden Sie eine große Auswahl sorgfältig ausgesuchter Kräuteröle und Räucherwerk von bester Qualität. Mehr Informationen dazu gibt es auf meinen Internetseiten *www.claire4you.com* unter der Rubrik Claire4Spirits.

Nützliche Literatur und Weblinks:

Räucherstoffe, Der Atem des Drachen
Christian Rätsch, At-Verlag, Februar 2002

Räucherwerk und Ritual. Die vergessene Kunst des Räucherns
Fred Wollner, Taoasis Verlag, Lemgo 1996

http://www.claire4you.com unter der Rubrik Claire4spirits
http://www.zauber-pflanzen.de/raeucher.htm

Entspannungsmusik

Musik beeinflusst Körper und Geist – eine jahrtausendealte Erfahrung. Mit Musik werden Kinder in den Schlaf gesungen und mit Musik machten sich die Menschen schwere Arbeit leichter, auf See, auf dem Feld und in der Schlacht. Musik findet in der Medizin schon seit Jahrhunderten Einsatz als zusätzlich begleitende therapeutische Maßnahme.

An anderer Stelle hatte ich bereits über den Einfluss so genannter MindSyncs auf die Gehirnfrequenz berichtet. Aber auch »normale« Musik ohne Frequenzen kann zu einer entspannenden Atmosphäre beitragen. Eine ganz wichtige Rolle spielt dabei natürlich auch Ihr ganz eigener Geschmack. So nutzt es gar nichts, wenn Sie sich eine Musik anhören, die Sie zwar entspannen soll, Ihnen aber gar nicht gefällt.

Heute gibt es aber glücklicherweise zahllose Anbieter von Musik und ganz besonders von entspannender Musik. Da wird auch für Sie das Richtige dabei sein. In meinem Online Magazin *www.claire4you.com* stelle ich Ihnen regelmäßig eine Auswahl schöner Titel vor.

Traumreisen

Traumreisen sind wie ein Kurzurlaub. Wenn auch nur mental erlebt, bieten sie doch zusätzlich vollkommene Entspannung und geben Ihnen das vollkommene Glücksgefühl. Die wichtigste Voraussetzung ist allerdings vollkommene Ruhe, vorherige Entspannung und eine ruhige Umgebung.

Mit Hilfe von MindSync CDs und/oder Meditationsübungen kann man sich in den so genannten Alphazustand versetzen, den Bereich zwischen dem Wachsein und dem Einschlafen, um somit eine Art »Trance« zu erreichen.

Sie können diese Traumreisen so erlernen, wie ich es tat: Ich hatte zunächst mit Hilfe meiner Entspannungs-CDs geübt, »Klarträume« (also Träume, an deren Inhalt man sich genau erinnern kann) hervorzurufen. Dann erst habe ich auch einmal versucht, meine Träume vorzuprogrammieren. Und siehe da: Nach ein bisschen Übung gelang mir das auch.

Das Ergebnis ist, dass ich mich nun bewusst auf einen Traum »vorprogrammieren« kann, den ich dann wie in einem Film »live« erlebe. So kann ich mich an meine Lieblingsplätze versetzen, gute Freunde und meine Lieben treffen, selbst wenn sie schon gar nicht mehr auf dieser Erde weilen.

气

3. Mit Problemen umgehen lernen

Der Problemberg

Diese Übung habe ich von meinem Partner Michael übernommen, die er während des Therapieaufenthaltes nach dem Tod seines Sohnes erlernt hatte. Einen ausführlichen Bericht dazu finden Sie im Kapitel »Aus der Vogelperspektive« (S. 103ff.).

Diese Übung hilft Ihnen, sich Probleme vor Augen zu halten und systematisch abzuarbeiten.

Zeichnen Sie Ihren eigenen Problemberg so, wie Sie sich ihn vorstellen

Nehmen Sie sich ein DIN A4 Blatt und legen es quer vor sich auf den Tisch. In die Mitte zeichnen Sie einen Berg. Links markieren Sie ein Strichmännchen. (Auf Ihre zeichnerischen Fähigkeiten kommt es dabei gar nicht an!)

Nun zeichnen Sie von unten nach oben beginnend jedes einzelne Problem in Form eines Steines, einer Treppe oder düsterer Wolken (einfache Striche tun es auch) an den linken Berghang bis zur Spitze. Lassen Sie Ihren Emotionen dabei freien Lauf! Lassen Sie Ihren Ärger raus, schreien Sie, kratzen Sie und schmieren Sie, wenn Sie wollen. Zeichnen Sie düstere Wolken, dunkle Gewitter und Blitze, je mehr Sie sich fürchten oder ärgern. Nur malen Sie sonst nichts auf die linke Seite des Berges und die Spitze muss über allen Wolken bleiben.

Dann, wenn Ihnen nichts mehr einfällt und aller Ärger und alle Ängste heraus sind, lehnen Sie sich einen Moment zurück und betrachten das Bild mit etwas Abstand eine Weile später erneut.

Nun, oder sobald Sie sich dazu in der Lage fühlen (was auch am nächsten Tag sein kann), zeichnen Sie ein Vögelchen (oder Symbol) über die Spitze des Berges und einen Pfeil im Blickwinkel nach rechts unten auf den bisher freien Teil.

Stellen Sie sich vor, *Sie* wären der Vogel.

Nun zeichnen Sie rechts vom Berg Ihre Wünsche und Ziele auf. Auch wenn es am Anfang schwer fällt, mit der Zeit fällt Ihnen schon etwas ein. Fühlen Sie sich wie ein Kind und lassen Sie Ihrer Kreativität freien Lauf.

Verschönern und perfektionieren Sie das Bild so lange Sie können und wollen. Wenn Ihnen dazu gar nichts mehr einfällt, nehmen Sie noch einmal gehörig Abstand. Vielleicht schieben Sie sogar noch einmal einen Tag dazwischen.

Dann fangen Sie an, Ihren Problemen (den Steinen, dem Geröll, den Gewitterwolken, etc.) einen Namen zu geben und sie neu einzustufen. Stellen Sie sich einfach vor, Sie könnten Stufe für Stufe hochklettern und ein Problem nach dem anderen überwinden. Sie werden merken, dass dies nach anfänglichen Schwierigkeiten auch immer besser gehen wird. Geben Sie *nie* auf, denn wenn Sie erst einmal oben sind, sieht das Leben schon wieder anders aus.

Ich weiß, dies klingt vielleicht naiv und zu einfach, um wahr zu sein. Aber probieren Sie es einfach mal. Und wenn Sie nicht weiterkommen, schicken Sie mir einfach Ihre Zeichnung per Mail. Vielleicht kann ich Ihnen ja einen guten Rat geben, auch wenn ich keine Psychologin bin. Viele meiner Bekannten und Freunde haben dieses kleine Hilfsmittel inzwischen mit Erfolg angewendet und zeigten mir ganz stolz ihr Resultat. Eine Garantie kann ich Ihnen nicht geben, aber probieren kostet Sie nichts.

Was bringt die Zukunft?

Wenn man nicht mehr weiterweiß und alles schwarz sieht – auch der Problemberg wird nicht kleiner –, dann kann einem ein Blick in die Zukunft schon einmal wieder etwas Selbstvertrauen und Mut geben. Nur sollte man sich vorher genau darüber bewusst sein, auf was und vor allem mit wem man sich einlässt.

Bevor Sie einen Hellseher oder ein Medium zu Rate ziehen, sollten Sie sich vorher genau informieren und Referenzen einholen. In unserem Internetverzeichnis auf *www.claire4you.com* finden Sie einige gute Ratschläge und vertrauenswürdige Adressen zu diesem Thema.

Ansonsten möchte ich Ihnen hier ein paar Möglichkeiten aufzeigen, die Ihnen die Auswahl, den Umgang und vor allem die Interpretation erleichtern bzw. verständlicher machen. Es ist selbstredend, dass es sich hierbei nur um unverbindliche Ratschläge handeln kann, für die ich keine Verantwortung übernehme, sondern Ihnen nur meine Erfahrung und Beurteilung dazu übermittele:

I-Ging

Mein persönlicher Favorit zur Deutung meiner längerfristigen Zukunft ist das chinesische I-Ging. Neben einer meist treffenden

Vorhersage der Situation und Zukunft bietet es vor allem philosophische Anregungen, die den Anwender zum Nachdenken bringen, was oft dazu führt, selbst zu überraschend deutlichen Lösungen so mancher Probleme zu kommen.

Das Auswählen des Hexagramms erfolgte ursprünglich unter Verwendung von 50 getrockneten Stengeln der Schafgarbe. Ich selbst nutze dazu meistens Cocktailstäbe aus Holz. Hierzu werden die 50 Stäbchen in die linke Hand genommen und eines weggelegt, danach werden die 49 verbliebenen in 4 beliebige Bündel geteilt, ein Vorgang der bei jedem der 8 Hexagramme wiederholt werden muss. Wichtig ist, sich dabei gut auf die Frage zu konzentrieren.

Zur Auswertung gebrauche ich das Buch der Wandlungen, I Ging, in der Übersetzung von Richard Wilhelm, erschienen 1973 im Heinrich Hugendubel (Diederichs) Verlag, Kreuzlingen/München.

Mehr zum Thema I-Ging erfahren Sie im Teil III, dem kleinen spirituellen Lexikon.

Pendel

Ein einfaches und praktisches Hilfsmittel bei der Suche nach Antworten auf Probleme oder Fragen ist, sich der Hilfe spiritueller Kräfte zu bedienen. Hierbei kann das Pendel gute Hilfe bieten. Ein Pendel ist immer zur Hand, entweder in Form einer Halskette oder indem man sich schnell eines zusammenbaut. Dafür kann man fast jedes Material verwenden wie z. B. einen Bindfaden oder eine Kette mit etwas, was den Faden oder die Kette beschwert, wie einen Anhänger, Stein, Ring, etc. Wichtig ist, dass die Kette oder der Faden eine Länge hat, die nicht viel länger ist als ca. 20 cm, während das Pendel selbst, also das Teil, welches man zur Beschwerung des Fadens oder der Kette nimmt, nicht zu leicht und nicht zu schwer sein sollte.

Ein richtiges Pendel ist natürlich immer besser, da dessen Länge und Gewicht ausgewogen sind und das Material eine bessere Leitfähigkeit besitzt.

Ein Pendel funktioniert wie eine Telefonleitung zu einer anderen Dimension. Unser Gesprächspartner ist meistens eine uns bekannte Person, die jetzt als Geistwesen den größeren Überblick hat und uns aus ihrer Perspektive Antworten auf Fragen geben kann, die wir von hier aus nicht erkennen können.

Wenn Sie sich zum ersten Mal mit Spiritualität beschäftigen und (noch) nicht an Geister glauben, werden Sie dies vielleicht zunächst einmal als reinen Quatsch abtun. Kein Problem, denn ich will Sie an dieser Stelle weder davon überzeugen, dass es Geistwesen gibt, noch Sie zu irgendetwas veranlassen, von dem Sie nicht selbst überzeugt sind.

Außerdem kann ich Ihnen auch nicht mit Gewissheit sagen, ob diese Theorie stimmt. Doch sie hat zumindest Michael sehr geholfen, indem er sich zum Beispiel immer vorstellt, seinen Sohn Mike an der anderen Leitung zu haben. Das erfüllt ihn jedes Mal wieder mit Freude und Zuversicht und gibt ihm in schwierigen Situationen oftmals den entscheidenden Stoß Energie. Aber am besten probieren Sie es einfach einmal selbst aus und lassen sich überraschen.

Wenn Sie das erste Mal pendeln, ist es wichtig, dass Sie sich Ruhe nehmen und sich am besten sogar in ein abgeschlossenes Kämmerlein zurückziehen, wo Sie niemand sieht und stört. Nehmen Sie sich ein Stück Papier und malen Sie ein einfaches Kreuz darauf. Rechts und Links schreiben Sie ein »Nein« oder »N« und oben und unten ein »Ja« oder »J«. Umgekehrt geht es übrigens auch, wichtig ist nur, dass Sie am Ausschlag nach rechts oder links bzw. nach oben oder unten sehen können, ob Ihre Frage mit »Ja« oder »Nein« beantwortet ist.

Schreiben Sie sich drei bis maximal fünf Fragen auf, die Sie mit einem einfachen Ja oder Nein beantwortet haben wollen. Mehr Fragen haben am Anfang wenig Sinn, da Sie merken werden, dass es Sie bei einem erfolgreichen Kontakt viel geistige Energie kostet und Sie nach drei bis fünf Fragen vielleicht sogar anfangen, schwer zu atmen und zu zittern. Auch kann es möglich sein, dass manche Antworten Sie emotional stark berühren, erschüttern oder gar nicht so ausfallen, wie Sie es am liebsten gehabt hätten.

Stellen Sie deshalb am Anfang vor allem leichte und unverfängliche Fragen, nur um zu sehen, ob es klappt oder nicht. So könnten Sie zum Beispiel fragen, ob ein bestimmter Verstorbener aus Ihrer Familie schwarze oder blonde Haare hatte. Wenn die Person zum Beispiel blonde Haare hatte und Sie fragen, ob sie schwarze Haare hatte, müsste die richtige Antwort »Nein« sein. Mit solchen Fragen können Sie sich langsam mit der Materie und Fragestellung vertraut machen und werden sehen, dass die Antworten (fast) immer richtig sind.

Achten Sie bei der Fragestellung *unbedingt* darauf, dass die Frage nur mit einem klaren Ja oder Nein beantwortet werden kann. Denken Sie auch daran, welche möglichen anderen Erklärungen oder Deutungen möglich wären. Um beim Beispiel der Haarfarbe zu bleiben, kann es beispielsweise sein, dass jemand von Natur oder bei Geburt eine ganz andere Haarfarbe hatte, als Ihnen bekannt war. Das Pendel sagt immer nur die ganz klare Wahrheit – ohne Umschweife.

Vorausgesetzt, dass Sie einen wahrheitsvollen Geist bei sich haben, der das Pendel bewegt. Denn manches Mal können sich in Ihrer Nähe solche Verstorbene aufhalten, die als Erdgebundene noch nicht den Weg in die jenseitige Welt gefunden haben und nun unbedingt Kontakt mit Irdischen aufsuchen wollen, um in ihrer Nähe zu sein oder sich durch das Pendel bemerkbar zu machen. Sie sind oft dem Pendelnden bei der Beantwortung seiner Fragen behilflich, indem sie durch die von ihnen bewirkten Pendelanstöße wohlmeinende Antworten geben wollen, die aber nicht immer der Wahrheit entsprechen müssen. Deshalb ist es wichtig, sich nicht von solchen Pendelaussagen abhängig zu machen.

Halten Sie nun die Kette oder den Faden mit Ihren Fingerspitzen so über das Papier, dass der Mittelpunkt des Pendels genau über dem Kreuz zur Ruhe kommt. Ein TIP: Stützen Sie Ihre Ellbogen auf den Tisch über dem Papier und falten oder verschränken Sie Ihre Hände, durch die der Faden oder die Kette läuft. Stützen Sie Ihre Stirn auf die verschränkten Hände, um extra Halt und Ruhe zu bekommen.

Als Erstes fragen Sie einfach, ob jemand da ist. Ob Sie tatsächlich eine Antwort bekommen, hängt stark von der Umgebung, Ihrem Gemütszustand und anderen, teilweise unbekannten Faktoren ab. Falls es nicht beim ersten Mal klappt, versuchen Sie es zu einem späteren Zeitpunkt nochmals. Sie werden sehr schnell selbst erkennen, ob es einen Kontakt gibt oder nicht.

Bei einem Kontakt fängt das Pendel deutlich an, sich von selbst in eine Richtung hin und her zu bewegen. Wenn Sie genau hinsehen, ist es sogar so, als ob jemand das Pendel anstößt. Das Pendel folgt einer ganz geraden Linie und in machen Fällen, je nachdem, wie der Anhänger und die Kette beschaffen sind und wie stark der Kontakt ist, können Sie sogar sehen, dass das Pendel bei jedem Energiestoß anfängt zu hüpfen. Es ist unmöglich, dass Sie dies durch eine auch noch so unbewusste Bewegung Ihrer Hand erreichen könnten.

Wenn eine Frage mit »Ja« oder »Nein« beantwortet wurde, können Sie einfach *Stopp* sagen, und das Pendel sollte schon nach sehr wenigen Bewegungen sofort in seiner Bewegung anhalten. Auch das wäre mit einer Handbewegung kaum zu erreichen, denn dann würde das Pendel aus seiner Bahn gebracht werden und eher kreisende Bewegungen machen, statt ein fast klares »Tick – Tack« über einer Linie.

Auch wenn es bei Ihnen nicht gleich klappen sollte – geben Sie vor allen Dingen nicht auf! Versuchen Sie es in einer anderen Umgebung, zu einem anderen Zeitpunkt und am Anfang vor allem mit leichteren Fragen, auch wenn Sie noch so neugierig sind. Wenn Sie erst einmal den Kontakt hergestellt haben und das Pendel richtig zu handhaben und zu deuten wissen, eröffnet sich Ihnen eine neue Welt, deren Beschreibung den Umfang dieses Buches sprengen würde.

Ich möchte an dieser Stelle wiederholen, dass es nicht unsere Absicht ist, Sie von etwas zu überzeugen oder zu etwas zu überreden. Dieses Buch soll Ihnen nur eine praktische Hilfestellung geben, wie man spirituelle und kosmische Kräfte für sich nutzen kann. Dazu

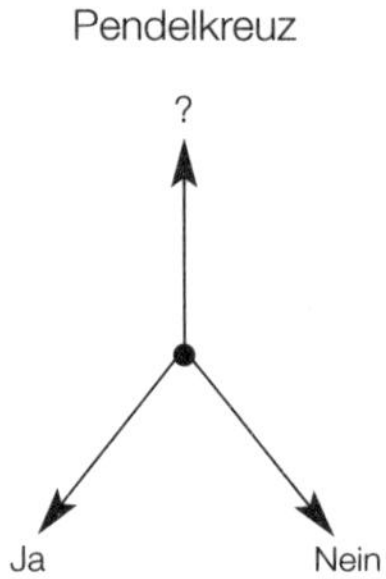

ist allerdings auch unabdingbar, dass man sich hierfür öffnet. Wie weit, wofür und auf welche Weise, das bleibt Ihnen ganz selbst überlassen. Deshalb finden Sie an dieser Stelle auch keine ausführliche Beschreibung zum Pendeln, dafür gibt es Hunderte von besseren Büchern und Quellen, von denen Sie einige ausgewählte Bezugsquellen im Anhang finden.

Lebens- und Affirmationskarten

Eine weitere Möglichkeit, einen Blick in die Zukunft zu werfen, ist das Legen von Karten, zum Beispiel Tarot. Die Karten richtig zu legen erfordert einige Übung und Kenntnisse und, wenn Sie sich die Karten legen lassen, eine/n erfahrene/n und vor allem ehrliche/n Kartenleger/in. Tarotkarten lassen verschiedene Interpretationen zu, was auch leicht dazu führen kann, auf den falschen Weg geführt zu werden.

Ich selbst nutze am liebsten öfter so genannte Lebenskarten. Weniger um mir die Zukunft vorhersagen, als mir einen täglichen »Anschubser« verpassen zu lassen. Ich nutze diese Karten möglichst in Verbindung mit einem Weihrauch-Duft. Die kurzen handgerollten Weihrauchstäbchen packe ich mir dann sogar in die Handtasche, um tagsüber bei jeder sich bietenden Gelegenheit mal wieder an dem Duft zu schnuppern (denn das ist sehr praktisch, wenn man sie gerade mal nicht anzünden kann) und mir meine Tageslosung vor Augen zu halten.

Von Horoskopen mit Ausnahme eines Geburts- oder Beziehungshoroskops halte ich persönlich nicht viel, besonders wenn es sich dabei um Zeitungs- oder etwa telefonische Horoskope handelt. Ein zuverlässiges Horoskop lässt sich nur von einem erfahrenen Astrologen erstellen.

Wünsche, Autosuggestion & Zauber

Im Bereich der (weißen) Magie finden wir eine Reihe von Zauber- und Beschwörungsformeln. Man kann darüber geteilter Meinung sein, aber in manchen Fällen mögen sie sogar etwas bewirken. Ich selbst führe das mehr auf Autosuggestion bzw. die Steuerung meines Chi's zurück. Wenn ich mir etwas fest wünsche und mich darauf konzentriere, wird sich mein Wunsch in meinen Energieströmen manifestieren und erfüllt werden. Dabei schließe ich persönlich nicht aus, dass manchmal auch meine Geistführer, Schutzengel oder Freunde im Jenseits ihre Hand mit im Spiel haben.

Wer sich aber mit Zauber, Magie und Ritualen befasst, sollte Folgendes unbedingt beachten: Im gleichen Moment, in dem wir Geister anrufen, einen Kontakt zum Jenseits oder einer anderen Dimension herstellen, stellen wir damit unsere geistige »Empfangs- und Sendefrequenz« eben für diesen Bereich empfindlich ein. Damit öffnen wir eine Tür, durch die auch ungebetene Gäste hereinkommen können. Diese Praktiken erfordern einen starken Glauben, vor allem aber Liebe und eine gehörige Portion an Selbstdisziplin. Unter keinen Umständen sollte man Zauber- oder Beschwörungsformeln aus lauter Neugier, zur Unterhaltung oder zum Spiel anwenden, denn die Konsequenzen könnten erschreckend, ängstigend und in einigen Fällen sogar bedrohlich und fatal sein.

Rache

Ich kann durchaus nachvollziehen, was mein Partner Michael über den Mann gedacht haben muss, der seinen Sohn getötet hatte: Zwar hatte er dem Polizisten vergeben, dennoch war er nicht ganz frei von Rachegefühlen. Auch ich habe, wenn ich an so manches zurückdenke, einige Menschen auf meiner »Abrechnungsliste« stehen, und ich denke, dass es sich bei manchem von uns ebenso verhält.

Menschen reagieren meist äußerst empfindlich, wenn sie hintergangen, belogen, betrogen oder ausgebeutet werden. Das Bedürfnis, respektvoll behandelt zu werden, ist ein legitimer Anspruch, der, wenn er verletzt wird, zumindest zu Gefühlen der Empörung, wenn nicht gar zu Vergeltungsmaßnahmen führt. Wer sich ungerecht behandelt fühlt, neigt dazu, für dieses Unrecht Rache bzw. Revanche zu nehmen, wodurch eine Kette wechselseitiger Schadenszufügung in Gang gesetzt wird. Rache wird aber nicht dadurch zu Recht, dass sie aus dem Wunsch nach Gerechtigkeit entsteht.

Und auch hier muss man sich einmal den Wunsch nach Rache und das Nicht-vergessen-Können vor Augen halten. Man trägt jahrelang und tagtäglich den Gedanken an Rache mit sich herum. Wer also hat hier die Probleme? Denn derjenige, der die Rache üben will, ist derjenige, der nicht vergessen bzw. loslassen kann. Solche Rachegedanken benötigen Energie, wobei sich diese in negative Energie umwandelt.

»Loslassen« ist aber eine der wichtigsten Voraussetzungen für positives Denken und damit für einen ungestörten Fluss des Chi. Festgefressene Gefühle, Rache, Schmerz, Trauer verursachen Blockaden, die wiederum negative Energien verursachen und schließlich sogar zu Krankheiten führen können.

Eine der Nonnen im Kloster, in dem ich mich nach meiner Flucht vor der Drogenmafia zeitweilig aufhielt, gab mir einen guten Tipp, da ich immer sehr verschlossen war und mit kaum einem Menschen über meine Probleme reden wollte. Sie schenkte mir ein schönes Tagebuch und meinte einfach: »Schreib doch mal einfach alles von dir ab.« So schrieb ich dann jeden Tag und Abend über schöne und schlechte Erlebnisse und vor allem auch über die Menschen, die mir soviel Unrecht angetan hatten.

Lange Zeit später, als ich schon längst wieder zur Ruhe gefunden hatte, nahm ich das Büchlein mal wieder zur Hand. Als ich aber die Blätter fand, auf denen ich über die Menschen geschrieben hatte, die mir so viel Leid angetan hatten und denen gegenüber ich sogar

Rachegefühle verspürt hatte, riss ich diese Seiten heraus und verbrannte sie. Und so, wie der Rauch des Verbrannten sich in die Luft erhob und im Wind sich auflöste, so zerstreuten sich auch meine bösen Gedanken und Rachegefühle.

Heute schreibe ich jedes Mal, wenn ich mich noch einmal über jemanden geärgert habe oder selbst Rachegefühle in mir hochsteigen, einen »bösen Brief« an den oder die Betreffenden, den ich dann am folgenden Tag zeremoniell verbrenne. Und mit dieser Verbrennung hat sich auch schon mein Ärger in Luft aufgelöst.

Abschied nehmen

Abschied nehmen tut meist sehr weh, egal ob man sich von einem guten Freund, der großen Liebe oder gar für immer, wie im Falle des Todes von einem geliebten Menschen verabschieden muss.

Jeder Mensch muss in seinem Leben Übergänge bewältigen und oft lieb gewordene Gewohnheiten verabschieden. Leben ist Chi, ein Fluss, Bewegung, Dynamik, ein ständiges Kommen und Gehen. Es ist Aufgabe des Menschen, sich weiterzuentwickeln und nicht stehen zu bleiben. Das gilt für den Abschied von einem guten Freund, der vielleicht ins Ausland geht, um dort einen neuen Job, eine neue Beziehung oder ein ganz neues Leben zu beginnen, genauso wie für den Abschied von einer großen Liebe, aber vor allem für den Abschied aus diesem Leben.

Aber wenn Sie genau wie ich daran glauben, dass das Leben nach dem Tod weitergeht oder sogar noch schöner wird als hier auf Erden, dann sollten wir uns doch gerade mit demjenigen, von dem wir Abschied nehmen müssen, freuen. Denn wenn wir denjenigen wirklich lieben, dann gönnen wir ihm doch auch den Schritt in ein besseres, vollkommeneres Dasein.

Natürlich braucht es Kraft, sich von Liebgewonnenem und Gewohntem zu lösen, aber gleichzeitig wachsen wir mit dieser Kraft, um neuen Freunden und Herausforderungen begegnen zu können.

Überflüssiges abzustreifen und Vergangenes aufzugeben, um Neues entwickeln zu können, war oftmals für ganze Völker so entscheidend, dass davon das Überleben abhing. Die Geschichte der Menschen zeigt: Die Völker, die sich von alten Vorstellungen und Traditionen lösen konnten, hatten die Kraft, neue Entwicklungen einzuleiten und neue Formen der Lebensbewältigung zu finden.

Die berühmteste Wissenschaftlerin unserer Zeit, die Schweizer Ärztin Elisabeth Kübler-Ross schreibt in ihrem Buch »Über den Tod und das Leben danach« (erschienen im Verlag Silberschnur) so wunderschön:

»Ich glaube, es ist an der Zeit, dass Leute wissen, dass der Tod gar nicht existiert, wenigstens nicht so, wie wir uns das vorstellen.

Der Tod ist ganz einfach ein Heraustreten aus dem physischen Körper, und zwar in gleicher Weise, wie ein Schmetterling aus seinem Kokon heraustritt.

Sterben ist nur ein Umziehen in ein schöneres Haus.«

So schmerzlich die Tatsache dann auch sein mag, dass wir unsere Geliebten vielleicht nicht mehr wiedersehen oder zumindest für eine ganze Weile entbehren müssen, so sollten wir zumindest versuchen, uns mit ihnen zu freuen, da sie sich auf einen neuen Weg aufgemacht haben. Haben wir diese Haltung einmal angenommen, dann werden auch wir den Schmerz des Abschieds leichter ertragen können.

气

4. Lebensenergie tanken & behalten

Wenn wir unser Chi, unsere Lebensenergie, steuern wollen, müssen wir dafür sorgen, dass diese erhalten bleibt oder gar verstärkt wird. Zwar hält unser Körper unsere Energie fest wie bei einer Batterie, aber mit jeder geistigen Tätigkeit, bei der Begegnung mit anderen Menschen und bei der Verarbeitung von Gedanken, Schicksals- und Gegenschlägen wird auch Energie verbraucht. Das kann sogar sehr schnell gehen, wenn wir auf Felder (oder Menschen) mit negativer Energie treffen, die uns unsere Lebensenergie entziehen. Deshalb muss unsere »Chi-Batterie« auch regelmäßig wieder aufgeladen werden:

Positiv denken – positive Tagesplanung

Positiv Denken ist eine der wichtigsten Voraussetzungen, sein Chi steuern zu lernen. Es gibt einen bekannten Spruch: »So wie es in den Wald hineinschallt, schallt es auch wieder heraus.« Eine wunderbar einfache Erklärung, wie Chi wirken kann. Denn Chi steckt nicht nur in uns selbst, sondern überträgt sich auch in zwischenmenschlichen Beziehungen. Bei jeder Begegnung mit anderen Menschen, bei jeder Tätigkeit findet ein Austausch positiver und negativer Energien statt. Positive Energie hat nicht nur einen positiven Einfluss auf die Gestaltung unseres Schicksals, sondern trägt auch wesentlich zu unserem Gesamtbefinden und unserer Gesundheit bei, wie schon die alten Römer wussten: »Mens sana in corpore sano« – Der gesunde Geist steckt in einem gesunden Körper.

Aber wie erlernt man die Kunst, sein Denken und Handeln positiv zu beeinflussen? Jeden Tag aufs Neue werden wir mit kleinen oder großen Problemen konfrontiert, treffen wir auf Menschen, die uns irritieren und von unserer (positiven) Energie zehren.

Nachfolgend möchte ich Ihnen ein paar ganz einfache Tipps geben, wie Sie Ihren Tagesablauf positiv gestalten können und Ihre eigene positive Energie soweit wie möglich behalten und ausstrahlen können:

Der Prioritätenkalender

Machen Sie sich, bevor Sie Ihren Tag beginnen, einen Tagesplan, auf dem Sie alle wichtigen Tätigkeiten, Anrufe, Treffen, Begegnungen und was Sie sonst noch zu erledigen haben, vermerken.

Bewerten Sie jede Aufgabe mit Kreuzen: drei Kreuze XXX für die unangenehmste Aufgabe, zwei Kreuze XX für weniger unangenehme Tätigkeiten und ein Kreuz X für nach Ihrem Empfinden »normale«, aber notwendige Aufgaben.

Nun arbeiten Sie alle Aufgaben der Reihe nach ab, und zwar die mit drei Kreuzen grundsätzlich zuerst. Haken Sie ab oder streichen Sie durch, was erledigt ist.

Es mag sich unglaublich simpel anhören, aber Sie können mir glauben: Je mehr Aufgaben abgehakt sind, desto besser fühlen Sie sich. Gerade diesen Zettel vor Augen zu haben, hilft Ihnen, sich durch die vielen Unannehmlichkeiten eines Tages zu arbeiten und dabei aber vor allem die Fortschritte, die Sie machen, zu sehen.

Schon bald werden Sie sogar Spaß daran finden, gerade die unangenehmen Aufgaben so schnell wie möglich hinter sich zu bringen. Ihr Lohn ist ein freier, unbelasteter Tag. Im Laufe der Zeit werden Sie merken, dass die Anzahl unangenehmer Dinge immer weniger werden wird, ganz einfach weil Sie unangenehme Dinge gar nicht mehr als so unangenehm empfinden werden.

Autosuggestion

Autosuggestion ist einfach: Es geht darum, sich selbst mental auf etwas Erwünschtes zu programmieren. Mit »Programmieren« meine ich die Fähigkeit, unser eigenes Verhalten systematischer und zielsicherer zu steuern. Unbewusst tun wir das sowieso schon. Zunächst einmal brauchen Sie dazu eine Suggestionsformel – auch Affirmation genannt. Versuchen Sie, eine Suggestionsformel zu finden, die Ihr Ziel positiv und in der Gegenwart beschreibt, so als hätten Sie das Ziel schon erreicht, zum Beispiel: »Ich werde die heutige Prüfung bestehen.« Oder: »Ich werde mich heute XY gegenüber besonders freundlich verhalten.« Sie können (fast) jeden Wunsch in Ihre jeweilige Suggestionsformel verarbeiten, wobei Sie sich natürlich dabei bewusst sein müssen, dass nur immaterielle und geistige Wünsche, auf die Sie und Ihr Chi einen Einfluss haben, auch verwirklicht werden können.

Nun wenden Sie die Entspannungsübung an, die ich Ihnen gezeigt hatte und die Sie jederzeit an jedem Platz auch unbemerkt durchführen können.

Diese Übung lässt sich schon bald so unauffällig durchführen, dass die meisten Menschen um Sie herum denken, dass Sie sich nur einmal strecken. Dadurch, dass Sie Ihre Aufmerksamkeit und Konzentration auf diese Sätze – und damit ihre Aussage – richten, bewegen Sie sich fast automatisch in die Richtung. Mehr zum Thema Autosuggestion finden Sie im Internet unter *www.claire4you.com* wo Sie auch weiterführende Weblinks finden.

Alles hat seinen Sinn

Auch wenn wir, wie ich behaupte, unser Schicksal selbst in die Hand nehmen und steuern können, so gibt es viele Dinge in unserem Leben, die vorbestimmt sind. Manche von uns glauben sogar an einen großen, alles umfassenden Plan, in welchem das Schicksal eines jeden Menschen vorbestimmt ist. Ich selbst würde es lieber anders formulieren: »Der Weg und das Ziel eines jeden Menschen sind vorbestimmt, aber wie man diesen Weg geht, welchen Weg man nimmt und vor allem, wie man selbst erfährt, was einem auf diesem Weg passiert, das hat ein jeder selbst in der Hand.« In jedem Fall aber steht fest: Jedes Geschehen in unserem Leben, ob gut oder schlecht, hat seinen Sinn. In meinem eigenen Leben habe ich mich mehr als einmal gefragt: »Warum muss ausgerechnet mir das passieren? Warum ich?« Oder noch schlimmer: »Warum musste es das noch so junge Kind meines Partners sein, das so früh sein Leben verlor?« Jeder von uns stellt sich diese Fragen immer wieder und wieder. Aber ich habe eine Erfahrung gemacht, die mir geholfen hat, so manchen Schlag gelassen hinzunehmen: Nämlich dass *alles*, aber auch wirklich alles, ob es in erster Instanz negativ oder positiv erscheint, immer zwei Seiten hat. Gerade aus den härtesten Schicksalsschlägen ergeben sich letztendlich immer wieder neue Perspektiven, neue Wege und neue Möglichkeiten. Aufgrund der vielen Tiefschläge, die ich in meinem Leben einstecken musste, habe ich mir abgewöhnt, diese nur negativ zu sehen. Heute sage ich mir jedes Mal aufs Neue, wenn mich ein Schicksalsschlag ereilt: »Was mag danach kommen? Wie wird es wohl danach weitergehen?« Ich gehe sogar noch einen Schritt weiter: Ich freue mich im gleichen Moment, indem mich ein Schicksalsschlag trifft, schon auf das, was kommen wird. In den meisten Fällen ergibt sich nach einiger Zeit auch etwas Neues. Wenn ich dann zurückblicke auf das, was geschehen ist, sehe ich den damaligen Schicksalsschlag plötzlich in einem ganz anderen Licht.

Das mag für manchen von Ihnen wiederum zu einfach klingen, aber glauben Sie mir: In der Einfachheit liegt die Wahrheit. Natürlich war es für meinen Partner nicht leicht, den Verlust seines Kindes zu verarbeiten, und auch ich benötigte eine ganze Weile, das zu verkraften. Nun glauben wir beide, mein Partner und ich, an ein Leben nach dem Tod. Und unser heutiges Leben ist nach diesem wohl härtesten Schicksalsschlag viel wertvoller und erfüllter geworden. Wir haben eine wertvolle Aufgabe gefunden, nämlich unsere Erfahrungen mit anderen Menschen, die es genauso schwer oder noch viel schwerer hatten als wir, zu teilen. So gesehen machte selbst der Tod des kleinen Mike noch einen Sinn, denn er lebt auch weiterhin in unserem Herzen und in unserer Seele.

Auftanken: Gesundheit und Wellness

Wie ich eingangs bereits gesagt hatte, geht bei jedem Gedanken, bei jeder Verarbeitung von kleinen und großen Schicksalsschlägen Energie aus unserem Energievorrat verloren. Das gilt besonders bei zwischenmenschlichen Begegnungen und Beziehungen. Deshalb müssen wir aufpassen, dass unser Akku sich nicht ganz entleert und wir selbst zu einem Träger negativer Energie werden.

Um Ihr Chi ungehindert durch Ihren Körper strömen und wirken zu lassen, bedarf es einer gesunden Lebensführung. Leider ist das in unserer so unnatürlichen Welt schwieriger als je zuvor. Durch die industrielle Verarbeitung der meisten Lebensmittel ist der natürliche Kreislauf aus dem Gleichgewicht gekommen. Fehlende Vitamine und natürliche Ergänzungsstoffe werden durch Nahrungsmittelergänzungen und künstliche Präparate ersetzt. Der normale Verbraucher kann sich kaum noch durch den Dschungel der vielen Präparate durchfinden.

Lassen Sie mich Ihnen deshalb einen wohlgemeinten Rat geben: Unser Körper ist ein Geschenk der Natur, aber gleichzeitig die komplexeste und empfindlichste Struktur, die man sich vorstellen kann. Gehen Sie vorsichtig und vor allem sorgsam damit um. Von der Natur wird der Mensch nicht krank. Das gilt für die Organe, genauso wie für die äußere Hülle und unseren Geist. Es sind (abgesehen von erblich bedingten Anlagen) ausschließlich äußere Fremdeinflüsse, die unser gesundheitliches Gleichgewicht aus dem Lot bringen. Die Natur ist oftmals die beste Vorsorge und manchmal auch die beste Medizin. In der Natur finden Sie alles, was der menschliche Körper braucht. Gönnen Sie sich und Ihrem Körper deshalb regelmäßig eine

Auszeit, Ruhe, Erholung und vor allem: Führen Sie ihm die natürlichen Grundstoffe zu, die er braucht, um sich zu entwickeln, sich instand zu halten und sich zu regenerieren.

Dazu möchte ich Ihnen ein paar einfache Tipps aus meiner Praxis geben. Vieles davon dürfte Ihnen bereits bekannt sein und es gibt unzählige Bücher zu diesem Thema. Aber – und das ist die Crux – gerade durch das Überangebot an Literatur und Informationen auf diesem Gebiet weiß kaum einer noch, wie er sich richtig ernähren und pflegen soll, um seinen Körper in Form zu halten. Das Ergebnis: Man versucht einfach alles mal, wechselt von der einen Philosophie zur anderen, und nichts wirkt wirklich. Mein wichtigster Tipp: Denken Sie an Ihre Großeltern (oder in der heutigen Generation sogar noch besser an Ihre Urgroßeltern), die in einer weniger industrialisierten Welt lebten und das nahmen, was ihnen die Natur bot. Deshalb hier ein paar kurze und einfach gehaltene weitere Tipps, bei deren konsequenter Beachtung sich Ihr Allgemeinbefinden schon bald verbessern dürfte:

- Essen Sie regelmäßig frisches Gemüse oder Früchte. Keine Tiefkühl- oder Fertiggerichte.

- Gemüse sollte nicht zu lange gekocht werden, damit seine natürlichen Grundstoffe nicht verloren gehen.

- Lernen Sie beim Einkaufen Ihrer Lebensmittel auf zusätzliche schädliche Inhaltsstoffe und ganz besonders Konservierungsstoffe zu achten. Erklärungen und Tabellen dazu finden Sie in vielen Büchern und im Internet und natürlich auch auf meinen eigenen Seiten *www.claire4you.com.*

- Essen Sie abwechslungsreich und zu festen Zeiten.

- Gehen Sie oft an die frische Luft und lüften Sie Ihre Wohnung regelmäßig. Sauerstoff ist die beste Medizin für Ihren Körper.

- Nutzen Sie die Kraft frischer Kräuter und Blumen im Haus, im Bad, in der Küche und auch zur Reinigung. Es gibt zahlreiche Anwendungsmöglichkeiten von gut riechenden und wohltuenden Blüten und Kräutern, von ätherischen Ölen, Duftkerzen, Weihrauch bis hin zu Kräuterextrakten und fertigen Kräuterprodukten. Benutzen Sie auch für Ihren Körper, Ihre Haut und Ihr Haar Mittel aus Kräuterextrakten.

- Gönnen Sie sich regelmäßig einen »Time-out« an einem Ihrer »Escape-Places« (Ruheoasen) im Urlaub, Wald, am Wasser, im Garten, auf dem Balkon oder in Ihrem Bad oder Schlafzimmmer (siehe dazu die Kapitel zu »Escape Places« und »Feng- Shui«). Wenn möglich, versuchen Sie täglich für zehn bis fünfzehn Minuten zu meditieren oder wenigstens ein paar Entspannungsübungen zu machen.

Es würde zu weit führen, dieses Thema noch zu vertiefen, denn es würde den Rahmen dieses Buches sprengen. Aber es gibt zahlreiche Bücher, Kuren und Philosophien zu diesem Thema, die ich Ihnen gerne im Kapitel Claire4Health auf meinen Internetseiten *www.claire4you.com* vorstellen möchte.

Liebe & Partnerschaft

Warum wird inzwischen fast jede zweite Ehe geschieden? Was bedeuten Partnerschaft und Liebe heute eigentlich noch? Dieses Thema würde alleine schon ein ganzes Buch füllen und vielleicht schreibe ich dazu auch einmal ein gesondertes Buch. Trotzdem möchte ich Sie hier an einigen meiner Gedanken und Erkenntnisse teilhaben lassen, spielen doch gerade die Themen Liebe und Partnerschaft in unserem Leben eine so wichtige Rolle für unser persönliches Glücksgefühl.

Wenn ich heute jemandem erzähle, dass ich ganze dreißig Jahre gewartet habe, um mit meinem Traumpartner zusammenzukommen, werde ich oftmals nur mitleidig belächelt und auch oft genug nicht für ganz voll genommen. Aber so abwegig ist das doch gar nicht, da brauche ich nur meinen eigenen Partner zu betrachten: Michael hat es genau andersherum gemacht. Er wechselte die Partnerinnen so wie es gerade kam. Obwohl er sein Bestes tat, seinen beiden Töchtern ein sicheres und schönes Zuhause und eine gute Jugend mitzugeben, blieben die Vorwürfe und Enttäuschungen seiner Kinder nicht aus.

Deshalb wäre es sicher selbst für so manche ungeborenen Kinder besser, wenn man damit wartet, bis man wirklich den richtigen Partner gefunden hat. Und dann? Wer garantiert, dass eine Partnerschaft anhält?

Oftmals leben sich Partnerschaften auseinander, meistens weil der eine den Anforderungen des anderen nicht (mehr) genügt oder entspricht bzw. der eine Partner zumindest subjektiv das Gefühl hat, dass dem so ist. Objektiv ist dem meistens nämlich nicht so, nur das wird eben schnell übersehen. Wie heißt es doch gleich so schön: »Das Gras des Nachbarn ist immer grüner?« Dies ist eine rein subjektive Empfindung, die sich aber mit folgendem Trick möglicherweise aufdecken lässt:

Machen Sie regelmäßig, wenn Sie das Gefühl überkommt, dass Ihr Partner nicht mehr Ihren Wünschen entspricht, eine emotionelle »Soll und Haben«-Bilanz. Links schreiben Sie Ihre Erwartung auf und rechts, welche Eigenschaften Ihr Partner hat und welche er erfüllt. Nun halten Sie sich einfach vor Augen, ob ein anderer Partner die Eigenschaften, die Ihnen bei Ihrem Partner fehlen, ersetzen könnte, und vor allem auch, welche Eigenschaften Ihr heutiger Partner hat, die Sie an ihm schätzen. Denken Sie daran, dass Sie bei einem Partnerwechsel gerade diese Eigenschaften verlieren könnten und was das für Sie bedeutet. Das Ergebnis dieser kleinen Übung sollte sein, dass Sie Ihrem heutigen Partner mit mehr Respekt begegnen. Respekt und Nachsicht sind das »Öl« in jeder Beziehung. Lassen Sie Ihren Partner in seinem eigenen Wert und geben Sie ihm die Freiheit, die er braucht.

Natürlich kann ich in diesem Buch keine ausführliche Abhandlung über Beziehung und Partnerschaft schreiben, dafür reicht der Platz nicht aus. Außerdem verhält es sich in jeder Beziehung wieder anders, als dass jemand dafür ein Patentrezept geben könnte. Dennoch hoffe ich, dass Sie mit dieser Einsicht Ihre eigene Beziehung vielleicht nur einmal aus einer anderen Sicht betrachten können. Vielleicht kann es helfen, Ihre Zweifel zu besiegen. Denn nichts gibt mehr Kraft im Leben als eine gute, partnerschaftliche Beziehung voll Liebe und Respekt.

Karriere & Geld

Karriere und Geld sind für unsere heutige Gesellschaft leider zu den wichtigsten Leitsätzen geworden. Dabei vergessen viele aber das Leben selbst. Und plötzlich – ganz plötzlich – ist man älter geworden, schaut auf die Zeit zurück und denkt: »Wo ist sie nur geblieben?«

Die Zeit unseres Lebens ist das Bedeutendste, was wir haben, und deshalb ist es wichtig, diese Zeit auch so gut und sinnvoll wie möglich zu füllen. Natürlich ist es schön, sich alles leisten zu können und auf der Karriereleiter soweit aufzusteigen, dass man angesehen ist. Auch ich könnte niemals behaupten, dass ich mich nicht von Karrierewünschen und materiellem Wohlstand habe (ver)leiten lassen.

Aber nach meinen vielen Up's und Down's habe ich gelernt zu relativieren. Und auch mein Partner Michael hat nach dem Tod seines Sohnes angefangen umzudenken. Wenn man ihn heute fragt, wie er sein Leben beurteilt und ob ihm etwas Leid getan hat, dann antwortet er, dass er nichts bereue – außer der Zeit, die er mit seiner Karriere verbracht hat, statt mit seinem Sohn. Denn diese Zeit lässt sich leider nicht mehr einholen. Aber man kann daraus lernen.

So haben wir gelernt, mit wesentlich weniger Geld auszukommen und trotzdem sehr glücklich zu sein. Auch Luxus bedeutet uns nichts mehr – im Gegenteil: Not macht erfinderisch. Und selbst wenn es uns heute schon wieder viel besser geht, so erfreue ich mich oftmals mehr an selbst gemachten Möbeln und ziehe noch immer gerne die gleiche Jacke wie vor zwanzig Jahren an, auch wenn ich sie schon drei Mal geflickt habe. Und der größte Witz ist: Oftmals werde ich gefragt, wo ich diese denn gekauft oder welcher Designer sie mir angefertigt habe. Die Jacke ist so alt, dass sie schon wieder Aufsehen erregt. So kann man sogar aus weniger mehr machen.

Ein kleiner Tipp für Frauen, die trotz wenig Geld gepflegt aussehen und gut riechen wollen: Sammeln Sie Gratisproben, die man in Parfümerien und Apotheken in Massen bekommt, wenn man danach fragt. Mit etwas sparsamer Anwendung kann man lange damit auskommen und keiner merkt etwas. Eine gepflegte Haut und ein gutes Parfum trägt aber zu stärkerem Selbstbewusstsein und sichererem Auftreten bei.

Das Wichtigste ist bei jeder Arbeit oder auch im eigenen Geschäft, dass einem die Aufgabe Spaß macht. Auch hier gilt wieder das Gesetz: Positive Energie schafft positive Ergebnisse. Seitdem mir egal ist, ob und wie viel Geld ich verdiene, stellt sich der Erfolg plötzlich ganz von selbst wieder ein. Das Gleiche gilt für Freunde und gute Berater.

Während ich mich früher vor so genannten »Freunden« nicht retten konnte, die alle von »meinem Kuchen« etwas abhaben wollten, war, als es mir dreckig ging, keiner von ihnen mehr da. Heute aber habe ich einige wenige, aber wirkliche Freunde, die mir jederzeit helfen und zu mir stehen – genauso, wie ich jederzeit für sie da bin. Das Gleiche gilt für gute Berater. Früher bezahlte ich Hunderttausende Gulden an Rechtsanwälte, Steuerberater und sonstige so genannten Fachleute. Im Endeffekt jedoch ohne positives Resultat. Denn keiner hat richtig aufgepasst. Und als das Kind in den Brunnen gefallen war, war natürlich niemand schuld. Heute habe ich Berater, die, da ich nicht über genügend Geld verfüge, um ihnen ein angemessenes Honorar zu bezahlen, zu einem Teil auf »No cure – no pay« (kein Erfolg – kein Geld) Basis arbeiten oder zumindest nur die wirklichen Kosten in Rechnung stellen. Und plötzlich funktioniert es, ich mache Fortschritte, die ich oder andere früher, als es mir gut ging, nie für möglich gehalten hätten.

Aus meiner Praxis und den vielen Zuschriften, die ich nach Gründung und Bekanntmachung meiner Stiftung Liberty empfangen habe, habe ich gesehen, wie groß der Bedarf an zuverlässigen Beratern ist, die an Ihre Sache glauben und auch einmal »No Cure – no pay« arbeiten. Deshalb werde ich in in unserer Community »Claire4you« eine kostenlose Beratungsstelle hierfür einrichten. Mehr Informationen dazu gibt es in unserem Magazin *www.claire4you.com.*

Not macht eben erfinderisch und vor allem aufmerksam. Das gilt ganz besonders für Beruf, Karriere und Geschäft. Wer wenig hat, kann sich auch keine Fehler erlauben und arbeitet im Schnitt effizienter als die, die es sich leisten können. Das sieht man auch immer wieder in staatlich geführten Verwaltungsapparaten und Großkonzernen.

Zu gerne würde ich zu diesem Thema noch mehr schreiben, aber auch das würde den Rahmen dieses Buches sprengen. Deshalb an dieser Stelle nur ein paar nützliche Tipps für Ihre Karriere, Beruf, Geschäft und Geld:

➛ Machen Sie vor allem, was Ihnen Spaß macht. Es rentiert sich im Endeffekt mehr, als wenn Sie sich nur von Geld und Ansehen leiten lassen.

➛ Machen Sie sich nie zum Sklaven Ihres Berufes oder Geschäftes. Versuchen Sie jeden Augenblick Ihres Lebens sinnvoll und so schön wie möglich zu gestalten.

➛ Nehmen Sie öfter Abstand – auch bevor Sie Entscheidungen treffen. Schreiben Sie Ihre Gedanken und Ideen auf, legen Sie das Geschriebene zur Seite und schauen Sie sich dieses nach ein paar Tagen nochmals an. Ihre Entscheidungen werden dann überlegter und Sie werden selbst immer sicherer.

- Hören Sie öfter auf Ihre Intuition und Ihr Gefühl. Selbst wenn es im ersten Moment geschäftlich unsinnig erscheinen mag – Ihr inneres Ich und Ihr Gefühl täuschen Sie letztendlich nie.

- Der holländische Biermagnat Alfred Heineken hat einmal gesagt: »Geschäfte machen ist wie Krieg. Du eroberst Marktanteile wie ein Heer, das ein Land erobert.« Das mag sicherlich zutreffen und im Geschäftsleben wie im Beruf und bei der Karriere ist mit Sicherheit eine gewisse Disziplin und Standhaftigkeit genauso angesagt wie strategische Überlegungen. Aber Sie können Ihren »Gegnern«, egal ob Geschäftsfreund, Kollege, Vorgesetzter oder Konkurrent, auch mit Liebe und einer gewissen Offenheit begegnen. Die »schwarzen Schafe« darunter werden dadurch enttarnt und entwaffnet. Und die wahren Partner werden Ihnen diese Liebe erwidern. Aber seien Sie vorsichtig mit Vertrauen. Gerade im Geschäftsleben, im Beruf und wenn es um Geld geht, sollte Vertrauen erst verdient und bewiesen werden.

- Trauen Sie sich, Entscheidungen zu treffen und haben Sie den Mut, Ihre Ideen durchzusetzen und neue Abenteuer zu bestehen. Nur wer Fehler macht, kann auch daraus lernen. Alles andere wird Sie nie weiterbringen. Sie selbst tragen die einzige Verantwortung für sich und für das, was Sie tun. Und *Sie* sind es, der sich selbst ins Gesicht sehen muss – spätestens wenn Ihr Leben auf dieser Erde endet.

- Tun Sie Gutes. Wenn Sie ein eigenes Geschäft haben, spenden Sie einen Teil Ihres Gewinnes für einen guten Zweck. Im Beruf helfen Sie anderen und geben Minderbemittelten und sozial schlechter Gestellten die gleichen oder gar bessere

Chancen. Es wird Ihnen gedankt werden. Aber passen Sie auf, wie und wem Sie helfen! Einem Obdachlosen kaufe ich lieber ein Essen, statt ihm Geld zu geben, das er vielleicht in Alkohol investieren würde. Einem Unternehmer gebe ich lieber eine gute Beratung als nur Geld, um damit Schulden zu bezahlen.

Weitere Informationen zum Thema Karriere, Beruf, Geld & Geschäft finden Sie auf meinen Internetseiten *www.claire4you.com.*

Chi weitergeben

Um Ihr eigenes Chi zu behalten und sogar zu stärken, ist es wichtig, dieses weiterzugeben. Verschenken Sie Liebe und Licht, auch wenn manchem Leser, der sich zum ersten Mal mit dem Thema Spiritualität beschäftigt, diese Empfehlung zu abgehoben erscheinen mag. Ich kann mich sehr gut in Ihre Situation hineinversetzen. Als ich zum ersten Mal vor vielen Jahren über spirituelle Erlebnisse, Rückführung und mein Engelerlebnis sprach, sah ich in den Augen meiner Kollegen oder gar Freunde so etwas wie »Jetzt spinnt sie aber wirklich«. Damals war der Begriff Spiritualität noch nicht so »in« wie heute. Esoteriker – und das sind Leute, die auf der selbstständigen Suche nach tieferen Erkenntnissen sind – wurden oft gar als heidnisch und weltfremd angesehen.

Tatsächlich ist es so, dass ich für meinen Begriff von Spiritualität keinen Guru brauche. Ich muss mich auch nicht in ein stilles Gebirge zurückziehen, um mystische Erlebnisse zu haben und mein inneres Ich zu spüren. Auch ich bin ein ganz normaler Mensch genauso wie Sie.

In unserer heutigen Welt fehlt es den Menschen an Halt. Früher gingen die Eltern mit ihren Kindern noch in die Kirche. Und wenn auch das nicht unbedingt immer der einzig richtige Weg war, so war es sicherlich immer noch besser, als sich den heutigen Medien preiszugeben, die uns durch Boulevardzeitschriften, Filme und TV-Unterhaltungsprogramme rohe Gewalt, Kriminalität, Terror und Horror täglich vor Augen führen. Da wird es plötzlich äußerst »uncool«, nicht wenigstens mitreden zu können oder gar manchem Vorbild aus TV oder Film nachzueifern.

Wenn man aber einmal wirklich tief in die Herzen anderer Leute schaut, sind diese gar nicht so »cool« und stark, wie sie sich nach außen hin geben. Oftmals ist es genau die Liebe und Zuneigung, die vielen fehlt und bei ihnen zum Abbruch von Normen und Werten führt.

Sie wären erstaunt, wenn Sie wüssten, wie viele Menschen offen und bereit wären, sich für diese Liebe und das gesamte Spektrum der Spiritualität zu öffnen. Probieren Sie es einfach einmal aus: Gehen Sie zu Freunden und Bekannten, erzählen Sie ihnen von Ihren Erlebnissen, Übungen und anderem, was Sie vielleicht aus diesem Buch und anderen mitbekommen haben. Wenn Sie gelernt haben zu pendeln oder das I–Ging zu deuten, machen Sie dies einfach einmal für Ihre Freunde. Sie werden überrascht sein, welche positiven Reaktionen Sie damit erzielen.

气

Anhang 2: Kleines spirituelles Lexikon

Dieses kleine spirituelle Lexikon erhebt keinen Anspruch auf Vollständigkeit. Es soll Ihnen dazu dienen, auf Fragen, die eventuell während des Lesens entstanden sind, eine vorläufige Antwort zu bekommen. Deshalb sind hier auch nur die in diesem Buch besprochenen Themen enthalten, welche teilweise auch von anderen Autoren kurz beschrieben wurden und damit nicht unbedingt meine persönliche Meinung wiedergeben.

Dieses Lexikon steht Ihnen, lieber Leser, aber auch online zur Verfügung. Gehen Sie dazu auf die Website *www.claire4you.com*. Sie erhalten dann Ihren persönlichen Zugang zu unseren Webseiten und damit auch Zugang zu umfangreichen Online-Informationen zu den in diesem Buch besprochenen Themen, über Spiritualität, Wellness und den von mir angeregten Lebensstil bis hin zu dem, nach dem wir ja auch das gesamte Buch benannt haben: »Claire's Chi«.

Stichworte

Astralreisen

Der Begriff »Astralreisen« bezeichnet im modernen Sprachgebrauch die Erfahrung eines Menschen, getrennt vom physischen Körper als denkendes, wahrnehmendes Bewusstsein zu existieren und in einem »Ätherkörper«, der Dublette des Erdenkörpers, herumschweben zu können. Im deutschen Sprachraum wird dies auch AKE (außerkörperliche Erfahrung) genannt. Dies ist gleichbedeutend mit der englischen Bezeichnung OoBE bzw. OBE (Out of Body Experience). In der einschlägigen Literatur findet man oft die Ansicht, die Ablösung des Astralkörpers finde jede Nacht im Schlaf statt, allerdings völlig ohne Bewusstheit und Erinnerung. Wenn überhaupt eine Erinnerung an bewusstes Erleben während des Schlafes im Wachbewusstsein erhalten bleibt, so tun dennoch die meisten Menschen ihr Erlebnis einfach als Traum ab.

Durch Übung und Wiederholung kommt man in die Lage, die eigene Schwingungsfrequenz zu erhöhen, und kann nach und nach immer feinere astrale Strukturen ansteuern. Dazu kann es zeitweise notwendig werden, den astralen Leib einmal oder gar mehrmals ebenso zu verlassen, wie man zuvor den physischen Leib verließ.

Mancher erfahrene Reisende ist sogar in der Lage, sein Bewusstsein so sehr zu erweitern, dass er mehrere Erlebnisebenen gleichzeitig bewusst durchdringen und seine dortigen Körper steuern kann. Von Buddha Gautama Siddharta und Jesus von Nazareth beispielsweise hieß es sogar, dass sie diese Erfahrungen steuern konnten, ohne zuvor den biologischen Körper zu verlassen. Durch diese verschachtelte und hierarchische Anordnung der Erlebnisebenen ist das astrale Reich unendlich viel größer als die irdische Ebene. Jeder irdische Ort hat jedoch ein astrales Gegenstück, ebenso wie jeder physisch-grobstoffliche Körper ein feinstoffliches Pendant besitzt. Dadurch kann der Astralreisende sinngemäß an jeden irdischen Ort gelangen und die tatsächlichen Gegebenheiten sozusagen wie in einem Film verfolgen.

Nützliche Literatur:

Der Mann mit den zwei Leben. Reisen außerhalb des Körpers
Robert A. Monroe, Droemer Knaur, 1992

Der zweite Körper
Robert A. Monroe, Integral, 2003

Out of Body
William Buhlman, Integral, 2003

Praxis der außerkörperlichen Erfahrung
Robert Peterson, Omega Verlag Bongart-Meier, 1998

Astralreisen
Frederick E. Dodson, Bohmeier Verlag, Januar 2004

Berichte von Astralreisen
Anne Meurois-Givaudan, u. a., Droemer Knaur (1989)

Astrologie

Astrologie wird die systematisch anthropologisch-mythologische Deutung der Stellung bestimmter Himmelskörper (insbesondere der Planeten des Sonnensystems) genannt. In der Astrologie wird versucht, aus dem Zusammenhang von Geburtsort, Geburtszeitpunkt und Stellung der Himmelskörper den Charakter und/oder das Schicksal eines Menschen abzuleiten.

Schon seit Urzeiten übten meteorologische und astronomische Erscheinungen eine fesselnde Wirkung auf den Menschen aus. Neben der »westlichen« Astrologie gibt es andere Betrachtungsweisen, wie z. B. die chinesische Astrologie, die sich alle mehr oder weniger voneinander unterscheiden.

Nützliche Literatur:

Astrologie sonnenklar
Linda Goodman, Scherz 2000

Das Arbeitsbuch zur Astrologie
Nicolaus Klein, Hugendubel 1996

Die Entwicklung der Seele im Horoskop
Greg Bogart, Chiron Verlag, 1998

Aura

Die Aura ist das Energiefeld des Körpers. Sie umgibt den physischen Körper aller Lebewesen. Die Energie strahlt aus uns heraus und ist an den Grenzen des Körpers spürbar und für manche Menschen auch sichtbar.

An der Aura kann man sehen, wie ein Mensch sich fühlt und in welchem geistigen Stadium er sich befindet. Jeder Mensch besitzt eine Grundschwingung der Energie. Diese Schwingung erzeugt eine bestimmte Farbe. Somit hat also jeder Mensch eine Grundfarbe in seiner Aura. Je nachdem, wie sich ein Mensch fühlt oder in welchem geistigen Stadium er sich befindet, ändert sich die Farbe der Aura in den unterschiedlichen Bereichen. Denkt ein Mensch etwa in einer Lebensphase sehr viel über spirituelle Dinge nach, wird man in seinem Kopfbereich einen weißen oder goldenen Farbton in seiner Aura feststellen, während der Rest der Aura in anderen Farben leuchtet. Menschen mit Heilkräften haben eher eine hellgrüne Aura. Oft ist bei ihnen die Aura im Bereich der Hände grün, mit denen sie andere Menschen behandeln.

Je heller und leuchtender die Aura, desto positiver ist der betreffende Mensch eingestellt und umso weiter ist er spirituell entwickelt. Man könnte sagen, solch ein Mensch besitzt eine »gute« Aura. Andere spüren diese »gute« Aura intuitiv und empfinden den Menschen als positiv, nett und sympathisch und sind gern mit ihm zusammen.

Ist ein Mensch unausgeglichen oder besitzt er eine negative Lebenseinstellung, ist dies auch in seiner Aura festzustellen. Sie ist dann entweder insgesamt dunkler oder besitzt an manchen Stellen dunkle Flecken. Eine solche Aura könnte man als »schlechte« Aura bezeichnen. Andere fühlen diese negativen Schwingungen und empfinden eine solche Person als unangenehm, unfreundlich und versuchen, sie zu meiden. Dabei hat auch eine »schlechte« Aura positive Anteile, denn niemand ist im Ganzen schlecht. Allerdings können die negativen Anteile in möglicherweise wichtigen, eher nach außen gerichteten Bereichen überwiegen.

Durch Energiearbeit und geistige Weiterentwicklung kann jedoch auch eine »schlechte« Aura in eine »gute« Aura gewandelt werden. Die Aura zeigt nur die derzeitigen Stärken und Schwächen einer Person. Sie ist kein unabänderliches Merkmal der Persönlichkeit. Dennoch kann sie einem Menschen vieles über sich selbst verraten, vor dem er sich eher verschließt.

Oft heißt es, nur Hellseher könnten Auren sehen. Mit dem Glauben daran und der Motivation zum Üben kann aber theoretisch jeder Erfolge im Aurasehen erzielen oder zumindest Teile derselben erkennen. Schon ein kleiner farbiger Schimmer ist für den Anfang ein großer Erfolg.

Wichtig ist, eine Person nicht direkt anzusehen, sondern durch sie hindurch oder an ihr vorbei zu schauen. Diese Technik erinnert an die »Magic 3D«-Bilder, die auf den ersten Blick nur ein sich immer wiederholendes buntes Muster darstellen. Wenn man aber »hindurch« oder »dahinter« sieht, »springt« einem plötzlich ein 3D-Bild entgegen, das beim normalen Hinsehen unsichtbar ist.

Nützliche Literatur:

Die Farben deiner Aura
Lea Sanders, Wulfing von Rohr, Goldmann 1999

Das Aura Heilbuch
Walter Lübeck, Windpferd 2000

Aura-Sehen
Mark Smith, Silberschnur 1999

Ayurveda
siehe Kasten auf S. 29

Chakras (bzw. Chakren)

Der Begriff Chakra (sprich: Schackrah, gelegentlich auch Tschakra ausgesprochen) bezeichnet heute überwiegend die Energiezentren des biologischen Körpers. Das Wort Chakra stammt aus dem Sanskrit und bedeutet wörtlich übersetzt etwa »Das Rad«. Die Zentren, in denen sich die Energie, auch die feinstoffliche und kosmische Energie, im Körper bündelt, haben für Aurasichtige tatsächlich eindeutig Rad- oder Kreisform.

Da das sich vom Körper aus öffnende und in seiner energetischen Struktur drehende Rad seinen Ursprung beinahe punktförmig im physischen Körper hat und einen größeren Durchmesser bekommt, je weiter es von der Körperoberfläche entfernt ist (bei manchen bis zu 35 cm), wird das Chakra auch gern mit einer Blüte oder Knospe verglichen. Stiel und Knospe der Chakren ähneln in ihrer Form der eines Lotos. Daraus leitet sich eine weitere verbreitete Bezeichnung ab: die Lotos-Blüte. Auch das Mantra (Affirmation) »Om Mani Padme Hum« (frei übersetzt etwa: Heil dem Juwel im Lotos) bezieht sich auf die in den Chakren verborgen wirkende Kraft und Lebensenergie.

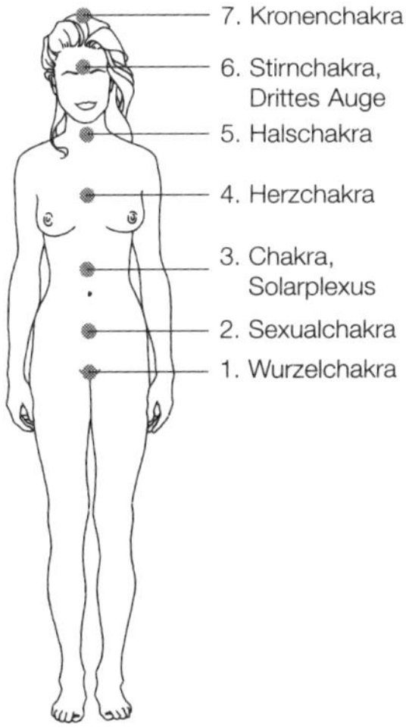

Am physischen Körper sind sieben Chakren verteilt, wobei sich das Unterste etwa am Damm nach unten öffnet und das Oberste vom Hinterkopf aus nach oben gerichtet ist. Dazwischen kennt man die folgenden fünf Energiezentren, die sich nach vorne öffnen: Eines ist etwa am Schambein, dann eines ungefähr in Nabelhöhe, als Nächstes ein Zentrum am Herzen, das vierte befindet sich an der Kehle und schließlich eines an der Stirn (Letzteres auch bekannt als das »Dritte Auge«). Jedes Chakra gilt als Sitz unterschiedlicher persönlicher Kräfte. Je höher ein Chakra am Körper gelegen ist, desto hochfrequenter ist auch die Energie, die darin fließt.

Nützliche Literatur:

Das Chakra-Handbuch
Shalila Sharamon, Bodo J. Baginski, Windpferd, 2001

Chi

Chi (wie »Tschi« ausgesprochen) – auch Qi geschrieben – wird in der traditionellen chinesischen Medizin (TCM, siehe dort) als generelle Lebensenergie oder spirituelle Energie angesehen, denn es ist ein Teil von allem, was existiert. Es ist in Japan als Ki und in Korea als Gi bekannt. Es nehmen, vor allem in Asien, verschiedene Religionen auf diese »metaphysische Energie« Bezug.

气

In der traditionellen chinesischen Medizin wird angenommen, dass der menschliche Körper im Inneren Funktionskreise oder auch so genannte »Elemente« (siehe auch: »Chakras«) aufweist, die mit einem Energiefluss an der Oberfläche korrespondieren. Man nennt diese Kanäle des Energieflusses »Leitbahnen« oder »Meridiane«. Krankheit ist ein Produkt der Unterbrechung dieses Flusses. Die TCM versucht, durch verschiedene Praxen physische Krankheiten mit einem Ausbalancieren des Chi-Flusses im Körper zu kurieren. Einige dieser Techniken enthalten zusätzlich Pflanzenmedizin, spezielle Diäten und Ernährungslehren sowie Akupunktur.

In einigen Kampfkünsten wird die Benutzung von Chi trainiert und kann dort auch erfahren werden. Beispiele sind Aikido (das japanische Ki entspricht dem chinesischen Chi), Shaolin Kung Fu,

Taijiquan und Qigong. Auch die Lehren des Feng-Shui benutzen als wesentliches Element den Fluss des Chi.

Claire's Chi

Claire's Chi repräsentiert einen modernen spirituellen Lebensstil, in dem Reiki, Qi Gong, Shiatsu, Tai Chi, Feng-Shui in Kombination mit gesunder Nahrung, Fitness- und Wellnessprogrammen und einer positiven Lebenseinstellung ihren festen Platz haben. Claire's Chi zielt darauf ab, die Selbstheilungskräfte zu stärken, aber auch das eigene Schicksal positiv zu beeinflussen und damit zu Glück und Erfolg zu kommen. Claire's Chi: ein Lebensstil – bestehend aus einer Kombination von Spirit & Wellness.

Was kann Claire's Chi Ihnen bieten?

Das ist vielleicht eine etwas unglücklich formulierte, aber dennoch direkte und deshalb auch angebrachte Frage. Besser wäre aus meiner Sicht: Was können Sie mit Claire's Chi alles *finden*?

Denn da gibt es sehr viel: Vom besseren Verständnis vieler Dinge, über mehr Ausgeglichenheit, innere Ruhe, Kraft und Energie bis hin zur direkten Verbesserung der Lebensqualität, wie auch Heilung und dem, was als »übernatürliche Fähigkeiten« bezeichnet wird. Außerdem können Sie durch Rückführungen in Ihre eigenen früheren Leben erfahren, dass Sie schon oft gelebt haben, womit Ihre mögliche Angst vor dem Tod ein für allemal ein Ende haben dürfte.

Dabei sind diese »übernatürlichen« Fähigkeiten gar nicht so »über«–natürlich, sondern eben nur natürlich. Dass manche Menschen damit Dinge vollbringen können, die von anderen als »übernatürlich« bezeichnet werden, liegt neben einer gewissen Anlage vor allem am Training und dem Einsatz der dem Menschen von Natur schon mitgegebenen spirituellen Fähigkeiten, andererseits an der Beurteilung durch die weniger Begabten.

Nützliche Literatur:

Chi-Yoga
Lucia Schmidt, BlV Verlagsgesellschaft 2001

Qigong für Einsteiger
A&O Medianetwork Dezember 2003

Es gibt keine Geheimnisse
Wolfe Lowenthal, Kolibri, Hamburg 2000

Tai Chi
Helmut Oberlack, Gondrom-Vlg., Bindlach 2001

Engel

Engel bedeutet »Bote« oder »Gesandter« und stammt vom griechischen Begriff »Angelos« ab. Aus der christlichen Tradition kennen wir Engel als Boten Gottes (etwa im Alten Testament bei der Zerstörung Sodoms oder im Neuen Testament bei der Geburt Jesu und am Ostermorgen). In moderner Theologie stehen Engel als Symbol für Gottes Wirken.

Das Judentum kennt außerdem eine Reihe so genannter Erzengel (Gabriel, Michael, Uriel, Raphael, Sariel, Jerahmeel). Als Erzengel (griech. Archangeloi, hebr. Malaak) werden sowohl in der Bibel als auch im Koran Engel bezeichnet, die eine herausragende Rolle spielen.

Die katholische Angelologie beschreibt die zwölf Ränge der Erzengel gemäß ihrer Hierarchie und ihren Aufgaben. Erzengel kommen in fast allen Religionen vor und werden bei Buddhisten, Hindus, Azteken, Altägyptern, im Judentum, Christentum und im Islam erwähnt. In einem Großteil der theosophischen und esoterischen Systeme werden sie als Boten, Messiasse, Halbgötter, Devas usw. bezeichnet, wobei sie sich in Form und Namen unterscheiden, in ihren Aufgaben und Fähigkeiten jedoch weitgehend identisch beschrieben werden.

Moderne spirituelle Bewegungen bezeichnen auch andere Lichtwesen oftmals als Engel, mit einem von der traditionellen Bedeutung abweichenden Konzept. Immer öfter häufen sich Berichte von Menschen, die von persönlichen Begegnungen mit Engeln berichten. Auffallend dabei ist eine immer wiederkehrende Übereinstimmung der Beschreibung und der Gefühle, die damit einhergehen. Möglicherweise ist dies ein Zeichen dafür, dass die Menschheit vor einem Erwachen steht und der Mensch seine Sinnesorgane immer feinfühliger einstellt auf Frequenzen und Schwingungen, die uns aus einer anderen Dimension erreichen. Oft verwechselt man jenseitige Erscheinungen mit Engeln, da auch sie oft in einem lichtvollen Glanz erscheinen.

Nützliche Literatur:

Engel begleiten uns
Petra Schneider, Gerhard K. Pieroth, Windpferd 2001

Du kannst mit Engeln sprechen
Dorothy Maclean, Heyne 1998

Kontakte mit deinem Schutzgeist
Penny MacLean, Erd 1996

Wir sind alle Engel
Diane Stein, Silberschnur 2000

Heilende Engelsymbole, mit 49 Engelkarten
Ingrid Auer, Silberschnur 2001

Esoterik

Der Begriff Esoterik stammt aus dem Griechischen (esoteros: »innerer«) und wurde ursprünglich als Bezeichnung für spirituelles Wissen und Kultpraktiken genutzt, die nur einem exklusiven Kreis »Eingeweihter« vorbehalten waren. Der Begriff esoteros wurde erst auf die Philosophie, später auf Mysterienkulte und die bewusste Geheimhaltung bestimmter Lehren bezogen.

Daher hat der Begriff Esoterik auch heute noch bei manchen Menschen und ganz besonders in den kirchlichen Gemeinden einen eher negativen, heidnisch-okkulten Beigeschmack.

Die Grenzen verschwimmen aber immer mehr: In den Massenmedien und der Umgangssprache ist Esoterik in den letzten Jahrzehnten zum Oberbegriff für spirituelle Aufbrüche in der Gegenwart geworden. Er umspannt höchst unterschiedliche Rückbesinnungen auf das Urwissen der Menschheit sowie Neubelebungen sowohl okkulter Praktiken wie Astrologie, Magie, außersinnliche Wahrnehmung, etc., aber auch ost-westliche Spiritualität und Mystik im weitesten Sinn wie u. a. Meditation, östliche Religionen, Theosophie, indianische Religiosität.

In diesem Buch finden Sie den Begriff nur sparsam verwendet als Bezeichnung für alle grenzwissenschaftlichen Praktiken und Bezeichnungen.

Feng-Shui

Feng-Shui (chin. »Wind und Wasser«) ist eine chinesische Kunst der Geomantie. Sie ist eine jahrtausendealte Tradition zur korrekten Positionierung von Sakralbauten, Gräbern, Gärten, Palästen und Straßen in der Landschaft. Dabei sollen die Bauwerke so gestaltet und positioniert sein, dass sie die Ströme und Felder der kosmischen Energie Chi optimal ausnutzen und in die günstigste Richtung leiten. So vermeidet Feng-Shui zum Beispiel gerade Linien, auf denen sich die Energie zu schnell fortbewegt, oder spitze Formen, die aggressive Energien ausströmen. Die stärkste Verbreitung hat die Lehre des Feng-Shui in Hongkong, wo beim Bau von Geschäftshochhäusern, aber auch bei der Einrichtung von Büros auf die Einhaltung der Feng-Shui-Gestaltungsprinzipien großer Wert gelegt wird. In jüngster Zeit finden die Grundideen des Feng-Shui auch in den westlichen Ländern zunehmende Beachtung.

Anwendungsbeispiel »Besser schlafen«
Eine Untersuchung des Schlafplatzes bzw. der Schlafräume und das Erarbeiten von Optimierungsmaßnahmen nach der Lehre des Feng-Shui zeigt in vielen Fällen wesentliche Verbesserungen. So sollte man die Farben Rot (erweckt Aggressivität) und Blau (Abkühlung) möglichst vermeiden. Besser sind warme Erdtöne. Das Bett sollte nicht in einer Linie mit Tür und Fenster stehen – das kann dazu führen, dass Ihr Chi im »Durchzug« fließt und Ihnen damit einen unruhigen Schlaf verursacht.
Spiegel oder reflektierendes Metall im Schlafzimmer können störende Energien verursachen.

Dies ist nur ein Bruchteil von Maßnahmen. Das Ergebnis: Besser schlafen – ein Stück Lebensqualität gewinnen. Mehr Informationen zu diesem Thema finden Sie in interessanten Fachbüchern zum Beispiel vom Silberschnur Verlag.

Nützliche Literatur:

Die chinesische Kunst, Lebensräume harmonisch zu gestalten
Eva Wong, Ullstein 1997

Geheimsymbolik des Feng Shui
Olivia Moogk, Silberschnur 1999

Feng Shui, Die Kraft der Wohnung entdecken und nutzen
Günther Sator, Gräfe & Unzer 1998

Beauty Feng Shui
Olivia Moogk, Silberschnur 1999

Fernöstliche Lehren und Heilkünste

Viele spirituelle Praktiken gehen auf fernöstliche Lehren zurück. Auch gewinnen fernöstliche Heilkünste immer mehr an Bedeutung.

Dazu zählen Feng-Shui (siehe dort), Shiatsu (siehe dort), Reiki (siehe dort), chinesische Kräuterheilkunde, Akupressur und

Akupunktur. Sie basieren auf der Idee, dass Körper und Geist eine untrennbare Einheit sind. Psychische Probleme sind somit auch nur durch die Behandlung einer Person als Ganze sinnvoll. Das Prinzip des Gleichgewichts ist dabei ein wesentlicher Bestandteil. Die japanische Medizin beschäftigt sich mit einer Energie bzw. Lebenskraft, eben dem »Qi« (oder »Chi«), welches in Energiebahnen durch den menschlichen Körper fließt. Für jedes Organ gibt es eine solche Energiebahn. Ein Ungleichgewicht von Chi im Körper verursacht demnach Krankheiten. Die Grundidee der fernöstlichen Therapiemethoden ist, den Energiefluss und das Gleichgewicht zwischen Körper und Seele positiv zu beeinflussen.

Geister und Lichtwesen

Viele unerklärbare Erscheinungen werden »Geistern« zugeschrieben, die als wiederkehrende verstorbene Menschen (Gespenster), belebte Naturobjekte (Pantheismus), Götter oder Boten Gottes (Engel) und Lichtwesen bezeichnet werden. Die christliche Kirche kennt z. B. den »Heiligen Geist«.

Geheimnisvolle, nebelhafte Wesen, die auf unerklärliche Weise auftauchen und wieder verschwinden, werden als Geister oder Gespenster bezeichnet. Bei den Geistererscheinungen unterscheidet man zwischen Dämonen, Elementalen, Engeln und Familiaren.

Poltergeister, eine besondere Art, erzeugen bei ihrem nächtlichen Auftritt oft klopfähnliche oder andere Geräusche. Seelen der Verstorbenen halten sich meistens im Jenseits auf, können aber besuchsweise in der diesseitigen Welt als »Geister« wieder in Erscheinung treten.

»Geister« wird natürlich nicht vom menschlichen »Geist« hergeleitet. Der »Geist« des Menschen wird unterschieden von seiner »Seele «. Die Seele (lat. anima) ist das Belebungsprinzip und wird demnach allen Lebewesen, insbesondere auch den Tieren zugesprochen.

Der Geist (lat. spiritus) hingegen ist darüber hinaus auch noch die substanzielle Ursache des freien Willens und der abstrakten Erkenntnis.

Die Existenz von Geistern und Lichtwesen geht oft mit dem Glauben an die so genannte »Reinkarnation« einher. Dieser Glaube an Reinkarnation (lat. für »Wiederfleischwerdung«), auch: Wiedergeburt, Seelenwanderung, Transmigration, Palingenese oder Metempsychose genannt, besagt, dass die menschliche Seele nach dem Tod auf dieser Erde oder anderen Existenzbereichen wieder als empfindendes Wesen geboren wird. Bei der außerkörperlichen Erfahrung verlassen wir etwa unseren fleischlichen Körper mit unserem geistigen Astralkörper und sind in der Lage, später wieder in unseren leiblichen Körper zurückzukehren.

Ein besonderes Erlebnis hatte die weltbekannte Ärztin, Elisabeth Kübler-Ross, bekannt durch ihre Untersuchungen über Nahtod- und Sterbeerfahrungen. Sie begegnete tatsächlich einer ihrer verstorbenen Patientinnen, die ein dreiviertel Jahr nach dem Tod in voller Größe und mit gut erkennbaren Gesichtszügen vor ihr stand, sie hörbar anredete und auch mit den ihr vormals eigenen Schriftzügen einen Beweis ihres Vorhandenseins und somit den Beweis eines Weiterlebens nach dem Tod gab. Dieses Buch sollte jeder gelesen haben. (Elisabeth Kübler-Ross: Über den Tod und das Leben danach)

Geister treten nicht nur zufällig und unverhofft auf, um Menschen zu erschrecken, sie können angeblich auch von so genannten Medien durch Materialisation sichtbar hervorgebracht werden.

Grundsätzlich aber ist die Existenz solcher Geistwesen, besonders der als »Gespenst« auftauchenden Spukgestalten, heftig umstritten. Einige Menschen glauben an sie, andere nicht. Einen zweifelsfreien naturwissenschaftlich-empirischen Beweis für ihre Existenz gibt es nicht. Aber es handelt sich bei Gespenstern offenbar um Phänomene, die in der Vorstellungswelt von Menschen verschiedener Kulturen auftreten.

Die Frage, ob es Geister gibt und woher diese kommen, ist bis heute also noch nicht geklärt. Wenn wir aber glauben oder uns gar vorstellen können, dass es eine kosmische Energie gibt, mittels der wir sogar mit anderen Dimensionen kommunizieren können, dann kann man auch annehmen, dass mittels dieser Energien auch eine Materialisation möglich ist.

Nützliche Literatur:
Das große Buch der Naturgeister,
Weitbrecht Verlag 2000

Atlas der Engel & Feen
Ron van Valkenberg, Ludwig 2001

Geistführer

Geistführer – und solche können beiderlei Geschlecht angehören – sind verstorbene und im Jenseits befindliche »Disinkarnierte«, die vormals schon in vielen Erdenleben gelebt haben. Aufgrund ihrer Erfahrungen und ihrer Seelenreife sind sie qualifiziert, von der jenseitigen Ebene aus eine reinkarnierte Seele unsichtbar zu begleiten.

Bevor eine Seele neu inkarniert, werden die Hauptstationen und Lernsituationen durchgesprochen, wobei ein Lebensplan aufgestellt wird. Der Geistführer, den man meistens schon aus einem früheren gemeinsamen Leben kennt, hat nun die Aufgabe, dafür zu sorgen, dass sein Schutzbefohlener auch in die geplanten und vorher durchgesprochenen Lernsituationen samt den dazugehörigen Personen geführt wird. Wurde geplant, dass der Betreffende in einem bestimmten Jahr eine andere wichtige Person wie zum Beispiel einen Partner treffen soll, dann hat der Geistführer eine solche Begegnung in die Wege zu leiten. Durch das Pendel, die automatische Schrift oder durch spiritistische Séancen kann man mit seinem Geistführer in Verbindung treten.

Geomantie

Geomantie bzw. Geomantik bedeutet ursprünglich »Weissagung aus der Erde« und ist eine Form von Naturwissenschaft, welche die alte Kunst darstellt, natürliche Energieströme und Energiezentren auf der Erdoberfläche auszumachen und in landschaftsgestalterische Maßnahmen einzubeziehen. In der Geomantik wird der Lebensraum als ein vernetztes System aus Energien, Informationen und Beziehungen zueinander gesehen, wie:

- Welche Besonderheit hat dieser Ort?
- Sind Wasseradern, Erdstrahlen, etc. vorhanden?
- Gibt es auffallende Steine oder Gebäude, die über Kilometer hinweg auf besonderen Linien liegen?

Die Aufgabe der Geomantie besteht im Verstärken der positiven und im Abschwächen der negativen Kräfte und Energiefelder, um so ein Optimum an Harmonie für unseren Lebensraum zu erreichen. Der Geomant kombiniert die unterschiedlichen Kräfte, er reduziert die schlechten Einflüsse für den Menschen und aktiviert die positiven. Er stellt fest, welche Auswirkungen und Veränderungen beim Bau eines Gebäudes auftreten. Er ergreift Maßnahmen, um Gleichgewicht und Harmonie herzustellen. Es ist nicht unwesentlich, wie ein Gebäude platziert wird, ein Raum gestaltet oder die Umgebung in das Gesamtgefüge eingegliedert wird.

Schon in der Vergangenheit wurde kein öffentliches Gebäude, kein Kloster, Kirche oder Schloss errichtet, ohne nicht vorher auf das geomantische Gefüge hin untersucht worden zu sein. Das Geheimnis der Dombauhütten basiert so zu einem Großteil auf geomantischen Kenntnissen. Der Dom in Köln, der Stephansdom in Wien und viele andere Bauwerke sind nach diesen Grundsätzen gebaut worden.

Das »Feng-Shui« des alten China kann als ähnliche Lehre bezeichnet werden.

Horoskop

Horoskope sind eine Darstellung der Planeten am Himmel zu einem Zeitpunkt, nach einem bestimmten Schema, bezogen auf einen bestimmten Ort. Die Berechnung eines Horoskops erfolgt heute vornehmlich durch mathematische Methoden, inzwischen mit Computern.

Verschiedene Formen des Horoskops

1. Das Geburtshoroskop: Nach Auffassung moderner Astrologen zeigt es die Anzeichen für die spätere charakterliche Prägung des Neugeborenen, das sich den zu ihm passenden Geburtszeitpunkt instinktiv wählt. Tatsächlich ergaben sich im Vergleich zwischen Eltern und Kindern sehr oft signifikante Übereinstimmungen in den Horoskopen.

2. Horoskop eines bestimmten Augenblicks: Soll nach astrologischer Auffassung helfen, günstige Zeitpunkte für geplante Vorhaben festzulegen.

3. Das Prognosehoroskop: Eine erweiterte Form des Augenblicks-Horoskops. Viele Prognosen haben sich in der Vergangenheit allerdings als unzutreffend erwiesen, weshalb auch viele Astrologen diesem Instrument keinen besonderen Wert mehr zumessen.

4. Das Partnerhoroskop (oder: Beziehungshoroskop): Dieses Horoskop soll Aufschluss über die Beziehung zwischen zwei Menschen geben können. Dabei kann es sich um Liebe und/oder sexuelle Partnerschaft handeln, die Beziehung zwischen Geschäftsfreunden, Kollegen, Eltern und Kind oder zwischen Geschwistern.

5. Das chinesische Horoskop: Schon vor 5000 Jahren erstellten die Chinesen persönliche Horoskope. Da diese mit dem Mondkalender errechnet wurden, beginnt das neue Jahr nicht wie

bei uns am 1. Januar, sondern zwischen Ende Januar und Mitte Februar. Auch die Deutungselemente sind andere. Im chinesischen Horoskop gibt es fünf Elemente, die zur Erstellung eines Horoskops gedeutet werden:

- die 12 Tierzeichen
- Yin und Yang
- die Doppelstunden des Tages
- die fünf Elemente
- die Jahreszeiten

Die Tierzeichen geben in der chinesischen Astrologie jedem 12. Jahr einen eigenen Namen. Laut der Legende rief Buddha alle Tiere zu einem Fest. Die Ratte erzählte der Katze, dass dieses Fest einen Tag später gefeiert würde. Sie selbst ritt auf dem Rücken des Büffels zum Fest und kam als Erste dort an. Buddha belohnte alle Tiere, indem er je ein Jahr nach ihnen benannte: Ratte, Büffel, Tiger, Hase, Drache, Schlange, Pferd, Ziege, Hahn, Hund und Schwein.

Die Doppelstunden sind wieder je einem Tierbild zugeordnet. Diese sind ähnlich dem Aszendenten aus der abendländischen Astrologie anzusehen.

Yin und Yang (siehe auch dort) sind in allen Tierzeichen enthalten. Beide gelten als Pole, die Glück, Gesundheit und seinen Erfolg beeinflussen. Yin wird dem Weiblichen, den Schwachen zugeordnet, Yang dem Männlichen, dem Starken.

Die fünf Elemente sind Wasser, Feuer, Holz, Metall und Erde. Sie werden in einem Rhythmus von 60 Jahren gleich den Tierzeichen zugeordnet.

Die Jahreszeiten beeinflussen das Gemüt des einzelnen Menschen. Frühlingsmenschen sind aufgeschlossener als Wintergeborene, Sommertypen sind sonnigen Gemüts, Herbstgeborene sind reifer und planen mehr als andere.

6. Das Zeitungshoroskop: Obwohl in der breiten Öffentlichkeit beliebt, gestehen Astrologen dieser Form des Horoskops keinen glaubhaften Wert zu. Da es ja für möglichst alle Personen

gelten soll, die an einem bestimmten Datum bzw. Zeitraum geboren sind, werden hierbei lediglich die Gestirne im Bezug zum Sonnenstand bei der Geburt im jeweiligen Sternzeichen ausgewertet. Dazu werden vieldeutige Formulierungen verwendet, um möglichst auf viele Leser zutreffed zu sein.

I-GING

Das I Ging, übersetzt »Buch der Wandlungen«, beschreibt die kosmische Philosophie des alten China. Die Grundidee basiert auf der Ausgewogenheit der Gegenteile und des Akzeptierens der Veränderung. In den westlichen Kulturen wird es vor allem als Weisheits- und Weissagungsbuch verstanden.

Der Symbolismus des I Ging wird durch 64 verschiedene Linienzusammenstellungen, Hexagramme genannt, aufgezeigt. Ein Hexagramm besteht aus sechs waagerechten Linien. Jede Linie ist entweder ungebrochen oder gebrochen. Aus diesen sechs Linien lassen sich 64 Hexagrammkombinationen bilden. Jedes dieser 64 Hexagramme steht für eine Situation bzw. einen Wechsel.

Die durchgezogene Line steht für das Yang: Ausdehnung, maskuliner Aspekt, Licht, Leben, ungerade Zahlen.

Die unterbrochene Line steht für das Yin: Zusammenziehung, weibliche Aspekte, Dunkelheit, Nacht, Tod, gerade Zahlen, Widerstand, Wasserläufe.

Man findet beide auch im Symbol »Yin-Yang« dargestellt; dahinter verbirgt sich ein zyklisches Weltbild mit einem komplementären Kräfteverhältnis.

Um die Darstellung der Hexagramme zu vereinfachen, werden im Folgenden durchgezogene Linien als '|' und unterbrochene als ':' dargestellt. Normalerweise werden sie von unten nach oben geschrieben. Hier sind sie von links nach rechts angeordnet. Durch eine Drehung der hier gewählten Darstellung um 90 Grad gegen den Uhrzeigersinn erreicht man die übliche Darstellung.

Ursprünglich bestand das I Ging nur aus den acht Trigrammen (acht Gua) welche aus den vier Bildern (vier Hsia) zusammengesetzt waren.

- || altes Yang
- :| junges Yang
- :: altes Yin
- |: junges Yin

Durch Hinzufügen jeweils eines Yang oder Yin entstehen dann die acht Trigramme, welche allerdings nur ein statisches Bild geben. Erst die Erweiterung zu den 64 Hexagrammen erlaubt es, ein dynamisches Geschehen darzustellen, da hier die Trigramme in Wechselwirkung zueinander stehen.

Die Hexagramme werden also jeweils aus zwei Trigrammen zusammengesetzt.

Die acht Trigramme sind:

1. ||| Kraft (qian2) = Himmel
2. ::: Feld (kun1) = Erde
3. |:: Erschütterung (zhen4) = Donner
4. :|: Schlucht (kan3) = Wasser
5. ::| Bund (gen4) = Berg
6. :|| Boden (xun4) = Wind
7. |:| Strahlung (li2) = Feuer
8. ||: Offen (dui4) = Sumpf

Das erste oder untere Trigramm wird als der innere Aspekt der ablaufenden Veränderung angesehen; das zweite oder obere Trigramm bezeichnet den äußere Aspekt. Der beschriebene Wechsel verbindet somit den inneren Aspekt (Person) mit der äußeren Situation. Gelesen werden die Hexagramme von unten nach oben, wobei jeweils die sogenannten Ränge 1-4, 2-5, 3-6 der beiden Trigramme in Verbindung gesehen werden müssen.

Die Hexagramme

Der Text des I Ging beschreibt jedes der 64 Hexagramme (64 Gua). Später wurden Kommentare und Interpretationen angefügt. All diese zusammengenommen bilden das I Ging.

1.	**Kiën** Das Schöpferische	䷀	oben Kiën, das Schöpferische, der Himmel unten Kiën, das Schöpferische, der Himmel
2.	**Kun** Das Empfangende	䷁	oben Kun, das Empfangende, die Erde unten Kun, das Empfangende, die Erde
3.	**Dschun** Die Anfangsschwierigkeit	䷂	oben Kan, das Abgründige, das Wasser unten Dschen, das Erregende, der Donner
4.	**Mong** Die Jugendtorheit	䷃	oben Gen, das Stillehalten, der Berg unten Kan, das Abgründige, das Wasser
5.	**Sü** Das Warten (Die Ernährung)	䷄	oben Kan, das Abgründige, das Wasser unten Kiën, das Schöpferische, der Himmel
6.	**Sung** Der Streit	䷅	oben Kiën, das Schöpferische, der Himmel unten Kan, das Abgründige, das Wasser
7.	**Schï** Das Heer	䷆	oben Kun, das Empfangende, die Erde unten Kan, das Abgründige, das Wasser
8.	**Bi** Das Zusammenhalten	䷇	oben Kan, das Abgründige, das Wasser unten Kun, das Empfangende, die Erde
9.	**Siau Tschu** Des Kleinen Zähmungskraft	䷈	oben Sun, das Sanfte, der Wind unten Kiën, das Schöpferische, der Himmel
10.	**Lü** Das Auftreten	䷉	oben Kiën, das Schöpferische, der Himmel unten Dui, das Heitere, der See
11.	**Tai** Der Friede	䷊	oben Kun, das Empfangende, die Erde unten Kiën, das Schöpferische, der Himmel
12.	**Pi** Die Stockung	䷋	oben Kiën, das Schöpferische, der Himmel unten Kun, das Empfangende, die Erde
13.	**Tung Jen** Gemeinschaft mit Menschen	䷌	oben Kiën, das Schöpferische, der Himmel unten Li, das Haftende, die Flamme
14.	**Da Yu** Der Besitz von Großem	䷍	oben Li, das Haftende, die Flamme unten Kiën, das Schöpferische, der Himmel
15.	**Kiën** Die Bescheidenheit	䷎	oben Kun, das Empfangende, die Erde unten Gen, das Stillehalten, der Berg
16.	**Yü** Die Begeisterung	䷏	oben Dschen, das Erregende, der Donner unten Kun, das Empfangende, die Erde

17.	**Sui** Die Nachfolge	䷐	oben Dui, das Heitere, der See unten Dschen, das Erregende, der Donner
18.	**Gu** Die Arbeit am Verdorbenen	䷑	oben Gen, das Stillehalten, der Berg unten Sun, das Sanfte, der Wind
19.	**Lin** Die Annäherung	䷒	oben Kun, das Empfangende, die Erde unten Dui, das Heitere, der See
20.	**Guan** Die Betrachtung (Der Anblick)	䷓	oben Sun, das Sanfte, der Wind unten Kun, das Empfangende, die Erde
21.	**Schï Ho** Das Durchbeißen	䷔	oben Li, das Haftende, die Flamme unten Dschen, das Erregende, der Donner
22.	**Bi** Die Anmut	䷕	oben Gen, das Stillehalten, der Berg unten Li, das Haftende, die Flamme
23.	**Bo** Die Zersplitterung	䷖	oben Gen, das Stillehalten, der Berg unten Kun, das Empfangende, die Erde
24.	**Fu** Die Wiederkehr (Die Wendezeit)	䷗	oben Kun, das Empfangende, die Erde unten Dschen, das Erregende, der Donner
25.	**Wu Wang** Die Unschuld (Das Unerwartete)	䷘	oben Kiën, das Schöpferische, der Himmel unten Dschen, das Erregende, der Donner
26.	**Da Tschu** Des Großen Zähmungskraft	䷙	oben Gen, das Stillehalten, der Berg unten Kiën, das Schöpferische, der Himmel
27.	**I** Die Mundwinkel (Die Ernährung)	䷚	oben Gen, das Stillehalten, der Berg unten Dschen, das Erregende, der Donner
28.	**Da Go** Des Großen Übergewicht	䷛	oben Dui, das Heitere, der See unten Sun, das Sanfte, der Wind
29.	**Kan** Das Abgründige, das Wasser	䷜	oben Kan, das Abgründige, das Wasser unten Kan, das Abgründige, das Wasser
30.	**Li** Das Haftende, das Feuer	䷝	oben Li, das Haftende, die Flamme unten Li, das Haftende, die Flamme
31.	**Hiën** Die Einwirkung (Die Werbung)	䷞	oben Dui, das Heitere, der See unten Gen, das Stillehalten, der Berg
32.	**Hong** Die Dauer	䷟	oben Dschen, das Erregende, der Donner unten Sun, das Sanfte, der Wind
33.	**Dun** Der Rückzug	䷠	oben Kiën, das Schöpferische, der Himmel unten Gen, das Stillehalten, der Berg
34.	**Da Dschuang** Des Großen Macht	䷡	oben Dschen, das Erregende, der Donner unten Kiën, das Schöpferische, der Himmel
35.	**Dsin** Der Fortschritt	䷢	oben Li, das Haftende, die Flamme unten Kun, das Empfangende, die Erde

36.	**Ming I** Die Verfinsterung des Lichts	䷣	oben Kun, das Empfangende, die Erde unten Li, das Haftende, die Flamme
37.	**Gia Jen** Die Sippe	䷤	oben Sun, das Sanfte, der Wind unten Li, das Haftende, die Flamme
38.	**Kui** Der Gegensatz	䷥	oben Li, das Haftende, die Flamme unten Dui, das Heitere, der See
39.	**Giën** Das Hemmnis	䷦	oben Kan, das Abgründige, das Wasser unten Gen, das Stillehalten, der Berg
40.	**Hië** Die Befreiung	䷧	oben Dschen, das Erregende, der Donner unten Kan, das Abgründige, das Wasser
41.	**Sun** Die Minderung	䷨	oben Gen, das Stillehalten, der Berg unten Dui, das Heitere, der See
42.	**I** Die Mehrung	䷩	oben Sun, das Sanfte, der Wind unten Dschen, das Erregende, der Donner
43.	**Guai** Der Durchbruch (Die Entschlossenheit)	䷪	oben Dui, das Heitere, der See unten Kiën, das Schöpferische, der Himmel
44.	**Gou** Das Entgegenkommen	䷫	oben Kiën, das Schöpferische, der Himmel unten Sun, das Sanfte, der Wind
45.	**Tsui** Die Sammlung	䷬	oben Dui, das Heitere, der See unten Kun, das Empfangende, die Erde
46.	**Schong** Das Empordringen	䷭	oben Kun, das Empfangende, die Erde unten Sun, das Sanfte, der Wind
47.	**Kun** Die Bedrängnis (Die Erschöpfung)	䷮	oben Dui, das Heitere, der See unten Kan, das Abgründige, das Wasser
48.	**Dsing** Der Brunnen	䷯	oben Kan, das Abgründige, das Wasser unten Sun, das Sanfte, der Wind
49.	**Go** Die Umwälzung (Die Mauserung)	䷰	oben Dui, das Heitere, der See unten Li, das Haftende, die Flamme
50.	**Ding** Der Tiegel	䷱	oben Li, das Haftende, die Flamme unten Sun, das Sanfte, der Wind
51.	**Dschen** Das Erregende (Das Erschüttern, der Donner)	䷲	oben Dschen, das Erregende, der Donner unten Dschen, das Erregende, der Donner
52.	**Gen** Das Stillehalten, der Berg	䷳	oben Gen, das Stillehalten, der Berg unten Gen, das Stillehalten, der Berg
53.	**Dsiën** Die Entwicklung (Allmählicher Fortschritt)	䷴	oben Sun, das Sanfte, der Wind unten Gen, das Stillehalten, der Berg
54.	**Gui Me** Das heiratende Mädchen	䷵	oben Dschen, das Erregende, der Donner unten Dui, das Heitere, der See

55.	**Fong** Die Fülle	䷶	oben Dschen, das Erregende, der Donner unten Li, das Haftende, die Flamme
56.	**Lü** Der Wanderer	䷷	oben Li, das Haftende, die Flamme unten Gen, das Stillehalten, der Berg
57.	**Sun** Das Sanfte (Das Eindringliche, der Wind)	䷸	oben Sun, das Sanfte, der Wind unten Sun, das Sanfte, der Wind
58.	**Dui** Das Heitere, der See	䷹	oben Dui, das Heitere, der See unten Dui, das Heitere, der See
59.	**Huan** Die Auflösung	䷺	oben Sun, das Sanfte, der Wind unten Kan, das Abgründige, das Wasser
60.	**Dsië** Die Beschränkung	䷻	oben Kan, das Abgründige, das Wasser unten Dui, das Heitere, der See
61.	**Dschung Fu** Innere Wahrheit	䷼	oben Sun, das Sanfte, der Wind unten Dui, das Heitere, der See
62.	**Siau Go** Des Kleinen Übergewicht	䷽	oben Dschen, das Erregende, der Donner unten Gen, das Stillehalten, der Berg
63.	**Gi Dsi** Nach der Vollendung	䷾	oben Kan, das Abgründige, das Wasser unten Li, das Haftende, die Flamme
64.	**We Dsi** Vor der Vollendung	䷿	oben Li, das Haftende, die Flamme unten Kan, das Abgründige, das Wasser

Die Hexagramme stellen Merkregeln der in ihnen enthaltenen Konzepte dar, die auf einer Philosophie der Ausgewogenheit der Gegenteile und des Akzeptierens der Veränderung basieren.

Es wird angenommen, dass das Prinzip des I Ging auf einen der ersten legendären Herrscher, Fu Hsi (2852 v. Chr. - 2738 v. Chr.) zurückgeht. Dieser habe die Trigramme entdeckt. Vor der Zhou Dynastie gab es andere Literatur zum Thema »Wechsel«, z. B. Lian Shan Yi und Gui Cang Yi, deren Philosophie die Zhou Dynastie prägte. Ein Verfeinerungsprozess habe dann das I Ging in der Han Dynastie (ca. 200 v. Chr., etwa zur Zeit Han Wu Dis) produziert.

Das I Ging wird auch als Orakel befragt. Allerdings ist dies nur eine der sieben traditionellen taoistischen Interpretationen des I Ging. Zu diesem Zweck wird jeweils eines der 64 Hexagramme ausgewählt und der mit dem Hexagramm assoziierte Text gelesen und interpretiert. Insgesamt bilden acht Hexagramme eine komplette Vorhersage. Das Auswählen des Hexagramms erfolgte ursprünglich unter Verwendung von 50 getrockneten Stengeln der Schafgarbe, während man heute gerne dazu auch dünne Stäbchen aus Holz, Metall oder Elfenbein verwendet. Hierzu werden die 50 Stäbchen in die linke Hand genommen und eines weggelegt, danach werden die 49 verbliebenen in vier beliebige Bündel geteilt, ein Vorgang der bei jedem der acht Hexagramme wiederholt werden muss.

Eine einfachere Variante, das I Ging zu befragen, ist die des Münzorakels.

Für jeden Münzwurf gibt es zwei mögliche Kombinationen. Diese Kombinationen entsprechen jeweils einer bestimmten Linie. Die Linien wiederum ergeben, von unten nach oben, ein Hexagramm, welches im I Ging erläutert wird.

Nützliche Literatur:

I Ging
Richard Wilhelm, Diederichs 2001

Yi Jing, Das Buch der Wandlung
Chu-San D. Bölter, Theseus 1997

Indigo-Kinder

Es gibt die schöne Theorie, die darauf basiert, dass jeder Mensch eine Aura (siehe dort) besitzt. Dieser Theorie zu Folge hat die Aura jedes Menschen zeitlebens eine Haupt- oder Grundfarbe, die sich für Aura-Sichtige stets als Grundton über oder hinter allen situationsbedingten Farben abzeichnet.

Nun werden aber seit einigen Jahrzehnten vermehrt Kinder geboren, deren Lebensfarbe das Indigoblau ist – Indigo als Farbe ist eine Mischung aus Dunkelblau und sattem Violett –, und diese Kinder verhalten sich auffällig anders als all ihre Altersgenossen. Dabei verfügen sie auch über eine große Gabe und ein unglaubliches Geschick und besitzen meist Wissen, das sie in ihrem derzeitigen Leben noch nicht erfahren oder gelernt haben können. Sie machen ebenso überraschend richtige wie innovative Vorschläge und bereichern ihre Umwelt durch spontane neue Sichtweisen.

Diese Kinder scheinen ihre Welt und Umwelt ganz anders wahrzunehmen, als die Eltern dies erwarten oder verstehen können. Dadurch ist die Erziehung dieser Kinder oft schwer, wenn die Eltern keine spirituelle Anschauung pflegen. Auch der Umgang mit diesen Indigo-Kindern gestaltet sich manchmal schwierig. Dennoch inkarnieren diese Kinder oft bei Eltern, die schwere »irdische« oder Beziehungs-Probleme haben, um diesen Eltern zu Hilfe zu kommen, als ob sie ihre Aufgabe darin sehen würden, die Welt von den Grundfesten her – aus den Familien heraus – zu verbessern.

Die Indigo-Kinder zeichnen sich durch eine sehr ausgeprägte empathische Veranlagung aus, d. h. sie spüren und fühlen stets die Schwingungen ihrer Umwelt. Oft handelt es sich auch um ebenso außergewöhnlich schöne wie begabte Kinder.

Erwachsene Indigo-Menschen werden oft zu spirituellen Koryphäen, die wie von selbst verstehen, welche Zusammenhänge zwischen »dieser« und »jener« Welt existieren. Indigo-Persönlichkeiten können diese Zusammenhänge auch meist gut und äußerst geduldig an andere Menschen weitergeben. Indigo-Kinder haben bereits eine tiefe innere Ruhe und strahlen eine Gelassenheit aus, die sprichwörtlich »nicht von dieser Welt« zu sein scheint. Sie sind kaum aus der Ruhe zu bringen und wirken stets ein wenig nachdenklich. Leider verkennen zu viele Eltern das wahre Potenzial dieser Kinder und so wurden und werden sie oft als Träumer abgestempelt.

Im Buddhismus z. B. werden solche »alten Seelen« erwartet und die Kinder werden ausfindig gemacht, um sie im Kloster streng religiös zu erziehen und ihnen so die Mitteilung ihrer Botschaft an die Menschheit zu erleichtern.

Nützliche Literatur:

Die Indigo-Kinder
Lee Carroll, Jan Tober, Koha Verlag, Mai 1999

Das Indigo-Phänomen
Carolina Hehenkamp, Schirner, 2001

Die Kinder des neuen Jahrtausends
Jan Udo Holey, Ama Deus Verlag, 2001

Kabbala

Die Bezeichnung Kabbala kommt vom hebräischen Wortstamm »q-b-l« und bedeutet »Überlieferung, Übernahme, Weiterleitung«. Die Wurzeln der Kabbala finden sich in der Tora, der Heiligen Schrift des Judentums. In jahrhundertelanger mündlicher Weitergabe wurden verschiedene andere Einflüsse aufgenommen, wie gnostische, neuplatonische und christliche Elemente.

Die Kabbala gilt als Geheimlehre, als eine mystische Lehre, die nicht versucht, sich auf wissenschaftliche Grundlagen zu beziehen. Die Kabbala soll von ihren Schülern mehr erfahren als erlernt werden. Der Lehrer vermittelt seinem Schüler das Wesentliche von Mensch und Welt. Dabei geht es immer um die direkte Beziehung des Menschen zu Gott und die Bildung seiner Seele.

So enthält die Kabbala die Darstellung der zehn Sefirot und der 22 Buchstaben des hebräischen Alphabets als den Urzahlen und Verhältnissen, auf denen die Welt beruht. Diese kommen in der Darstellung des »kabbalistischen Weltenbaumes« zum Ausdruck.

Im spanischen Judentum entstand gegen Ende des 13. Jahrhunderts die bedeutendste kabbalistische Schrift überhaupt: der Sohar (Sefer ha Sohar, hebr. »Das Buch des Glanzes«). Als sein Autor gilt der spanische Kabbalist Moses de Leon († 1305).

Der Sohar enthält in verschiedenen, teilweise sehr umfangreichen Abhandlungen Auslegungen der Tora und Erzählungen zu mystischen Gestalten des Judentums sowie Spekulationen zu Zahlen und Buchstaben als den Fundamenten der Welt. Der Sohar gilt wohl neben dem Tanach, der jüdischen heiligen Schrift, und dem Talmud als wichtigste Einzelschrift des Judentums.

Kabbalistische Traditionen finden seit einigen Jahren wachsende Aufmerksamkeit auch außerhalb des Judentums. Auch Pop- und Filmstars wie z. B. Madonna beschäftigen sich mit der Kabbala.

Nützliche Literatur:

Kabbala im Traumleben des Menschen
Friedrich Weinreb, Diederichs 1994

Dein Zahlenschlüssel
Kurt Tepperwein, Silberschnur 2002

Die jüdische Mystik in ihren Hauptströmungen
Gershom Scholem, Frankfurt 1980

Zur Kabbala und ihrer Symbolik
Gershom Scholem,. Frankfurt 1973

Karma und Schicksal

Der Begriff Karma stammt aus dem Sanskrit und bedeutet wörtlich Tat oder Wirken. Im Hinduismus und Buddhismus ist mit Karma gemeint, dass alle willentlichen Handlungen und Gedanken in moralischer Hinsicht eine Wirkung haben. Dabei ist besonders die Rückwirkung auf den, der auf eine bestimmte Weise handelt, wichtig. Das Karma ist nach den Buddhisten die Kraft, die die Ordnung im gesamten Kosmos bestimmt und den Lauf der Welt in Gang hält.

Die Lehre der Wiedergeburt oder auch Reinkarnation steht in diesen Religionen in direktem Zusammenhang mit dem Karma. Eine Handlung kann gutes oder schlechtes Karma beinhalten oder karmisch gesehen neutral sein, wobei dies durch ein universell geltendes Weltengesetz, das »Dharma«, bestimmt wird. Ob eine Handlung gut oder schlecht ist, wird also nicht durch einen Gott oder Weltenrichter entschieden, denn es gibt in dem Sinne kein »Jüngstes Gericht« wie im christlichen Glauben, das nach dem Tod den Menschen beurteilt.

Im buddhistischen Glauben ist jede gute oder schlechte Tat durch eine vorhergehende gute oder schlechte Tat bedingt und hat wiederum Auswirkungen auf folgende gute oder schlechte Taten im selben oder in den folgenden Leben. In diesem Zusammenhang passiert nichts zufällig, alles wird durch das Gefüge aus guten oder schlechten Taten gewissermaßen vorherbestimmt. Hierbei ist es wichtig zu verstehen, dass man als Mensch dem Geschehen nicht machtlos gegenübersteht und »doch nichts am Schicksal ändern kann«. Im Gegenteil, man hat sehr wohl durch seine eigenen Handlungen in der Hand, wie etwas geschieht.

Der »Plan« für die Wiedergeburten ist ein ewiger Kreislauf und wird »Samsara« genannt. Er wird durch gutes und schlechtes Karma bestimmt und funktioniert nach dem Prinzip von Ursache und Wirkung. Das Ziel der Gläubigen ist das »Nirvana«, wie es im Buddhismus benannt ist, das Nichts. Es bezeichnet den Moment, in dem kein Karma mehr erzeugt wird, also die Handlungen keine Spuren mehr in der Welt hinterlassen.

Gutes Karma, durch gute Taten oder liebevolles Handeln bewirkt, kommt auf den Menschen entweder schon im selben Leben oder im nächsten mit Gleichem auf ihn zurück. Hat jedoch ein Mensch in einem früheren Leben jemandem aus Lieblosigkeit Schaden zugefügt, wird er in gleicher Weise in einem Folgeleben Lieblosigkeit von einem oder mehreren anderen erfahren.

Das Karmagesetz von Ursache und Wirkung bestimmt somit unser Schicksal. Das Karmagesetz ist immer gerecht. Dieses aus unseren vorausgegangenen Taten sich ergebende Schicksal können wir aufheben, wenn wir durch Rückführungen zu der Verursachung, die in einem früheren Leben geschehen ist, zurückkehren und dort diejenigen, denen wir vormals Leid zugefügt hatten, um Vergebung bitten.

Nützliche Literatur:

Die Reisen der Seele
Michael Newton, Edition Astrodata 1996

Das Große Karma-Handbuch, Karma und Heilung
Trutz Hardo, Silberschnur, Güllesheim 2002

Schicksal und Bestimmung
Kurt Tepperwein, Silberschnur, Güllesheim 2001

Die Offenbarungen des Karma
Rudolf Steiner, Dornach 1985

Die Macht des Karma
Mary T. Brown, München 2003

Klartraum / Luzidität

Bei den Träumen ist eine Unterkategorie für unsere Zwecke besonders wichtig und nützlich: der Klar- oder Luzid-Traum. Manche Menschen unterscheiden zwischen diesen beiden Bezeichnungen. Einige nennen den Klartraum den »bewusster« erlebten Traum, manche den luziden Traum und einige bewerten beide Unterarten als gleichartig. Für unsere Betrachtung ist es jedoch zweckmäßiger, beide Arten als bedeutungsgleich anzusehen.

Die Bezeichnung »luzid« bzw. »lucid« stammt vom lateinischen Wortstamm *lux*, das Licht. Somit bedeutet der Begriff luzider Traum also »Licht-Traum« oder »leuchtender Traum«. Damit wird deutlich, dass es sich beim luziden Traum allein vom Wort her ebenso wie beim Klartraum um einen ungewöhnlich deutlichen Traum handelt.

Während eines luziden Traumes erkennt der Träumende seinen Traum als solchen und ist für gewöhnlich auch weitestgehend in der Lage, seinen Trauminhalt bewusst zu steuern, aber die Szenerie wird als weniger plastisch und bedeutsam empfunden als die Erlebnisse während einer Astralreise, die mit der bewussten Ablösung des Geistes vom Leib beginnt.

Prinzipiell handelt es sich beim Klartraum bzw. luziden Traum um einen Traum, in dem der Träumende im Traumgeschehen erkennt, dass er sich im Traumzustand befindet. An dieser Stelle, da der gewöhnliche Traum in den luziden Traum übergehen kann, gibt es zwei Möglichkeiten: Entweder sind Bewusstsein und Unterbewusstsein vorbereitet, willens und in der Lage, die Traumsteuerung unter Zuhilfenahme benötigter und verfügbarer Erinnerungen, Pläne und Ziele zu übernehmen, oder sie sind es nicht.

Im erwähnten Zustand der vollständigen Bereitschaft bleibt der luzid gewordene Traum luzid. Man kann seine Pläne in die (traumastrale) Tat umsetzen und z. B. die zuvor definierten Ziele für außerkörperliche Erkundungen anstreben. Bei überwiegender Angst und/oder mangelnder Bereitschaft übernimmt das Unterbewusstsein einfach wieder die Führung und der Traum gleitet zurück in den gewöhnlichen Zustand, bei dem das Bewusstsein höchstens Zuschauer mit mehr oder minder gutem Gedächtnis ist.

Eine Mischform zwischen Außerkörperlichkeit und Traum gehört noch an diese Stelle: das so genannte »falsche Erwachen«. Hierbei handelt es sich um ein Traumerlebnis, in dem man träumt, den Tag mehr oder weniger gewohnheitsgemäß zu beginnen, nur um dann an einer bestimmten Stelle festzustellen, dass »etwas nicht stimmt«. Beispielsweise steht man auf, schaut auf eine Uhr und bemerkt, dass die abgelesene Zeit nicht in den »normalen« Tagesplan passt. Oder man betätigt einen Lichtschalter, aber die Helligkeit im Zimmer verändert sich nicht oder zu langsam.

Nun haben ja Träume häufig die Eigenschaft, sich nicht direkt als Traum zu erkennen zu geben. Das Unterbewusstsein erzählt dem Bewusstsein (als Zuschauer) eine Geschichte, von der das Bewusstsein zumindest während des Ablaufs anzunehmen und zu glauben hat, die Erlebnisse fänden tatsächlich, willensgemäß und unabänderlich statt. Einerseits verheimlicht unser Unbewusstes auf diese Weise vieles, steuert uns und schließt unser bewusstes Ich von der Mitwirkung aus. Andererseits genügt oft eine Veränderung der Anschauungen und eine entsprechende Willensbekundung im Fokus bewusster Gedanken, um jedwede Unterstützung durch das Unterbewusstsein zu erhalten.

Nützliche Literatur:

Luzides Träumen als Lebenshilfe
Paul Tholey, Kaleb Utecht, Falken-Vlg., Niedernh. 1998

24 Stunden luzid träumen
Arnold Mindell, Via Nova 2002

Kreativ träumen
Patricia Garfield, Droemer Knaur 1986

Magie – Zauber

Magie (vom griech.: mageia aus pers.: mago_, der für magische Handlungen zuständige Priester) ist das Unternehmen des Magiers, die Elemente der magisch verstandenen Welt zum Wohle der Allgemeinheit zu manipulieren. Der magische Umgang unterliegt genau vorgeschriebenen Regeln, Mustern und Ritualen.

Dem Laien erscheint oft allein schon der Begriff »Magie« schwer verständlich. All jene Menschen, die schon von Kindesbeinen an immer zu hören bekamen, es gäbe keine »Geister«, sind meist zwangsläufig zu erwachsenen Mitgliedern einer Gesellschaft geworden, die die materielle Realität als einzig Existierende anzunehmen gewohnt sind. Jeder, der die unkritische kindliche Sicht der Dinge verloren hat, ja sogar verlieren musste, wird sich heute schwer tun, andere Realitäten anzuerkennen als die ausschließlich materielle Wirklichkeit.

Magie ist auch ein Teilgebiet der Religion. Die Kritik der Magie sieht jedoch einen Gegensatz zwischen echter Religiösität und Magie. Die Magie spielt zwar insbesondere bei neuheidnischen Religionen eine besondere Rolle; da sie jedoch als reine Technik betrachtet werden kann, erfüllt sie zunächst keine religiöse Funktion. Sofern magische Operationen als dem Wohl der Allgemeinheit zuwiderlaufend erscheinen, tut sich ein weiterer Gegensatz von Religion und Magie auf. Dann redet man von Schwarzer Magie, Aberglaube, Zauberei und Betrug.

Ob im Rahmen eines magischen Aktes tatsächlich fremde Mächte beschworen werden, ist – wie könnte es anders sein – Ansichtssache. Hierbei sei auf die unterschiedlichen Magiemodelle verwiesen.

Im Bereich der sogenannten christlichen Magie und auch im Bereich der heidnisch-religiös orientierten Magie wie Wicca (Hexentum) oder Asatru (germanischer Glaube) wird in erster Linie mit der Formulierung »Es ist mein Wille, wenn es Dein (Gott, Universum, unterschiedlichste Götter) Wille ist« gearbeitet. Der Magier unterstellt seine Magie bzw. seinen magischen Akt je nach seinem persönlichen Glauben einer übergeordneten Instanz. In diesem Bereich wird häufig damit gearbeitet, dass »solange es niemanden schadet« dem magischen Willenssatz hinzugefügt wird, womit die Interessen seiner Mitmenschen hierbei explizit berücksichtigt werden sollen. Der Magier ist in dieser Magie eher ein Bittender, der die Interessen der Mitmenschen im Auge hat und häufig auch als Heiler fungiert.

Die immer wieder auftretende Kritik, dass in der Magie die Kräfte des Bösen/Teufel/etc. beschworen würden, hängt von der jeweiligen Ansicht des Betrachters ab. »Was ist gut – Was ist böse« – das ist Glaubenssache. Im nondualistischen Denken gibt es eine solche Einteilung nicht. Zudem dürfte davon ausgegangen werden, dass der Teufel insbesondere in monotheistischen Religionen eine beliebte Figur gewesen ist, um die Gläubigen in Schach zu halten. Wenn jemand an die Existenz von Dämonen / Teufel glaubt, so sind diese, zumindest für die jeweilige Person, in einem subjektiv-psychischen Universum (ebenso wie ein gedachter Gott) durchaus real und können natürlich zu Verhaltensänderungen der Person führen. Es können demnach durchaus psychische Probleme (z. B. Größenwahn, Minderwertigkeitskomplexe, Angst, Schuldgefühle, Magiesucht, etc.) auftreten. Diese sind aber nicht magiespezifisch, sondern treten auch in anderen Bereichen auf (z. B. Sexbesessenheit, Allmachtsgefühle, Arbeitswut, fanatischer Glaube etc.). Problematisch ist hierbei die »Besessenheit/Sucht« an sich, nicht die Art, wie sie ausgelebt wird.

Nützliche Literatur:

Autobiographie einer Hexe
Lois Bourne, München, Knaur 1987

Magie und Zauberei in der alten Welt
Kurt Aram, Marixverlag 1998

Das Buch der göttlichen Magie
Omraam M. Aivanhov, Prosveta 2000

Meditation

Unter Meditation (lat. meditatio = »das Nachdenken über«) kann man jede absichtslose Konzentration auf eine Tätigkeit verstehen. Die Konzentration ist dabei nicht bewusst gesteuert, sondern ergibt sich zwanglos als Folge der Versenkung in die Tätigkeit. Wesentlich ist in jedem Fall ein Zustand der Entspannung und eine Umgebung ohne Störreize bzw. die Fähigkeit, seine Sinne ruhen zu lassen.

Meditation ist wesentlicher Bestandteil der meisten Religionen, indem das In–sich-Gehen als Übung zur Annäherung an ein höheres Wesen (»Gott«) oder einen höheren Bewusstseinszustand verstanden wird.

Im Hinduismus und Buddhismus ist die Meditation (sanskrit: dhyana) ein zentrales Element. Sie wird traditionellerweise im Lotus-Sitz ausgeübt.

Im Christentum gibt es meditative Gebetstraditionen (Jesusgebet in der Orthodoxen Kirche, eucharistische Anbetung und Rosenkranz in der katholischen Kirche, Lectio divina, Exerzitien), doch nicht jedes christliche Gebet ist eine Form von Meditation.

Meditation kann alleine oder in einer Gruppe unter Anleitung durchgeführt werden. Der Gegenstand der Meditation kann fast beliebig sein, sodass auch Musizieren oder sogar einfache, d. h. nicht aufmerksamkeitsfordernde Arbeiten meditativ wirken können.

Nachdem Meditationstechniken und ihre zugrunde liegenden Philosophien in der westlichen Welt jahrzehntelang von Menschen verfolgt oder ausgeübt wurden, die eine Zuflucht vor krankmachenden Zivilisationsfolgen (Lärm, Kommerz, Hektik, Leistungsdruck) suchten, sind sie in den letzten Jahren gesellschaftsfähig geworden, nachdem auch Wirtschaftsmanager die entspannende, energiespendende und heilende Wirkung von meditativen Übungen erkannt haben.

Im älteren Sprachgebrauch bezeichnet »Meditation« einfach ein Nachdenken über ein Thema oder die Resultate dieses Denkprozesses.

Die bekanntesten Meditationsarten:
- Autogenes Training
- Zazen
- Transzendentale Meditation
- Yoga
- Qigong
- Taijiquan
- Gebet

Nützliche Literatur:

Gesund durch Meditation
Jon Kabat-Zinn, O. W. Barth bei Scherz 1994

Meditieren als Lebenskunst
Eknath Easwaran, Herder 1998

MindSync

In jedem Zustand vom Wach-Sein über die verschiedenen Entspannungszustände bis hin zu Schlaf, Traum und Tiefschlaf schwingt das menschliche Gehirn in bestimmten Schwingungszahlen (Frequenzen), die Hirnforscher sowie Schlaf- und Traumforscher mit griechischen Buchstaben gekennzeichnet haben. So trägt etwa das

Hirnwellenmuster im Wachzustand die Bezeichnung Beta, der frequenzmäßig darunter liegende Entspannungszustand heißt Alpha-Bereich und geht hinab bis in den Einschlafbereich oder in eine leichte Meditation, dann folgen Theta (tiefe Meditation oder leichter Schlaf) und Delta (Tiefschlaf, Koma).

Corporate Mind hat nun eine Serie MindSync-CDs entwickelt, bei denen ein technisches Verfahren mittels Frequenzen und Kopfhörer angewendet wird, um das Gehirn durch äußere Anregung in Zustände mit entspannter oder meditativer Schwingung zu versetzen. Dieses Verfahren ist absolut sicher und zieht die Synchronisation (Zusammenlegung) beider Hirnhälften schon bei geringer Übung nach sich. Das menschliche Gehirn ist nämlich leider zu oft nur einseitig wirklich aktiv, während für Höchstleistungen sowohl kreativer wie auch logischer Menschen stets beide Hälften synchron gebraucht werden. Durch die MindSync-CDs wird das Gehirn nun also angeregt, seine brach liegenden Ressourcen zu mobilisieren. Hierbei wird der Anwender nicht nur leicht und zuverlässig in meditative Zustände geführt, die bei selbst motivierter Meditation oft jahrelanger Übung bedürfen, sondern es eröffnen sich auch Bereiche spiritueller Entfaltung, wie außersinnliche Wahrnehmung (Psi, Telepathie usw.) und Erfahrung (Luzidität, Astralprojektion).

Aber auch CDs für einfachere Anwendungen sind in dieser Serie erhältlich: So gibt es beispielsweise eine CD, die beim Lernen in Beruf, Schule oder Studium zu mehr Konzentration und besserer Erinnerung führt und so die Angst vor Prüfungen beseitigen kann, während die Prüfungen auch leichter bestanden werden können. Es gibt eine CD zur gezielten körperlichen Entspannung, die auch bei Verspannungsschmerzen hilft. Ein Segen in unserer Zeit, wenn man sich klar macht, dass sehr viele Schmerzen des Körpers auf Muskelverspannungen beruhen, wie z. B. Kopfschmerzen, Rückenschmerzen usw.

Eine spezielle Serie von MindSync-CDs entstammt der Schamanen-Praxis von Steffi und beschäftigt sich mit Reisen zu den Herrschern der Elemente, der Kontaktaufnahme mit dem inneren Selbst, dem hohen Selbst, dem unteren Selbst, dem inneren Kind usw. Steffi und Oliver arbeiten ständig an Erweiterungen dieser beliebten Serie und sind auch für Anregungen stets offen.

Mond

Der Erdmond (lat. Luna) ist der einzige natürliche Begleiter der Erde. Er ist der einzige Himmelskörper außer der Erde, der bisher jemals von Menschen betreten wurde, sowie gleichzeitig der bestuntersuchte. Trotzdem birgt er noch viele Geheimnisse, denn weder die Frage der Entstehung noch die der Entwicklung oder des inneren Aufbaus können heute zweifelsfrei beantwortet werden.

In der Mythologie galt der Mond als Spender der Fruchtbarkeit, da sein 28-Tage-Zyklus mit der weiblichen Periode übereinstimmt. Die Mondgöttinnen stellte man sich als schwarz vor (Isis, Kali, Schwarze Madonnen), weil Schwarz das Weibliche, die Fruchtbarkeit und Sexualität symbolisiert.

Mondgöttinnen wurden verehrt und stellten die dunkle, machtvolle und abnehmende Seite des Mondes dar. Der 13. August war ihnen in Griechenland und Rom geweiht, an dem die Christen später »Maria Himmelfahrt« feierte. Maria wird in den südlichen Ländern der »Mond der katholischen Kirche« genannt.

Schon unsere Vorfahren kannten und nutzten den Einfluss des Mondes auf alles irdische Leben. Wenn es um Gesundheit und Krankheit, um Essen und Trinken, um Garten und Feld ging, waren Mondkalender wichtige Ratgeber, um den richtigen Zeitpunkt zu finden, an dem etwas von Erfolg gekrönt war.

Nützliche Literatur:

Im Rhythmus des Mondes
Arnold L. Lieber, Econ 1998

Der Mond im Haus
Johanna Paungger, Thomas Poppe, Goldmann 2001

Vom richtigen Zeitpunkt, Die Anwendung des Mondkalenders im täglichen Leben
Johanna Paungger, Thomas Poppe, Hugendubel 2001

Nahtoderfahrung

Nahtoderfahrungen oder den »Klinischen Tod« erfährt man, wenn man plötzlich stirbt, sodass kein Herzschlag und keine Gehirnfrequenzen mehr gemessen werden, und man plötzlich oder langsam danach wieder aufwacht und somit ins Leben zurückkehrt. Viele Menschen haben diesen klinischen Tod erlebt. Oft ereignet sich dieser bei plötzlichen Unfällen, bei vorübergehendem Herzversagen oder aber auf dem Operationstisch.

Mit ihrem Geistkörper begibt sich die Seele aus ihrem Erdenkörper heraus und schwebt plötzlich nach oben. Sie kann ihren Körper unter sich liegen sehen und sie hört alles, was Anwesende sprechen. Selbst Blindgeborene können in diesem Zustand außerhalb ihres Körpers wieder sehen und später alles genau beschreiben. Hierin ist wiederum ein Beweis erbracht, dass wir nicht der Erdenkörper, sondern eine Seele sind, die auch nach dem Kollaps des Erdenkörpers unabhängig von diesem in einem Geistkörper weiterlebt.

Viele Menschen, die ein Nahtoderlebnis gehabt haben, berichten genau, was ihnen während dieses Zustandes geschehen ist:

Die erste Phase, die von allen erlebt wird, ist diejenige, in welcher man über seinem Erdenkörper schwebt und diesen wie auch alles andere in der Nähe wahrnimmt.

Die zweite Phase, die von etwa fünfzig Prozent der klinisch Toten erlebt wird, ist das Tunnelerlebnis samt des Rückblicks auf die

Hauptereignisse des jetzigen persönlichen Lebens. Man schwebt durch einen Tunnel nach oben, an dessen Ende Licht wahrgenommen wird. Während dieser Reise nach oben findet meistens ein Rückblick auf das ganze Leben statt. Man erlebt sich als Kind, als Heranwachsender und dann als allmählich Älterwerdender in allen wichtigen Phasen seines Lebens. Man verfügt bei dieser Rückschau über ein doppeltes Bewusstsein. Denn man ist in jenen Augenblicken sowohl derjenige, der man vormals war, als auch derjenige, der aus höherer und wissenderer Perspektive genau erkennt, was man damals falsch gemacht hatte, das heißt, worin man gegen die Nächstenliebe verstoßen hatte.

Die dritte Phase, die von etwa fünfundzwanzig Prozent der Nahtoderfahrenden erlebt wird, ist diejenige, in welcher sie am Ende dieses Tunnels angekommen sind. Dort befinden sie sich in einem sie noch blendenden Licht. Doch allmählich erblicken sie menschliche Gestalten und erkennen nach und nach in ihnen die ihnen nahe stehenden bereits Verstorbenen. Sie werden von diesen mit Freude empfangen. Diese Jenseitigen zeigen ihnen die jenseitige Welt (um eine Vorstellung derselben zu bekommen, ist das Buch von Anthony Borgia zu empfehlen) und unterhalten sich mit ihnen. Sie weisen die Neuankömmlinge auch auf ihr Erdenleben und die erlebten Problematiken hin samt den Aufgaben, die sie sich vor ihrer Geburt für jenes Leben vorgenommen hatten. Sie machen ihnen klar, dass sie diese noch nicht beendet haben und stellen sie vor die Wahl, diese nun abzubrechen und in der jenseitigen Welt bis zu einer erneuten Wiedergeburt zu verweilen oder aber sogleich in das Erdenleben zurückzukehren, um ihre unterbrochene Tätigkeit wieder fortzusetzen. Viele der Angekommenen werden sicherlich bleiben wollen, da es dort so schön ist und man nicht irgendwelchen Problemen ausgesetzt zu sein scheint. Doch jene klinisch Toten kehren alle wieder in das Erdenleben zurück und wachen, wo immer dieser Scheintod passiert sein mag, dort plötzlich wieder auf.

Viele von ihnen können sich bis ins Detail an das Erlebte erinnern. Ihre ganze Lebenseinstellung verändert sich nun. Sie wissen, dass es ein Weiterleben nach dem Tod gibt, dass man seine verstorbenen Nächsten alle wiedertrifft und dass man immer wieder nach einem Aufenthalt im Jenseits, diesem Zwischenleben, in einem neuen Körper wiedergeboren wird, bis man in seinem Denken und Handeln ganz Liebe geworden ist. Die Erde wird als eine Schule der Liebe angesehen, in welche wir immer wieder hineingeboren werden, um allmählich zu immer größerer Liebesfülle zu wachsen. Von jenem Jenseitserlebnis Zurückgekehrte leben nun ihr Leben intensiver und konzentrieren sich auf die wesentlichen Dinge. Sie sind liebevoller zu anderen Menschen, verurteilen diese nicht mehr und versuchen, wo immer möglich, zu helfen.

Auch wird einem wieder Zurückgekehrten die Relativität der Zeit bewusst bleiben. Denn seine Reise durch die drei Phasen samt dem Wiedererleben der verschiedenen Stationen in seinem Leben und den ausgiebigen Erlebniseindrücken in der jenseitigen Welt waren für ihn sehr lang gewesen. Doch der Zustand seines klinischen Todes hatte in Wirklichkeit nach irdischer Zeitrechnung nur drei bis fünf Minuten gedauert.

Jeder dieser »klinisch Toten« ist zu einem besseren Menschen, weil Wissenden, geworden.

Nützliche Literatur und Weblinks:

Leben nach dem Tod
Raymond A. Moody, Rowohlt 2001

Den Tod erfahren, das Leben gewinnen
Kenneth Ring, Scherz, München 1985

Numerologie

Unter Numerologie bzw. Zahlenmystik versteht man die Überzeugung, dass Zahlen und Kombinationen aus Zahlen außer ihrer mathematischen Funktion eine weitere Bedeutung zukommt. Aus mathematisch-naturwissenschaftlicher Sicht gilt die Numerologie weithin als Pseudowissenschaft. Dennoch kann man in den verschiedensten Kulturen bei bestimmten Zahlen oft eine kulturelle oder religiöse Bedeutung finden.

Leute, die sich heutzutage mit der Numerologie beschäftigen, versuchen aus den Kombinationen der Zahlen sowie aus der Addition von höheren Ziffernwerten die Grundzahl zwischen 1 und 9 zu ermitteln, die dann für den betreffenden Menschen dessen Lebenszahl bildet. Jede dieser ermittelten Grundzahlen verweist auf einen bestimmten Charakertyp samt seiner psychischen und spirituellen Ausrichtung.

Nützliche Literatur:

Numerologie und Schicksal
Penny McLean, Hugendubel 2000

Dein Zahlenschlüssel
Kurt Tepperwein, Silberschnur 2002

Orakel

Grundsätzlich kann man über Orakel geteilter Meinung sein, besonders wenn es dabei um das tägliche Horoskop aus der Bildzeitung, die Wahrsagerin auf der Kirmes oder Kaffeesatz geht.

Aber die Neugier auf das, was uns in der Zukunft bevorsteht, hat die Menschheit schon im Altertum beschäftigt. Bereits im antiken Griechenland gab es Orakel, von denen das von Delphi das bekannteste ist.

Das Orakel unterschied sich z. B. dadurch von der Hellseherei, dass es Offenbarungen eines Gottes übermittelte, während der Hellseher durch seine eigene hellseherische Begabung die Information erlangt.

Von der Prophetie unterscheidet sich das Orakel dadurch, dass es Fragen beantwortet, während dem Propheten die göttliche Offenbarung ungefragt zuteil wird.

Früher erfüllten Orakel die Funktion, die heute Zukunftsforscher erfüllen: Indem sie die Zukunft vorhersagten, gaben sie den Entscheidungsträgern Argumente in die Hand, ihre Entscheidungen anhand dieser Vorhersagen zu rechtfertigen. Ein Blick in die Zukunft kann aber auch oftmals einen psychologischen Halt bieten, um zum Beispiel »wie ein Vogel über den Problemberg zu schauen« und zu sehen, dass und wie es weitergeht.

Zu den Orakeln zählen folgende Methoden: Geomantie, Horoskop, I Ging, Kabbala, Nummerologie, Pendel, Tarot (siehe dort).

Pendeln

Das Pendeln gehört mit zu den ältesten Orakeln, da es leicht verfügbar ist und man praktisch alles dazu verwenden kann, was sich frei schwingend an einer Kette aufhängen lässt. Mit dem Pendel kann man oft Antworten auf viele Fragen bekommen, aber auch die Wohnung lässt sich auf diese Weise nach störenden Einflüssen untersuchen und man kann sogar Wasseradern ähnlich wie beim Wünschelrutengehen damit aufspüren.

Pendeln ist etwas, das jeder kann. Man braucht dazu nur etwas Übung und natürlich ein geeignetes Pendel. In vielen Esoterikshops lassen sich schöne Pendel kaufen. Man kann sie aber auch leicht selbst herstellen: Am besten eignet sich dazu eine feine, nicht zu schwere Silberkette, an der ein kleiner Gegenstand (Kegel, Stein, Ring) befestigt ist. Ich selbst bevorzuge eine Silberkette, da sie scheinbar die Energien am besten leitet und empfängt. Das Pendel erfasst die kosmische Umgebungsenergie und kann – wenn es richtig angewendet wird – auch einen Kontakt zum Jenseits herstellen.

Grundsätzlich kann das Pendel nur JA oder NEIN Antworten geben. Deshalb ist es wichtig, seine Fragen gut vorzubereiten und sich genau auf die Fragestellung, die nur eine eindeutige Antwort zulassen darf, zu konzentrieren.

Um das Pendel zu befragen malt man sich am besten ein Kreuz, bei dem auf der einen Seite »Ja« und auf der anderen Seite »Nein« steht. Erfahrene Pendler können auch einen Pendelkreis nutzen, auf der mehr detaillierte Antworten möglich sind. Vorlagen dazu gibt es im esoterischen Buchhandel.

Entgegen vieler Anleitungen, die ich im Internet gefunden habe, empfehle ich *nicht*, das Pendel selbst vor einer Befragung schon in eine Kreisbewegung zu versetzen. Die Gefahr der Beeinflussung durch eine fast unbewusste Bewegung, aber auch den eigenen Geist und die damit ausgesandte eigene Energie ist zu groß und würde das Ergebnis nur verfälschen. Grundsätzlich halte ich das Pendel so, dass ich es nicht mehr selbst bewegen kann. Wenn es die Energie empfängt und der Kontakt da ist, fängt es von selbst an sich zu bewegen, und wenn es richtig ist, dann auch nur in *eine* deutliche Richtung. Wenn das nicht passiert, höre ich auf und versuche es zu einem späteren Zeitpunkt nochmal.

Wenn sich das Pendel meldet, dann mache ich zunächst einen Test, welcher Ausschlag JA oder NEIN bedeutet. Dann frage ich zunächst, mit wem ich Kontakt aufgenommen habe, wobei ich mir vorher den Kontakt aussuche bzw. festlege. Durch Testfragen kann ich feststellen, ob ich den richtigen »Ansprechpartner an der Strippe« habe. Ansonsten besteht die Gefahr eines falschen oder verzerrten Ergebnisses.

Aber aufpassen: Beim Pendeln besteht auch die Wahrscheinlichkeit, dass sich unterbewusste Gedanken und Wünsche einschalten. Die Ergebnisse sind deshalb mit großer Vorsicht zu betrachten. Ein bisschen Sicherheit gibt ein wiederholter Pendeltest über der Vorlage von Seite 228:

Nützliche Literatur:

Pendel-Welten
Markus Schirner, Schirner 1995

Neue Pendeltafeln für Gesundheit und Lebenshilfe
Reinhard Lehner, Bauer 1998

Reiki

Der Begriff »Reiki« (gesprochen »Räi-Ki«) mag für viele, die sich noch nicht näher damit befasst haben, nur ein leeres Wort sein. Vielleicht haben Sie es schon einmal gehört oder gelesen, ohne zu wissen, was sich dahinter verbirgt oder worum es geht. Sicherlich wissen Sie, was »Handauflegen« in Bezug auf Heilung bedeutet. Diese Methode wird nämlich unter anderem beim Reiki angewandt, um sich selbst und andere mit heilenden Energien zu versorgen.

Betrachten Sie einmal das Wort »Reiki«. Sicher wird Ihnen auffallen, dass »Ki« darin vorkommt, es ist eben das Ki / Chi / Qi, worum es in diesem Buch immer wieder geht – die Lebenskraft bzw. Lebensenergie. Die Silbe »Rei« stammt aus dem Japanischen und bezeichnet sowohl den universellen (vielfältigen) als auch den universalen (im Universum seienden) Aspekt einer Sache.

Man könnte also Reiki mit spiritueller Lebensenergie übersetzen und oft wird es auch »Universelle Lebensenergie« genannt.

Diese »Universelle Lebensenergie« füllt unser ganzes Universum aus, denn sie steckt in jedem Lebewesen und ist überall um uns herum. Der Grundgedanke des Reiki ist, die Lebensenergie des Universums bewusst in sich aufzunehmen, sich damit immer wieder aufs Neue zu füllen und auch die Energie an andere weiterzuleiten, um damit eine Heilung zu begünstigen oder um ihnen einfach nur etwas Gutes zu tun.

Mit dieser »Reiki-Energie« werden die Chakren geweitet, d. h., der Energiefluss im Körper wird verbessert. Betrachten Sie die Chakren als zusammenhängende Elemente, die sich von unten nach oben durch den Körper ziehen, dann ergeben sie eine Art Kanal durch den ganzen Körper, den Energiekanal. Außer den Chakren gibt es noch andere Energiekanäle im Körper, die so genannten »Nadis« oder »Meridiane«. Bei der Akupunktur werden z. B. die Meridiane mit Nadeln behandelt, um Energieblockaden aufzulösen.

Diese Kanäle sollten stets frei und gereinigt sein, damit die Lebensenergie frei in unserem Körper fließen kann und somit der Körper gesund bleibt. Ist ein Kanal geschwächt oder sogar blockiert, gerät der Energiefluss ins Stocken, der Kanal ist dann sozusagen »verstopft«. Dadurch werden die Funktionen der Organe und Zellen des Körpers beeinträchtigt und der Körper wird geschwächt oder krank. Mit Reiki-Energie kann eine solche Blockade aufgelöst werden, sodass die Energie wieder frei fließen kann.

Dazu wird zum Beispiel die oben erwähnte Methode des Handauflegens verwendet. Dies kann direkt am Körper oder in der Aura geschehen. Dabei verbindet sich der Reiki-Praktizierende mit der unerschöpflichen Energiequelle der »Universellen Lebensenergie«. Er gibt also nicht seine eigene Energie ab, dadurch würde er ja selbst geschwächt werden. Außerdem wäre sie nicht mehr dieselbe reine Energie, denn schließlich wird sie bereits für eigene Zwecke verwendet, womit die Energie weder sich selbst noch anderen viel weiterhelfen würde. Somit ist das Arbeiten mit Reiki-Energie für jeden Beteiligten ein Gewinn, nicht nur für den Empfänger, sondern auch für den Reiki-Praktizierenden selbst, da er sich ebenfalls mit reiner Lebensenergie auffüllt, sobald er bzw. sie den Kanal öffnet und benutzt.

Je nachdem, ob der Reiki-Praktizierende sich selbst oder andere behandelt, stellt er zunächst (ähnlich einer Diagnose) fest, wie es um den Energiefluss bestellt ist. Er prüft die Chakren auf ihren Energiefluss und stellt fest, welche Regionen im Körper mit Energie unterversorgt sind oder wo ein starkes Gefälle von Energie vorliegt.

Er spürt dies mit seinen Händen, z. B. als Kribbeln oder Wärme bzw. Kälte oder sieht es in der Aura der Person. Für diesen Prozess ist ein intensiver meditativer Konzentrationszustand besonders hilfreich, der mit zunehmender Übung und Ausbildungsgrad leichter erreicht wird.

Im Endeffekt bekommt jeder Ausübende mit der Zeit sein eigenes Gefühl für den chakrischen Energiezustand. Oft kann man das nicht in Worte fassen, aber die Intuition hilft, so zu diagnostizieren, dass die Behandlung optimal wirkt und für die erforderlichen Handgriffe sorgt.

Anschließend bemüht sich der Reiki-Praktizierende darum, die betroffenen Chakren und Körperregionen mit Hilfe der »Universellen Lebensenergie« zu reinigen, sie gewissermaßen »durchzuspülen«, um somit einen besseren Energiefluss zu ermöglichen.

Beschwerden, die jemand hat, können durch diese Wiederherstellung des Energieflusses gelindert oder sogar geheilt werden, wobei die blockierten Energiebereiche nicht zwangsläufig mit den erkrankten Körperregionen in direkter Verbindung stehen müssen.

Neben Selbstheilung und direkter Heilung anderer Personen ist die Fernheilung eine angewandte Methode der Reiki-Heilung. Es ist nicht unbedingt notwendig, dass eine Person körperlich anwesend ist, um ihr die »Universelle Lebensenergie« zu schicken. Bei der Fernheilung nimmt der Reiki-Praktizierende nur eine geistige Verbindung mit jemandem auf, den er persönlich oder durch ein Foto kennt.

Um eine gute geistige Verbindung zu jemandem herzustellen, bekommt der Reiki-Praktizierende in seiner Ausbildung besondere Reiki-Symbole überreicht, die er unterstützend als Visualisation oder Mantra verwenden kann, um Distanzen zu überwinden, Differenzen zu beseitigen und auszugleichen und mit dem Energiesystem anderer in Kontakt zu kommen.

Die meisten dieser Symbole sowie der Grundaufbau der Reiki-Ausbildung in mehreren Graden gehen auf den Japaner Dr. Mikao Usui zurück, der Ende des 19. Jahrhunderts nach jahrelanger Forschung und einem erleuchtenden Erlebnis, das ihn in die Arbeit mit der »Universellen Lebensenergie« einweihte, diese uralte Tradition der Heilung und geistigen Bewusstseinsentwicklung wiederentdeckte und sie Reiki nannte.

Reiki ist jedoch nicht nur eine Heilungsmethode, es ist vor allem ein Weg zur spirituellen Weiterentwicklung und Entfaltung. Daher ist eine Reiki-Behandlung nicht mit der Behandlung eines normalen Arztes gleichzusetzen. Reiki gibt nur den Anstoß für eine positive Energieentwicklung. Die behandelte Person sollte sich selbst mit ihrem Energiehaushalt vertraut machen und ein Gespür dafür entwickeln, was ihrer Energie gut tut und was ihr schadet. Wenn eine Behandlung notwendig wird, sollte die Person sich Gedanken machen, was ihr Problem ist und wie sie es lösen kann. Reiki ist dabei nur eine Unterstützung, zu sich selbst zu finden und mit der Energie umzugehen.

Nützliche Literatur:

Das Reiki Handbuch
Walter Lübeck, Windpferd 1999

Reiki, Heile dich selbst
Brigitte Müller, Horst H. Günther, Peter Erd Verlag 2002

Reiki im Alltag
Gabriela Hilf, Silberschnur 2003

Reiki, die schönsten Techniken
Walter Lübeck, Frank A. Petter, Windpferd 2002

Reinkarnation & Diskarnation

Der Begriff »Reinkarnation« stammt aus dem Lateinischen und bedeutet wörtlich »Wiederfleischwerdung«. Er wird unter anderem auch Wiedergeburt oder Seelenwanderung genannt. Demzufolge wird die Seele nach dem Tod auf der Erde als Geschöpf wiedergeboren. Nicht nur in fernöstlichen Religionen trifft man auf den Glauben an die Reinkarnation, sondern auch in Zweigen anderer Religionen wie der jüdischen Kabbala, den islamischen Drusen, den Urchristen oder bei den alten Griechen. Unter Gelehrten wie Pythagoras oder Sokrates und Platon gehörte die Reinkarnationslehre zur Basis ihrer Vorstellungen. Der Glaube an die Reinkarnation ist heute zum festen Bestand der Esoteriker geworden. 1997 hat der berühmte Psychiater

Professor Ian Stevenson die Reinkarnation nach Meinung vieler wissenschaftlich endgültig bewiesen. In den nächsten Jahren werden sich danach allmählich alle Religionen und Philosophien auf die Tatsache der Reinkarnation einzustellen haben, um nicht als überholt und rückständig zu gelten.

Der Tod ist nach dieser Lehre nicht der Abschluss des Lebens, sondern nur der Übergang in eine andere Daseinsform. Die Seele bleibt erhalten. Sie bildet aber in jedem Leben eine neue Persönlichkeit aus. Die Buddhisten jedoch glauben, dass der Geist nach Sein und Verwirklichung begehrt. Somit streben die überbleibenden mentalen Kräfte nach dem Tod nach einer Fortsetzung, um sich zu verwirklichen. Dieses Begehren wird im Buddhismus mit »Leiden« gleichgesetzt. Und das Ziel ist es, diesen leidvollen Daseinskreislauf, das »Samsara«, zu durchbrechen und aufzulösen, bis das »Nirvana«, das Ende allen Leidens erreicht ist.

Diskarnierte Wesen sind dagegen jene, die keines weiteren Erdenkörpers für ihre Erfahrungen mehr bedürfen und dennoch ihre Aufgaben erfüllen können. Je höher das Maß der gelebten Liebe ist, desto einfacher kann eine verstorbene Seele diskarniert bleiben. Im Buddhismus ist dieser Zustand eine Form des Nirvana. Nirvana meint die Freiheit vom Leid des ewigen Wiedergeborenwerdens. Da aber viele Menschen ohne besondere Liebesfülle im Herzen versterben, ist die Quote der sich zwangsläufig Reinkarnierenden höher. Manch andere haben Halt in ihrem Glauben. Diese werden meist von den Seelen zuvor verstorbener Verwandter, Geliebter und Bekannter in die »Himmel« ihres Glaubens abgeholt (verschiedene Himmel: siehe Robert Monroe, »Der zweite Körper«).

Im Gegensatz zum Hinduismus und Buddhismus ist im christlichen Glauben die Wiedergeburt ein einmaliges Ereignis im Leben eines Menschen, der mit seinem alten Leben abschließt und ein neues Leben als Christ beginnt. Diese christliche Wiedergeburt ist die Voraussetzung für die Aufnahme in das Reich Gottes. Wie die Wiedergeburt erreicht wird, ist je nach christlichem Glaubenszweig unterschiedlich: entweder durch den Heiligen Geist, durch die Taufe oder durch Bekehrung.

Rückführung

Die Rückführung ist eine auf dem Reinkarnationsglauben basierende Methode. Jeder Mensch verfügt danach über die Eigenschaft, dass er in sich alle Erinnerungen an seine früheren Leben wie auf einem unsichtbaren Chip mit sich herumträgt. Jedes Ereignis aus seinen früheren Leben ist dort verzeichnet. Durch Rückführungstechniken können diese Erinnerungen wieder aus dieser Speicherung hervorgeholt und wiedererlebt werden. Am besten gelingen diese Rückführungen, wenn man sich von einem Rückführungsleiter oder Rückführungstherapeuten in Trance versetzen lässt. Es gibt aber auch CDs, zum Beispiel jene von Trutz Hardo, mit denen man sich seine früheren Leben ansehen kann.

Rückführungen in problematische frühere Leben sollten nur in Begleitung eines Rückführungstherapeuten durchgeführt werden, damit er die damit zusammenhängenden und sich im heutigen Leben noch manifestierenden Probleme gleich mit auflöst.

Rückführungstherapie

Fünfundneunzig Prozent aller psychischen, psychosomatischen und somatischen Krankheiten und Probleme stammen nach Auffassung der Anhänger dieser Therapieform, aus deren Sicht ich diesen Abschnitt darlegen möchte, aus früheren Leben und beschweren immer noch unser jetziges Leben. Lässt man sich von einem Rückführungstherapeuten in die betreffenden Leben, in denen diese Symptome und Probleme ihren Ausgangspunkt genommen haben, zurückversetzen, kann man deren Entstehung wieder erleben und durch gezielte Auflösungsvorgehen auflösen. Hat zum Beispiel jemand Migräne, so kann der in Trance Versetzte zu der Ursache dieser Krankheit geführt werden. Meistens hat er in einem früheren Leben eine Kopfverletzung erfahren, was der eigentliche Grund für seine heutigen Kopfbeschwerden ist. Wird dieses Problem in den früheren Leben wiedererlebt und dann auch aufgelöst, kann dieses sich teilweise oder ganz auflösen, sodass er von der Migräne vollkommen oder teilweise mit einer einzigen Therapie, die drei bis sechs Stunden dauern kann, befreit wird.

Asthmakranke waren meistens in früheren Leben erstickt. Menschen, die an Neurodermitis oder Psoriasis leiden, erlitten meistens in früheren Leben Verbrennungen. Heuschnupfengeplagte wurden in früheren Leben oft sexuell missbraucht. Leute, die Angst vor Hunden haben, sind meistens in früheren Leben von Hunden oder Wölfen zerrissen worden. Dickleibige sind in früheren Leben meistens verhungert usw. Das Unterbewusstsein, in welchem die Erinnerung der früheren Leben gespeichert ist, offenbart die Ursachen eines heutigen Symptoms oder Problems. Hat man diese aufgefunden und wiedererlebt, so können diese mit der richtigen therapeutischen Begleitung aufgelöst und somit geheilt werden.

Viele Menschen erleben mit Partnern, Familienmitgliedern oder anderen Menschen Disharmonien. Meistens hatte man mit diesen Seelen in anderen Leben schon zu tun gehabt. Lässt man sich aber von einem Therapeuten zu den Ursachen dieser zwischenmenschlichen Disharmonien zurückführen, kann man diese Disharmonien durch bestimmte Rituale der Vergebung auflösen, sodass sich auf einmal im heutigen Leben wieder eine Harmonie herstellt. Die Rückführungstherapie ist die wohl wirkungsvollste Therapie, von der die heutige Menschheit Gebrauch machen kann. Man benötigt für die Auflösung eines Problems oder eines Symptoms oft nur eine einzige Therapiesitzung.

Zur Information möchte ich Ihnen das Buch von Trutz Hardo »Das Große Handbuch der Reinkarnation – Heilung durch Rückführung« nahe legen.

Nützliche Literatur: (siehe auch »Sonstige interessante Fachliteratur zu spirituell wichtigen Themen«)

Erfahre deine früheren Leben, 2 Audio-CDs
Trutz Hardo, Silberschnur 1997

Das große Handbuch der Reinkarnation
Trutz Hardo, Silberschnur 2003

Führung in frühere Leben
Sigdell, Jan Erik, Bern 1998

Schamanismus

Die Tradition der Schamanen ist uralt und auf der ganzen Welt verbreitet, von Polynesien bis Sibirien. Am bekanntesten sind bei uns wohl die indianischen Schamanen, die sicher jeder schon in irgendwelchen Western geheimnisvolle Tänze hat aufführen sehen. Vielleicht ist es gerade das Geheimnisvolle und Unverständliche, das den Schamanen so einen zweifelhaften Ruf eingehandelt hat. Außerdem zählten sie zu den Vertretern der Naturreligionen, die in der christlichen Welt sowieso nicht gern gesehen wurden.

Schamanen waren seit jeher Heiler und die Verbindungsglieder zur »Geisterwelt«, wie man so schön sagt. Das Problem dabei ist nur, dass sich darunter keiner so richtig etwas vorstellen kann. Als Erstes denkt man vielleicht an die Seelen von Verstorbenen, aber es sind damit auch die Seelen von Lebewesen wie Menschen, Tieren, Pflanzen und sogar Steinen gemeint. Auch die Elemente Erde, Wasser, Luft und Feuer sind in den Augen der Schamanen lebendig und beseelt.

Um noch einmal auf das Bild des »Western«-Schamanen im Film zurückzukommen, der einen Regentanz aufführt: Solch ein Schamane hat sich mit den Geistern des Regens und der Wolken »in Verbindung gesetzt« und sie gebeten, seinem Volk Wasser zum Überleben in einer Dürreperiode zu schicken.

Schamanen verkleideten sich auch oft als Tiere, um sich besser in diese hineinversetzen zu können. Auf diesem Wege spürten indianische Schamanen beispielsweise auf, welchen Weg eine Büffelherde nahm, aber auch wie sie kranke Tiere finden und heilen konnten.

Auf den Menschen bezogen bedeutet das, zu fühlen, wie jemand anderes sich fühlt oder die Seele zu befragen, warum der Körper krank ist, um die richtige Heilmethode auszuwählen.

Außerdem können Schamanen anderen Menschen helfen, sich selbst zu entdecken oder etwas über sich herauszufinden, das ihnen sonst im Inneren verborgen bleibt.

Ein Schamane teilt das Selbst eines Menschen in drei Bereiche: das Untere Selbst, das Mittlere Selbst und das Hohe Selbst, wobei sich das Hohe Selbst außerhalb des Körpers befindet. Es ist die höchste Instanz, sozusagen der geistige Führer. Das Hohe Selbst weiß als Einziges von unserer Bestimmung, nicht nur in diesem Leben, sondern auch in allen anderen Leben. Wir haben selten Kontakt zu unserem Hohen Selbst, es »mischt« sich nur gelegentlich ein, meistens, um uns vor großem Schaden zu bewahren. Das haben sicher die meisten schon einmal erlebt, wenn eine innere Stimme ihnen dazu geraten hat, etwas besser nicht zu tun. Das Mittlere Selbst kann man als den Verstand, unser logisches Denken oder auch Bewusstsein bezeichnen. Das Untere Selbst enthält alle unsere Erinnerungen und Verhaltensmuster. Man kann es mit dem Unterbewusstsein gleichsetzen.

Das Problem eines jeden Menschen ist nun, dass jedes unterschiedliche »Selbst« leider nicht mit dem jeweiligen anderen zusammenarbeitet, sondern eher gegeneinander. Jedes Selbst macht, was es will, und nimmt keine Rücksicht auf die Wünsche und Vorstellungen der beiden anderen. Wenn der Verstand meint, wir sollten etwas bestimmtes Sinnvolles tun, ist das Unterbewusstsein meistens dagegen und »sabotiert« das Vorhaben. Überlegen Sie zum Beispiel mal, wie oft Sie sich schon etwas vorgenommen haben, aus dem nichts geworden ist, weil Sie die Lust verloren haben. In diesem Fall hat Ihr Unteres Selbst gegen Ihre bewussten Ziele gearbeitet. Das Hohe Selbst hält sich – wie gesagt – sowieso meistens im Hintergrund und hat üblicherweise keine Verbindung zu den anderen beiden »Selbsten«.

Ein Schamane kann zu jedem der drei Kontakt aufnehmen und sie zu bestimmten Dingen befragen oder sie bitten, untereinander in Kontakt zu treten und entstandene Probleme zu lösen.

So ist es auch möglich, ein Problem zu lösen, das durch ein traumatisches Erlebnis, meistens den Tod in einem anderen Leben, entstanden ist. Dazu spricht der Schamane das Untere Selbst einer Person an, denn dort sind alle Erinnerungen gespeichert, auch die früherer Leben. Wenn das Untere Selbst einverstanden ist, durchlebt die Person den Tod und die Umstände noch einmal, diesmal aus der Sicht eines Beobachters. Meistens hat die betreffende Person im Moment des Todes noch ein Versprechen an sich selbst formuliert, das sie in ihre nächsten Leben mitnimmt und das ihr Verhalten einschränkt. Dieses Postulat muss relativiert werden, um im jetzigen Leben ein bestimmtes Problem lösen und ungehindert handeln zu können.

Ein Beispiel: Eine Frau, die von ihrem Mann erschlagen wurde, dachte bei ihrem Tod: »Wie konnte ich mich nur auf einen Mann einlassen, das werde ich nie wieder tun!« Im nächsten Leben oder auch den darauf folgenden hindert dieses Versprechen sie daran, einem Mann zu vertrauen oder mit einem Mann eine glückliche Beziehung einzugehen, obwohl die Person heute es eigentlich möchte und sich sogar danach sehnt. Immer wird dieses Versprechen im Hinterkopf sein und selbst die aufrichtigsten Bemühungen erschweren oder sogar zunichte machen.

In einer Rückführungstherapie kann man sich von solchen ehemaligen Programmierungen lösen.

Nützliche Literatur:

Der Geist des Schamanismus
Roger N. Walsh, Fischer 1998

Heilbuch der Schamanen
Felix R. Paturi, Ludwig 1999

Der Schamane in uns
Paul Uccusic, Ariston 2001

Der Stadt-Schamane
Serge Kahili King, Lüchow Vlg., Berlin 2002

Shiatsu

Shiatsu basiert auf einer jahrtausendealten östlichen Philosophie, deren Grundlage die Vorstellung von der Existenz einer allen Lebewesen innewohnenden, dynamischen Lebensenergie (Chi) ist. Fernöstliche Philosophie und traditionelles medizinisches Erfahrungswissen trafen in der ersten Hälfte des 20. Jahrhunderts auf Theorien und Techniken westlichen Ursprungs (Physiotherapie, Massage, Psychologie, u. a.). Aus dieser Begegnung entstand Shiatsu als vollkommen eigenständige Behandlungsform.

Die Behandlung kann aus einer Kombination von Berührungstechniken, Körperübungen und Meditation bestehen und führt zu ganzheitlichen Erfahrungen für Körper, Geist und Seele.

Nützliche Literatur:

Das große Buch der Heilung durch Shiatsu
Shitsuto Masunaga, Wataru Ohashi, O. W. Barth, Scherz 2003

Spiritualität (von Tom Hockemeyer)

Unter dem Begriff »Spiritualität« finden Sie inzwischen über Internet-Suchmaschinen in deutscher Sprache an die 100.000 Eintragungen, alleine über 20.000 zu dem Begriff selbst. Jeder – je nach Kultur und Glaubensrichtung – versucht, diesen Begriff auf seine Weise zu definieren. Seine weite Verbreitung in neuerer Zeit verdankt das Wort Spiritualität vor allem der Verbreitung der vielen teils aus dem Englischen und anderen Sprachen übersetzten Texte und Bücher.

Im englischen Sprachraum steht »Spirit« für Geist, hat aber überhaupt nichts mit Gespenstern zu tun. In der deutschen Sprache gibt es das Wort »Geist«, das aus der germanischen Ursprache stammt. Ferner haben wir die beiden Adjektive »geistig« und »geistlich«, die zusammen eine Fülle von ganz verschiedenen Bedeutungen abdecken; ein geistiger Mensch und ein geistlicher Mensch sind etwas völlig Verschiedenes. Daneben gibt es das Fremdwort aus der lateinischen Wurzel spiritus (Geist) mit den Adjektiven spirituell, spiritualistisch oder auch spiritistisch.

Die kirchlich geprägte Spiritualität kennt den Heiligen Geist (Spiritus sanctus) und Geistliche. Der fleischliche Körper soll von Gottes Geist durchdrungen werden.

Östliche Lehren verheißen durch das »zu sich selbst kommen« zu Gott zu kommen. Darin liegt einer der Gründe, warum östliche Religionen und die esoterische Weltsicht heute so viele Menschen ansprechen. Ziel ist das Einswerden mit sich selbst, mit der Schöpfung, mit Gott – Tradition, die in der christlichen Traditionen eher mit dem Gedanken der Mystik verbunden sind.

Aber auch die aktiv betriebene moderne Psychologie hat mit dem menschlichen Geist oder Spiritualität zu tun. Ich möchte mich an dieser Stelle darauf beschränken, mit dem Begriff »Spiritualität« unser geistiges Bewusstsein zu umschreiben, ungeachtet zu welcher Richtung oder gar Religion Sie sich persönlich bekennen wollen oder nicht.

Spiritualität und Glauben

Spiritualität bezeichnet also das Bewusstsein, dass die menschliche Seele ihren Ursprung einer göttlichen Instanz verdankt.

In den verschiedenen Religionen gibt es unterschiedliche Bezeichnungen für diese göttliche Instanz: Gott, eine Gottheit, Tao, Brahman, Maha-Atman, Shunyata, Großer Geist, Pneuma, Prajna, Maha-Purusha, Sugmad, u. a. Einige Religionen teilen »dieses Eine« auch in verschiedene Gottheiten auf.

Im Unterschied zur Religion oder Esoterik, bei der es um das Wissen, um die Lehre über oder Methodik von Spiritualität geht, ist die Spiritualität selbst auch die tatsächlich ausgeübte Praxis, aus der heraus ein Mensch eine vertiefte Beziehung zu Gott, eine innere Erleuchtung oder eine religiös begründete Emotion erlebt. Jede Religion, ob Christentum oder andere Konfessionen, hat ihre eigene Ausprägung von Spiritualität.

Für manche Menschen ist die göttliche Instanz so sehr Ursprung und Ziel des Lebens, dass die ständig vertiefte Spiritualität ihre Lebensführung im Alltag, Verantwortlichkeit und Ethik deutlich prägt – andere suchen in der Spiritualität Erlebnisse, die sie aus dem Alltag herauslösen, jedoch mit dem Alltag in keiner Verbindung stehen müssen. Auch individuelle Spiritualität ist immer verknüpft mit Vorstellungen über Mensch, Gesellschaft und Welt und ihren Ausdeutungen. Auf dem spirituellen Weg versucht der Gläubige, sein Bewusstsein zu entfalten oder seine Beziehung zu Gott zu vertiefen. Spiritualität bedeutet also nicht Flucht vor Gott, sondern Hinwendung zu Gott.

Spirituelle Fortschritte oder Vertiefungen werden in manchen Religionen als Erwachen, Neu- oder Wiedergeburt (nach dem Tod des alten Ich), Selbstrealisation, Gottrealisation oder Erleuchtung bezeichnet. Sie können in ahnungsvoller Schau (Gnosis) oder als ergreifende Erfahrung empfunden werden und gehen immer mit einer inneren Veränderung des Menschen einher, der sie erfahren hat.

Spiritualität – Schwelle zu einer anderen Dimension?

Obwohl ich mich in diesem Buch in keinem Fall auf Diskussionen über weiterführende Ansichten einlassen oder gar meine eigene Meinung zu diesen Themen an dieser Stelle publizieren will, möchte ich dennoch ein paar Worte über Übersinnliches, höhere Dimensionen, PSI, Para-Normales und Glauben verwenden, sind diese Begriffe doch hautnah mit dem Thema verbunden.

Die Bezeichnung »Nicht direkt sichtbare Dimensionen« bringt uns schon sehr nahe an das eigentliche Thema heran. Noch vor wenigen Jahrzehnten war vieles für uns unbegreiflich, was die Wissenschaft heute mit immer besser werdenden Techniken und Messungen sichtbar machen kann. Wie zum Beispiel die Gehirnfrequenzen, deren Studium es uns unter anderem heute ermöglicht, meditative Musik mit bestimmten Frequenzen zu unterlegen, die einen positiven, aktiven Einfluss auf den Zustand und das Befinden haben. (siehe dazu auch »MindSync«, S. 282)

Aber es ist noch nicht allzu lange her, da dachte die Menschheit noch, das Universum drehe sich um die Erde. Jahrtausendelang glaubten die Menschen, die Erde sei eine Scheibe, über der sich der Himmel als eine große Kuppel wölbt.

Aber ebenso wie sich herausgestellt hat, dass die Erde doch keine Scheibe ist und sich nicht alles um die Erde dreht, sondern wir gar nur ein winziges, unbedeutendes Staubkorn im Universum bewohnen, so sollten wir gerade auf Grund der Erfahrungen und Entdeckungen der letzten Jahrzehnte offen sein für die Tatsache, dass es mehr gibt zwischen Himmel und Erde. Wo die meisten von uns nun mit einem schiefen Gesicht zugeben, dass das wohl so sein könnte oder gar rufen »Das habe ich doch immer schon gesagt ...«, bleibt doch die Tatsache, dass die meisten von uns sich noch schämen, sich zu solchen Gedanken voll Überzeugung in aller Öffentlichkeit zu bekennen. Denn man könnte ja schnell von Kollegen und Freunden zum Spinner oder gar für »abgehoben« erklärt werden.

Aber seien Sie beruhigt: Sie stehen, falls Sie schon an »mehr« glauben, gar nicht mehr so alleine da. Und übrigens ist der Glaube an Wunder oder gar Außerirdische so alt wie die Menschheit selbst. In allen Religionen und Mythen finden sich Beschreibungen, die auf übernatürliche Phänomene schließen lassen, und viele Beschreibungen in der Bibel deuten auch darauf.

Die so genannte andere »Dimension« ist ein Gebiet, in das sogar Sie bei etwas Aufgeschlossenheit und einigem Training »hineinschnuppern« können. Dies kann zum Beispiel bei luziden Träumen oder OoBE (= out of body experience = aus dem eigenen Körper treten) -Erfahrungen geschehen. Aber auch hier möchte ich an dieser Stelle nicht weiter darauf eingehen. Gerade dieses Thema überlasse ich lieber Fachleuten, worauf ich an anderer Stelle in diesem Buch noch einmal zurückkomme.

Nur wenn Sie sich schon näher mit dem Thema Spiritualität beschäftigen und es für sich nutzen wollen, dann sollten Sie sich auch der Erweiterung Ihres Bewusstseins zu möglichen neuen und anderen Dimensionen nicht verschließen. Sie werden schon bald sehen, dass sich dann ganz neue Horizonte und Perspektiven für Sie auftun werden.

Tai Chi

Tai Chi, auch das chinesische Schattenboxen genannt, ist eine alte chinesische Kampfkunst mit äußerst meditativem Charakter. Heute gleicht es eher einem Balancetraining mit weichen, fließenden, harmonischen und sehr langsamen Bewegungen. Das Ziel ist auch tatsächlich, in vollendete Harmonie mit sich selbst und der Umwelt zu kommen, die vollkommene Balance von Yin/Yang zu erreichen. Tai Ji Quan, Tai Chi Chuan, Tai Qi sind alles Namen für ein und dieselbe Sache. Die Wirkung von Tai Chi, die inzwischen auch von den deutschen Krankenkassen anerkannt wird, beschreibt am besten ein altes chinesisches Sprichwort: »Geschmeidig wie ein Kind, gesund wie ein Holzfäller und gelassen wie ein Weiser.«

Tai Chi Chuan

Das Taijiquan Tai Chi ist eine jahrhundertealte, in China entwickelte Kampfkunst. Es verbindet in einzigartiger Weise die Aspekte Selbstverteidigung, Gesundheit und Meditation.

Das Wort setzt sich zusammen aus Taiji, zu deutsch Großer Firstbalken, und Quan, zu deutsch Faust.

Das Taijiquan gehört wie Ba Gua Zhang und XingYiQuan zu den so genannten inneren Kampfkünsten. Diese basieren im Gegensatz zu den äußeren Kampfkünsten nicht auf dem Einsatz von roher Muskelkraft, sondern der Anwendung der inneren Energie Chi. Dieses Konzept ist für den Anfänger schwer zu fassen. Mit zunehmender Übungspraxis wird der Energiefluss durch den Körper aber immer deutlicher wahrgenommen. Unbedingte Voraussetzung für eine (aus kämpferischer Sicht) erfolgreiche Umsetzung ist die fließende, bewusste und entspannte Ausführung der Bewegungen (anfangs meist langsam). Aber genau diese Form der Ausführung macht aus Taijiquan auch eine äußerst gesundheitsfördernde Bewegungsdisziplin.

Das Taijiquan geht als Methode weit über den Selbstverteidigungsaspekt hinaus. Letztendlich wird die vollkommene Entwicklung des Menschen angestrebt: das Erreichen des »Dao« bzw. die »Erleuchtung«. Dieses wird durch den so genannten »daoistischen Meditationsaspekt« der Übungen ermöglicht: Während des Übens wird die Aufmerksamkeit auf das Energiezentrum (chinesisch: Dantien) im Körperschwerpunkt sowie auf den die Bewegung erzeugenden Energiefluss gerichtet. Der Übende befindet sich vollständig im »Jetzt«. Dies entspricht dem zenbuddhistischen Ideal der »Achtsamkeit«.

Die positiven Auswirkungen des Übens werden mit längerer Übungspraxis immer stärker erfahrbar: Neben den angestrebten Kampfkunstfähigkeiten und der allgemein verbesserten Gesundheit stellt sich ein sehr intensives Körpergefühl ein, da der Energiefluss jetzt nicht nur während des Übens wahrgenommen wird. Die wohl auffälligste Veränderung dürfte die langsam aber stetig zunehmende »Stille« im Geist des Übenden sein. Diese wird – wie der Energiefluss – jetzt nicht nur während des Übens erfahren, sondern zur dauerhaften Eigenschaft des Übenden.

Nützliche Literatur:
T'ai Chi Ch'uan, Ein praktisches Handbuch zum Selbststudium
Toyo Kobayashi, Petra Kobayashi, Hugendubel 2001

Talisman

Ein Talisman (aus dem Arabischen: tilsam, Zauberbild – Plural tilsamat oder talasim) wird gern am Köper und an der Kleidung getragen oder in der Wohnung angebracht. Er soll gegen Krankheiten und Zauberei schützen oder als Glücksbringer dienen. Damit unterscheidet er sich in gewisser Hinsicht vom Amulett, das zielgerichtet und absichtsvoll auf eine ganz bestimmte Wirkung hin eingesetzt wird. Ursprünglich waren meist Bilder aus Metall oder Stein als Talismane in Gebrauch.

Talismane wurden besonders im alten Babylon genutzt, wo es kein Gebäude gab, das nicht ohne ein schützendes Bild ausgestattet wurde. In den arabischen Mythen spielt der Talisman eine wichtige Rolle. Ähnliche Dinge waren die Skarabäen der Ägypter, die Abraxasgemmen der Gnostiker, die Alraunen und der Allermannsharnisch des Mittelalters, die Siegessteine der Wielandsage und die meist nur mit magischen Zeichen und Sprüchen beschriebenen Amulette.

Noch heute haben sich Glücksbringer wie die Hasenpfote, das Hufeisen oder der Glückspfennig erhalten.

Tantra

Das Wort Tantra kommt aus dem Sanskrit und heißt »Zusammenhang«. Inhaltlich geht es um die göttliche Energie und Schöpfungskraft. Tantra war als religiöse Bewegung innerhalb des Buddhismus und Hinduismus zu verstehen. Der Tantriker setzt den göttlichen Schöpfungsakt dem menschlichen gleich. In der Vereinigung von beiden Polen (Mann und Frau) sehen sie die Möglichkeit, aus dem Rad der Wiedergeburt auszusteigen. Der rituelle Vollzug des Geschlechtsaktes wird zur hohen Kunst erhoben.

Tantrismus

Tantrismus bezeichnet eine religiöse Lehre (2. Hälfte des 1. Jahrhundert nach Christus) im Hinduismus und Buddhismus, die den Kontakt mit dem Göttlichen durch Rituale und Zeremonien herstellen will, wozu magische Mittel wie Mantras, Yantras, Bijas, Mudras verwendet werden.

Die Glaubensvorschriften sind in den Tantras niedergelegt.

Der Tantrismus ist in vielen religiösen Strömungen (Hinduismus, Jainismus usw.) beheimatet. Spätere Strömungen sind das chinesische Chen-yen, das japanische Shingon und das tibetische Vajrayana (auch Lamaismus genannt).

Eine Form der tantrischen Lehre befasst sich mit Sexualität. Denn durch Berührung und erotische Stimulation können die sexuellen Sinne verfeinert werden, womit ein ekstatisches Hochgefühl entstehen kann, das – wenn auch nur für Momente – eine Erleuchtung ermöglichen könnte. Hierbei handelt es sich auch um eine Aufhebung der Gegensätze von Yin und Yang in der Ekstase durch die vollkommene sexuelle und mentale Vereinigung. Beim tantrischen Sex wird somit der Körper zum Tempel, um göttliche Ekstase zu erfahren.

Nützliche Literatur:

Tantra - Die Kunst des bewussten Liebens
Muir, Charles and Caroline, Genf 1990

Vom Sex zum Kosmischen Bewusstsein
Osho, Zürich 1995

Taoismus

Tao, auch geschrieben als »Dao«, bedeutet wörtlich aus dem Chinesischen übersetzt Weg, Straße, Pfad. In der traditionellen chinesischen Kultur ist Dao ein Schlüsselprinzip für viele Bereiche der Wissenschaft und der Kunst (z. B. Kampfkunst, Medizin, Kriegskunst, Malerei, Kalligraphie, Teezeremonie). In den japanischen Künsten ist die Namenssilbe DO (= Dao), neben ihrer wörtlichen Bedeutung »Weg«, auch ein Hinweis auf die spirituellen Dimensionen und den Einfluss des Dao auf die Praxis der einzelnen Disziplinen (z. B. Aikido, Budo, Bushido, Sado, Shodo, Kyudo, Judo, Kendo, Kado, Iaido).

Durch die Auflösung der Gegensätze (z. B. durch Meditation) kann der Dao-Praktizierende Dao erfahren – beschreiben kann man Dao nach Lao-Tse jedoch nicht.

Der Taoismus entstand in der Zeit vom sechsten bis vierten Jahrhundert v. Chr. in China, die legendenumwobene Gründergestalt ist Lao-Tse. Ihm wird das grundlegende Werk »Tao Te King« (Buch vom Dao und vom De, Buch vom Weltgesetz und seinem Wirken) zugeschrieben.

Ein Abkömmling der magischen Linie des Taoismus ist das Feng-Shui. So bezeichnet man Tao auch als den Weg zum wahren Verständnis der Natur, des Verstandes und der Realität; das Leben in Harmonie mit den Veränderungen der Natur. Deshalb ist Tao das Ziel, der Weg und die Reise zusammen.

Besser als die wörtliche Übersetzung mit »Weg« oder »Straße« ist es jedoch, das Dao als eine unübersetzbare Definition eines umfassenden Weltprinzips zu verstehen, das dem Menschen rein rational nicht zugänglich ist. Der Mensch soll dieses Prinzip möglichst wenig durch bewusstes Handeln und Streben stören, sondern in mystisch-intuitiver Weise im Einklang mit diesem Gesetz leben. Dabei spielt der Grundsatz des »Handelns durch Nichthandeln« (wei wu wei) eine entscheidende Rolle. Der Begriff des »Nichthandelns« heißt aber nicht automatisch, dass gar nichts getan werden soll. Es bedeutet vielmehr, nicht gegen das Dao, also das Weltprinzip zu handeln.

Nützliche Literatur:

Lass dich vom Tao leben
Theo Fischer, Rowohlt 2000

Das Tao für liebende Paare
Jolan Chang, Rowohlt 1998

Das Tao der Frau
Maitreyi D. Piontek, Heyne 2000

Tarot

Als Tarot bezeichnet man ein Deck von 78 Karten, das, zusätzlich zum heute bekannteren 52-Karten-Blatt, vier Ritter, eingeordnet zwischen Bube/Page und Dame/Königin, einen Joker/Narren und 22 Trumpfkarten enthält.

Heute wird das Tarot gerne zu spirituellen und wahrsagerischen Zwecken genutzt.

Man vermutet, dass das erste TAROT aus der islamischen Welt im 14. Jahrhundert nach Europa kam. Es war ein Satz von 52 Spielkarten, der aus vier Farben bestand und den Karten des kleinen Arkanums entsprach. Während viele Esoteriker annehmen, dass diese (mit oder ohne kleine Arkana) auf ägyptischen und/oder hebräisch-kabbalistischen Weisheitslehren beruhen und einige sogar den Ursprung des Tarots in Atlantis vermuten, gibt es dafür keinerlei Beweise.

Nach diesem Erklärungsmodell besteht also eine Parallelität zwischen dem, was in einer Legung dargestellt wird, und den Ereignissen im Leben des Fragenden. Dabei kann die Synchronizität sowohl Folge eines direkten Eingreifens höherer Mächte sein als auch Folge der generellen Existenz solcher synchronen Systeme.

Wie bei allen Orakeln muss gerade beim Tarot eine Verbindung zwischen dem Fragenden, eventuell dem Leger der Karten und der kosmischen Energie hergestellt werden, um eine möglichst zutreffende persönliche Deutung zu erhalten. Falscher Gebrauch und fehlerhafte Deutung von Tarotkarten können in Extremfällen auch zu negativen Einflüssen und eventuell zu psychischen Störungen führen oder falsche Schlussfolgerungen und Ängste zur Folge haben.

Die bekanntesten Decks sind: Das Tarot-de-Marseille, das Rider-Waite-Tarot, das Aleister-Crowley- oder Toth-Tarot. Darüber hinaus gibt es eine große Vielfalt anderer Decks. So gibt es viele, deren Grundlage einer bestimmten Kultur zugehört. Der vermutete altägyptische Ursprung des Tarots ist wohl die Ursache für die relativ große Anzahl »ägyptischer« Decks. Andere Decks weisen auf indigene amerikanische Kulturen hin, beispielsweise die Maya-Kultur. Es gibt keltische Decks, japanische, chinesische, afrikanische, etc. Manche Decks stellen Hofkarten dar oder mischen verschiedene Varianten, wie z. B. das Haindl-Tarot, das jeweils eine indianische, eine alt-ägyptische, eine europäische und eine indische Familie aus mythologischen Figuren dieser Kulturen darstellt.

Andere Decks zeigen die Werke von Künstlern oder verweisen auf bestimmte künstlerische oder literarische Traditionen. So gibt es ein Shakespeare-Tarot, ein William-Blake-Tarot, ein Dürer-Tarot, ein Bosch- und ein Breughel-Tarot und so weiter. Eine besondere Art von Künstler-Decks sind solche Decks, die von bildenden Künstlern als Tarot-Decks selbst entworfen wurden, wie z. B. vor allem das Dali-Deck, der Tarotgarten von Niki de Saint-Phalle und das Haindl-Tarot.

Traditionelle Chinesische Medizin

Die **Traditionelle Chinesische Medizin (TCM)** geht davon aus, dass Gesundheit und Vitalität auf dem ungehinderten Fluss der Lebensenergie (dem Chi oder auch Qi) beruhen. Ist dieser Fluss blockiert, gerät das innere Gleichgewicht von Körper und Seele aus den Fugen, und wir fühlen uns unwohl und/oder werden krank. Eine nachhaltige Heilung wird nur dann erreicht, wenn die Blockaden aufgelöst werden und das Chi wieder frei fließen kann.

Alle Methoden der TCM sind darauf ausgerichtet, das Chi zu regulieren, zu stärken und zu regenerieren: Akupunktur, Akupressur, Shiatsu und Tuina-Massage unterstützen den Fluss der Lebensenergie von außen. Das Qi Gong und Tai Chi dagegen sind eine innere Einflussnahme auf das Chi. Feng-Shui ist eine Einflussnahme auf das Chi der Umgebung. Der ganzheitliche Ansatz der TCM stellt eine sinnvolle Bereicherung der Schulmedizin dar, die den Aspekt der Lebensenergie meist völlig vernachlässigt.

Yin & Yang

Das Zeichen symbolisiert die Vereinigung von Yin und Yang, der beiden gegensätzlichen Ur-Prinzipien der Schöpfung. Yin steht für das weibliche, dunkle, negative und zerstörende Grundprinzip. Yang hingegen symbolisiert das Männliche, Helle, Positive und Aufbauende in der Schöpfung. Hier ist jedoch keinerlei Wertung inbegriffen, da kein Ding und keine Sache an sich »gut« oder »schlecht« sein kann. Nur die Auswirkungen einer Sache oder einer Situation können gut, schlecht oder gar »böse« sein, je nachdem, was ein Bewusstsein mit seiner wertenden Idee daraus macht.

Wenn wir hier vom negativen und positiven Pol in der Schöpfung sprechen, meint dies lediglich die Richtung polarisierter Grundkräfte. Der negative Pol bezeichnet die Richtung einer Kraft auf das Irdische zu, positive Polarität hingegen gibt die Kraftrichtung zum Himmlischen hin an. Dadurch entsteht eine Differenz zwischen beiden Polen, die ausdrückt, dass keines ohne das andere zu existieren vermag.

Jeder einzelne »Pol« offenbart sich in der materiellen Welt nur dadurch, dass seine »andere Seite« ungeoffenbart bleibt. Das heißt, sobald eine Eigenschaft mit Yin-Wirkung hier auf der materiellen Ebene ihren Ausdruck findet, also bewusst wird, bleibt ihr Yang-Gegenteil im Bereich der potenziellen Möglichkeiten, kann aber zum Ausdruck kommen, wenn der offenbare Anteil ins Ungleichgewicht gerät.

Diese Integration führt zur Harmonie des Ganzen, sofern dieses Ganze sich seiner Anteile bewusst wird. Auch sind ja in dem schwarz und weiß dargestellten Rund alle Farben der Schöpfung potenziell bereits enthalten. Das Symbol ist außen kreisrund. Der Kreis ist die geometrische Form, die bei kleinstmöglichem Umfang (Außenlinie) die größtmögliche innere Fläche umschließt, ist also ein Zeichen für höchste Effizienz.

Ich möchte noch darauf hinweisen, dass dieses Glücks-Symbol uns daran erinnert, dass sich jede Entwicklung stets im Wandel befindet, denn wenn irgendetwas wirklich ganz zum Stillstand kommen würde, wäre das Ende, die Auflösung durch das Stillstehen bereits vorgegeben. In der taoistischen Theorie jedoch ist der Wandel jeder Situation die treibende Kraft für ihre Weiterentwicklung.

Nützliche Literatur:

Yin und Yang
Gudula Linck, C.H.Beck 2000

Geschichte der chinesischen Philosophie
Wolfgang Bauer, C.H.Beck 2001

Sonstige interessante Fachliteratur zu spirituell wichtigen Themen

Zusammengestellt von Tom Hockemeyer

Über Reinkarnation allgemein

Zürrer, Ronald: *Reinkarnation – Die umfassende Wissenschaft der Seelenwanderung*, Zürich 1989

Cranston, Sylvia & Williams, C.: *Wiedergeburt*, München 1989

Bache, Christopher M.: *Das Buch von der Wiedergeburt*, München 1993

Powers, Rhea: *Reinkarnation – oder die Illusion der persönlichen Identität*, Seeon 1989

Mac Gregor, Geddes: *Reinkarnation und Karma im Christentum*, Grafing 1985

Sachau, Rüdiger: *Westliche Reinkarnationsvorstellungen*, Gütersloh 1996

Zander, Helmuth: *Geschichte der Seelenwanderung in Europa*, Darmstadt 1999

Gosztonyi, Alexander: *Die Welt der Reinkarnationslehre*, Aitrang 1999

Cayce, Edgar: *Wahrheit der Reinkarnation*, München 1994

Halbfass, Wilhelm: *Karma und Wiedergeburt im indischen Denken*, Kreuzlingen 2000

Beweise für die Reinkarnation

Stevenson, Ian: *Reinkarnationsbeweise*, Grafing 1998

Cockell, Jenny: *Unsterbliche Erinnerung*, Bergisch Gladbach 1994

Hardo, Trutz: *Wiedergeburt – Die Beweise*, München 1998

Hardo, Trutz: *Reinkarnation Aktuell*, Güllesheim 2000

Über Karma

Hardo, Trutz: *Das Große Karma-Handbuch, Karma und Heilung*, Güllesheim 2002

Tepperwein, Kurt: *Schicksal und Bestimmung*, Güllesheim 2001

Michel, Peter: *Karma und Gnade*, Grafing 1988

Steiner, Rudolf: *Die Offenbarungen des Karma*, Dornach 1985

Steiner, Rudolf: *Wiederverkörperung und Karma*, Dornach 1994

Brown, Mary T.: *Die Macht des Karma*, München 2003

Über Rückführungen in frühere Leben

Hardo, Trutz: *Entdecke deine früheren Leben*, München 1997

Weiss, Brian: *Die zahlreichen Leben der Seele*, München 1994

Bowman, Carol: *Ich war einmal*, München 1998

Dethlefsen, Thorwald: *Das Leben nach dem Leben*, München 1974

Dethlefsen, Thorwald: *Das Erlebnis der Wiedergeburt*, München 1978

CDs zum gefahrlosen Erleben Ihrer eigenen früheren Leben

Hardo, Trutz: *Erfahre deine früheren Leben* (Doppel-CD-Set), Güllesheim 1998

Hardo, Trutz: *Meine schönsten Leben*, CD, Güllesheim 2000

Hardo, Trutz: *Meine spirituellen Leben*, CD, Güllesheim 2001

Über Rückführungstherapie

Hardo, Trutz: *Das Große Handbuch der Reinkarnation*, Güllesheim 2003

Sigdell, Jan Erik: *Führung in frühere Leben*, Bern 1998

Weiss, Brian: *Heilung durch Reinkarnationstherapie*, München 1995

Vallieres, Ingrid: *Praxis der Reinkarnationstherapie*, Steimbke 1988

Woolger, Roger J.: *Die vielen Leben der Seele*, München 1992

Leben nach dem Tod

Borgia, Anthony: *Das Leben in der unsichtbaren Welt*, Neuwied 1985

Kübler-Ross, Elisabeth: *Über den Tod und das Leben danach*, Güllesheim 2001

Newton, Michael: *Der Weg der Seele*, Wettswil, CH 1996

Newton, Michael: *Die Abenteuer der Seele*, Wettswil 2001

Whitton, J.L./Fisher, J.: *Das Leben zwischen den Leben*, München 1989

Lees, Robert James: *Reise in die Unsterblichkeit*, München 1962

Nahtod / Klinischer Tod

Janakovitsch, Stefan von: *Ich war klinisch tot*, München 1985

Moody, Raymond: *Leben nach dem Tod*, Hamburg 1977

Ring, Kenneth: *Den Tod erfahren – das Leben gewinnen*, Bergisch Gladbach 1988

Sabom, Michael B.: *Erinnerung an den Tod*, München 1986

Evdokas, Takis: *Der Tod – die große Illusion*, Güllesheim 2002

Astralreisen

Monroe, Robert A.: *Der Mann mit den zwei Leben: Reisen außerhalb des Körpers*, Interlaken 1981

Grundwahrheiten des Lebens

Tepperwein, Kurt: *Die geistigen Gesetze*, München 1992

Dalai Lama: *Die Vier Edlen Wahrheiten*, Frankfurt 2000

Bücher zur Lebenshilfe

Tepperwein, Kurt: *Wissen, Handeln, Sein*, Güllesheim 2000

Lassen, Arthur: *Heute ist mein bester Tag*, Bruchköbel 1989

Jampolski, Gerald G.: *Lieben heißt die Angst verlieren*, München 1981

Murphy, Josef: *Die Praxis des Positiven Denkens*, München 1989

Mohr, Bärbel: *Bestellungen beim Universum*, Aachen 2004

Tantra

Muir, Charles and Caroline: *Tantra - Die Kunst des bewussten Liebens*, Genf 1990

Osho: *Vom Sex zum Kosmischen Bewusstsein*, Zürich 1995

Wichtige Bücher

Dethlefsen, Thorwald/ Dahlke, Ruediger: *Krankheit als Weg*, München 1989

Hasselmann, Varna: *Weisheit der Seele*, München 1996

Yogananda, Pramahansa: *Autobiographie eines Yogi*, Bern 1995

Somé, Malidoma Patrice: *Der Geist Afrikas*, München 1996

Geller, Uri: *Mein Wunder-volles Leben*, Neuwied 1994

Links im Internet

Das Internet wechselt laufend, viele Links sind nach kurzer Zeit schon nicht mehr aktuell. Besuchen Sie deshalb regelmäßig mein Internet-Magazin *www.claire4you.com*, wo ich Ihnen laufend spirituelle Themen sowie ein entsprechendes Linkverzeichnis und ein ausführliches und vor allem aktuelles Linkarchiv anbieten werde.

Hier dennoch einige interessante Weblinks, von denen ich hoffe, dass sie die Erstauflage dieses Buches überdauern:

Astralreisen

http://www.astralreisen.net
http://de.wikipedia.org/wiki/Astralreise

Astrologie

http://www.sternwelten.at
http://www.astrologiezentrum.de

Ayurveda

http://www.awakening-ayurveda.de
http://www.ayurveda-portal.de

Chakren

http://www.chakras.de

Engel

http://www.erzengel-online.de
http://www.engel-seite.de

Feng-Shui

http://www.fengshui-verband.de
http://www.feng-shui.de

Geister

http://www.paranormal.de/geister

I-Ging Online-Ausgabe »Buch der Wandlungen«

http://www.schuledesrades.org/buchderwandlungen

Indigo Kinder

http://www.indigokinder.de

Kaballah

http://kabbalah-web.de

Karma

http://de.wikipedia.org/wiki/Karma

Magie

http://www.paranormal.de
http://weisse-magie.de

Meditation

http://de.wikipedia.org/wiki/Meditation
http://www.meditationa.de.tf

Mond

http://www.nineplanets.org/luna.html

Shiatsu

http://www.shiatsu-gsd.de
http://www.shiatsu-verband.at

Taoismus

http://www.china-kontor.de/taoismus.htm

http://www.taoismus.de/

Tarot

http://de.wikipedia.org/wiki/Tarot

Elisabeth Kübler-Ross

Über den Tod und das Leben danach

Sonderausgabe

Der Innenteil dieser hochwertigen Leinenausgabe wurde durch 11 ganzseitige, farbige, meditative Illustrationen des Künstlers Peter Dorn ergänzt.
Das weltweit bekannte Buch mit seinen überzeugenden Beweisen für ein Leben nach dem Tod gilt mittlerweile als Klassiker zu diesem Thema.

ISBN 3-931625-10-6
112 Seiten, gebunden
m. vielen meditat. Illustrationen
€ [D] 19,90 / sFr 34,90

ISBN 3-923781-02-4
89 Seiten, broschiert
€ [D] 11,90 / sFr 21,30

Der Dougy-Brief

Worte an ein sterbendes Kind

Elisabeth schreibt an einen krebskranken Jungen einen Brief, in welchem sie ihm erklärt, warum es Gott so eingerichtet hat, dass wir Menschen auf Erden geboren werden und wieder sterben müssen. Diesen Brief hat sie mit Buntstiften geschrieben und mit Zeichnungen versehen.

ISBN 3-89845-033-3
16 Seiten, farbig
€ [D] 6,95 / sFr 12,90

Elisabeth Kübler-Ross

Sterben lernen - Leben lernen

Fragen und Antworten

Dieses Buch gibt wichtige Antworten auf Fragen wie: Auf was muss ich achten, wenn ich mit Sterbenden zusammen komme? Wie kann ich Angehörigen eines Sterbenden oder eines soeben Verstorbenen beistehen? Wie gehe ich selbst mit dem Verlust eines mir Nahestehenden um?
Unmissverständlich macht die Autorin klar, dass wir die Angst vor dem Sterben und dem Tod erst verlieren müssen, bevor wir wirklich frei sein können zum Leben.

ISBN 3-923781-80-6
64 Seiten
mit 28 ganzs. Farbfotos
21x21 cm, gebunden
€ [D] 13,90 / sFr 25,10

ISBN 3-89845-060-0
288 Seiten, broschiert
€ [D] 8,95 / sFr 16,50

Elizabeth Clare Prophet & Patricia R. Spadaro

Karma in der Praxis

– Die Zukunft gestalten

Dieses Buch zeigt dem Leser anhand von praktischen Beispielen, wie Aktionen aus seinem früheren Leben – gute oder böse – mit seinem heutigen Leben zusammenhängen. Er lernt aber auch viel über Gruppenkarma und erfährt, was die großen Lehrer der westlichen und östlichen Welt, wie z. B. Jesus und Konfuzius, über Karma und Reinkarnation lehrten. Doch vor allem lernt der Leser, wie er karmische Begegnungen als große Chancen für seine Zukunft zu nutzen vermag.
Ein kleines Buch, das sowohl Einsteigern hilft, als auch für »Insider« neue Informationen bereit hält.

ISBN 3-89845-050-3
256 Seiten, broschiert
€ [D] 8,95 / sFr 16,50

Elizabeth Clare Prophet & Patricia R. Spadaro

Alchemie des Herzens

Wer mehr liebt, wird mehr geliebt

In einem Fünf-Punkte-Programm wird das Herz des Lesers allmählich in eine höhere Frequenz seiner Liebesfähigkeit geführt. Es wird gezeigt, wie er sein Herz für höhere Schwingungen öffnen kann, wie er es stärkt und heilt, wie er es weiterhin vor niedrigen Schwingungen schützt, bis er schließlich ganz in sein Herz eindringt, d. h. bis er ganz zu einer höheren Liebesschwingung gelangt, die ihn mit der göttlichen Liebe vereint.

ISBN 3-89845-063-5
192 Seiten, broschiert
mit 8 farb. Abbildungen
€ [D] 8,95 / sFr 16,50

Mary Olsen Kelly

Der Pfad der Perle

Entdecke deine inneren Schätze

Perlenaustern, die einen Fremdkörper nicht ausscheiden können, verwandeln ihn in ein schillerndes Kunstwerk der Natur. Dieser kleine Schatz beschreibt einen parallelen Weg im menschlichen Innenleben.
Im Pfad der Perle lädt uns Mary Olsen Kelly dazu ein, unser Leben nach den sechs Kriterien zu betrachten, nach denen Juweliere Perlen beurteilen: Form, Größe, Farbe, Glanz, inneres Licht und Vollendung. In diesem Buch lernen wir nicht nur unsere verschiedenen Facetten erkennen und akzeptieren, sondern uns auch über all die Schätze zu freuen, die wir durch die Überwindung der Probleme unseres Lebens gewonnen haben.

Franziska Krattinger

Pentagramm des Lebens

Das Leben verstehen, das Schicksal neu bestimmen

Jede Seele tritt ihr Leben nach einem von ihr gewählten Programm an, nach welchem sie den Sinn und Zweck ihres Daseins erkennen und sich von Ängsten und Zwängen befreien kann. Durch die Erkenntnis dessen, was ist, wird jeder Mensch fähig sein, die Lösung für Probleme zu finden; er wird sich dadurch selbst befreien und ein Leben mit innerer Leichtigkeit und Zuversicht selbst neu bestimmen und zu leben beginnen. Die Pentagramm-Analyse nach Franziska Krattinger ist eine neue Methode, die wesentlichen Verhaltensweisen und deren Folgen für den Menschen zu erkennen. Sie gibt dem Leser alles an die Hand, um das unbewusste Programm umzuschreiben, die »schicksalshafte Fügung aufzuknacken«.

ISBN 3-89845-075-9
ca. 640 Seiten, gebunden
€ [D] ca. 34,90
sFr ca. 60,40

Franziska Krattinger

Erfolgsrezepte

Greife nach den Sternen, wenn du wachsen willst

Menschen leben mit ihren Gewohnheiten und sie wiederholen sich dauernd. Gewohnheiten entstehen aus fixiertem Denken. Um seine Gewohnheiten zu ändern, muss der Mensch zuerst auf andere Gedanken kommen. Andere Gedanken bringen neue Vorstellungen. Neue Vorstellungen bringen neue Lebenssituationen. Die richtige Einstellung macht jeden Menschen zum Gewinner! Franziska Krattinger hilft den Menschen, auf andere Gedanken zu kommen und so ihr Leben mit wahrer Freude, tiefer Liebe und verstärktem Bewusstsein dauerhaft zu verändern.

ISBN 3-89845-054-6
160 Seiten, broschiert
€ [D] 9,90 / sFr 18,10

Franziska Krattinger

Woran Pechvögel hängen und worauf Glückskinder aufbauen

Alles beginnt klein und endet groß!

Franziska Krattinger macht mit vielen Tipps auf das Glück aufmerksam! Viele Stolpersteine, genannt Gewohnheiten, verhindern das dauernde Glück. Glück ist eine bewusste Sache. Glückssache ist, wenn Menschen ihr Glück erkennen.
Dieses kleine Buch soll zum Glück vieler Menschen beitragen und mehr Glück in dieser Welt möglich machen.
Gedanken für ein glückliches Leben.

ISBN 3-89845-048-1
176 Seiten, broschiert
€ [D] 9,90 / sFr 18,10